全祖望集彙校集注

二

【清】全祖望 撰 朱鑄禹 彙校集注

上海古籍出版社

第二册目録

卷十九　碑銘十四

鄭芷畦窆石志……三四一
周穆門墓志銘……三四三
沈東甫墓志銘……三四五
前甘泉令明水龔君墓志銘……三四八
杭州海防草塘通判辛浦鮑君墓志銘……三五〇
趙谷林誄……三五三
右贊善巹山宋君墓志銘……三五六

卷二十　碑銘十五

王立甫壙志銘……三五八
姚薏田壙志銘……三六〇
沈果堂墓版文……三六三
厲樊榭墓碣銘……三六五
張南漪墓志銘……三六八
萬循初墓志銘……三七〇
河南禹州牧蘖齋施君墓志銘……三七二
方定思墓志銘……三七四
陸茶塢墓志銘……三七六

卷二十一　碑銘十六

五嶽遊人穿中柱文……三七八
知平涼府蔣公墓表……三八二
李東門墓表……三八五
陳丈孔塘壙志銘……三八六
董次歐先生墓版文……三八八
陳裕齋先生墓版文……三八九
翰林蓼厓蔣先生穿中柱文……三九一
端孝李先生窆石銘……三九四
知永昌府董公墓表……三九六

卷二十二　碑銘十七

磁州牧西郭萬君墓表……三九八
黄丈肖堂墓版文……四〇〇
郭芥子墓志銘……四〇二
陳南皋墓志銘……四〇四
史雪汀墓版文……四〇五
尚書職方郎陳公墓碣銘……四〇九
錢芍庭誄……四一二
陳卜年志……四一三
李次行墓版文……四一五
范沖一穿中柱文……四一六
韭兒埋銘……四一八

卷二十三　碑銘十八

賀公逸老堂碑銘……四二三
遐追山二廟碑……四二四
景迂先生船場祠堂碑銘……四二五
陳忠肅公祠堂碑銘……四二七

碧谿魏文節公祠堂碑銘……四二九
大愚吕忠公祠堂碑文……四三〇
蔣金紫園廟碑……四三三
宋忠臣袁公祠堂碑銘……四三四
觀察半湖陳公祠堂第二碑銘……四三六
象山姜忠肅公祠堂碑文……四三九

卷二十四　碑銘十九

明太保倪文正公祠堂碑銘……四四二
子劉子祠堂配享碑……四四四
舟山宫井碑文……四五一
黄太傅廟碑陰……四五三
碧沚龍神廟碑銘……四五五
宋蘭亭石柱銘……四五七
寧波府儒學進士題名碑……四五九

卷二十五　狀略一

工科給事中前翰林院編修濟寰曹公行狀……四六一
通判知山東堂邑縣事張府君行狀……四六八

卷二十六　狀略二

明浙撫右僉都御史前分巡寧紹台道金壇于公事略……四七五
明太常寺卿晉秩右副都御史繭菴林公逸事狀……四七八
陽曲傅先生事略……四八一
陸麗京先生事略……四八五
邵得魯先生事略……四八六
姚敬恒先生事略……四八八

明遼督熊襄愍公軼事略……四八九

卷二十七　傳一

莊太常傳……四九二
周思南傳……四九六
陳光禄傳……四九八
沈太僕傳……五〇〇
貞愍李先生傳……五〇二
周監軍傳……五〇四
毛户部傳……五〇七
周布衣傳……五一一

卷二十八　傳二

陸桴亭先生傳……五一四
萬貞文先生傳……五二〇
劉繼莊傳……五二三
蓬萊王孝子傳……五三〇
董永昌傳……五三三
李元仲別傳……五三五

卷二十九　論

孫武子論……五四九
平原君論……五五一
四皓論……五五三
劉揚優劣論……五五五
龔壯論……五五六
帝在房州史法論……五五八
李克用論……五六〇
楊文公論……五六二
陳同甫論……五六三

明莊烈帝論……五六五
莊定山論……五六七

卷三十　記

浦陽江記……五六八
東萊大小沽河記……五七〇
宋樞密蔣文穆公端研記……五七二
宋嫛女倅廳舊本記　有跋……五七四
明孝宗御箑記……五七五
先侍郎府君生辰記……五七六
錢忠介公降神記……五七八
太保錢忠介公畫像記……五七九
蕺山相韓舊塾記……五八一
澗上徐先生祠堂記……五八三
訪寒厓草堂記……五八四

卷三十一　序一

古文篆韻題詞……五八七
永嘉張氏古禮序……五八八
程氏春秋分記序……五八九
静遠閣周禮解序……五九一
漢隸字原校本序……五九三
北窗炙輠題詞……五九五
明故太僕斯菴沈公詩集序……五九六
姜貞文先生集序……五九八
西漢節義傳題詞……六〇〇
梨洲先生思舊録序……六〇二

卷三十二　序二

錢侍御東村集序……六〇四

董高士曉山墨陽集序……六〇六
愛日堂吟稿序……六〇七
寶瓶集序……六〇八
修川小集題詞……六一〇
鷺脰山房詩集序……六一一
叢書樓書目序……六一二
愚山施先生年譜序……六一三
贈趙東潛校水經序……六一四
浮山大禹廟山海經塑像詩序……六一六
贈錢公子二池展墓入閩中序……六一七

卷三十三　議

冬青義士祠祭議與紹守杜君……六二〇
冬青義士祠祭議二與紹守杜君……六二三
冬青義士祠祭議三與紹守杜君……六二三
爲明故相膠州高公立祠議與紹守杜君……六二五
阿育王寺爲檗菴居士立祠議與住持畹荃……六二六
錢忠介公夫人忌日議……六二八
考正府主廣靈廟議……六二九
廢奉化縣靈昌廟議示奉化令……六三〇
大滌山房祠石齋先生議與杭守杜君……六三二
考正成仁祠祀典議示定海令……六三三

卷三十四　簡帖

移詰寧守魏某帖子……六三九
心喪劄子答鄞令……六四一
論適孫嗣統帖子答姚薏田……六四二
奉答臨川先生序三湯學統源流札子……六四四
金史第三帖子與堇浦……六四六

辨吾家啟東墓志世系與厲樊榭 …… 六四八
董徵君祠堂志帖子答鈍軒 …… 六五〇
寄謝副使石林札 …… 六五一
答樊榭 …… 六五二
答山陰令舒樹田水道札 …… 六五三
水經礫谿帖子柬慎甫 …… 六五五
與同館某君札 …… 六五六

卷三十五　雜辨

辨大夫種非鄞産 …… 六五九
辨錢尚書争孟子事 …… 六六一
公棠辨 …… 六六三
漢會稽三都尉分部録 …… 六六四
昆明池考 …… 六六六
廣德湖田租考 …… 六六八
知廣西府楊公傳糾謬 …… 六七〇
節愍趙先生傳糾謬 …… 六七二
記范孝子事 …… 六七三
記李烈婦事 …… 六七五
周璧堂事辨誣 …… 六七六
記馬惟興語 …… 六七七
凱風説示李桐 …… 六七八
戡黎説答東潛 …… 六七九
天妃廟説 …… 六八〇
詞科緣起 …… 六八二
喪主喪孤辨 …… 六八五
姑姊妹夫喪主辨 …… 六八五
釋堇 …… 六八六
説鱄 …… 六八七

卷三十六　題跋一

先太保唐公告身跋……六八九
先太師越王告身跋……六九一
先太師徐公告身跋……六九二
先觀察告身跋……六九三
先太師申王告身跋……六九四
先少師周公告身跋……六九五
先太師和王告身跋……六九六
先少師節度使告身跋……六九七
先太府承宣告身跋……六九八
先太尉參政告身跋……六九八
族祖息耘先生詩卷跋……六九九
族祖真志先生墓石本跋……七〇〇
再跋真志先生志石……七〇〇
三跋真志先生墓石……七〇一
先司空公女墓石跋……七〇一
先檢討公告身跋……七〇一
先司空公諭祭章跋……七〇二
先宗伯公諭祭章跋……七〇二

卷三十七　題跋二

宋搨石鼓文跋……七〇三
漢蕩陰令張遷碑跋……七〇四
漢司隸魯峻碑跋……七〇四
漢昆陽令尹宙碑跋……七〇五
漢北海相任城景君碑跋……七〇五
漢史晨祠孔廟奏銘碑跋……七〇六
漢史晨饗孔廟後碑跋……七〇六
漢孔廟置百石卒史孔龢碑跋……七〇七

漢韓勑孔廟二碑跋……七〇七
漢酸棗令劉熊碑跋……七〇七
漢郎中鄭固碑跋……七〇八
漢淳于長夏承碑跋……七〇八
漢西嶽華山碑跋……七〇九
漢泰山都尉孔(廟)〔宙〕碑跋……七〇九
漢執金吾丞武榮碑跋……七一〇
漢宗氏故吏處士碑陰名跋……七一〇
漢故圉令趙君碑跋……七一一
漢魯靈光殿釣魚池甎跋……七一一
魏公卿上尊號碑跋……七一二
魏修孔廟碑跋……七一二
晉汲縣齊太公里表跋……七一二
魏孝文比干碑跋……七一三
魏重修中嶽廟碑跋……七一三
魏魯郡太守張猛龍碑跋……七一四
梁始興安成二王碑跋……七一四
東魏興和孔廟碑跋……七一五
北齊胡長仁重修郭巨碑跋……七一五
隋大業孔廟碑跋……七一六
唐貞觀孔廟碑跋……七一六
唐貞觀比干碑跋……七一七
唐貞觀晉祠碑跋……七一七
唐高宗明徵君碑跋……七一八
唐敬宗皇帝碑跋……七一八
唐升仙太子碑跋……七一八
唐垂拱少林寺碑跋……七一九
唐太原王夫人碑跋……七一九
唐開元太山摩厓揭本跋……七二〇
唐涼國長公主碑跋……七二〇

宋廣平神道碑跋 …… 七二〇
元次山墓碑跋 …… 七二一
葉歙州神道碑跋 …… 七二一
唐元次山陽華三體石銘跋 …… 七二二
唐陽門橋亭碑跋 …… 七二二
唐天寶嵩陽觀碑跋 …… 七二二
唐晉獻武王北嶽廟題名碑跋 …… 七二三
唐李代州墓碑跋 …… 七二三
唐福州王審知碑跋 …… 七二四
石晉柰河將軍碑跋 …… 七二四
蜀廣政石經殘本跋 …… 七二四
吳越重修閩忠懿王廟碑跋 …… 七二五
楊吳尋陽長公主墓志跋 …… 七二六

卷三十八　題跋三

宋重修嵩嶽中天王廟碑跋 …… 七二七
宋重修大相國寺碑跋 …… 七二七
南嶽夢英師說文偏旁字原跋 …… 七二八
南嶽夢英師篆書千文碑跋 …… 七二八
夢英十八體篆文碑跋 …… 七二九
宋祥符天書摩崖石墨跋 …… 七二九
韓魏公北嶽廟碑跋 …… 七三〇
韓魏公定州政績碑跋 …… 七三〇
歐公瀧岡阡表石本跋 …… 七三〇
鮮于侁靈巖寺詩石本跋 …… 七三一
宋應天府虞城縣故跡碑跋 …… 七三一
宋重摩唐儲潭廟祈雨碑跋 …… 七三二
宋登封縣免拋科碑跋 …… 七三二

宋大觀御製五禮碑跋……七三三
宋龍虎山門道正王道堅牒跋……七三三
樓楚公三十六峯賦石碑跋……七三三
建中靖國少林寺瑞芝圖跋……七三四
二蔡達磨石墨跋……七三五
大觀御製八行八刑碑文跋……七三五
游景叔墓志跋……七三五
游景叔昭陵圖跋……七三六
宋元祐黨籍碑跋……七三六
劉凝之墓記跋……七三七
司馬温公光州祠堂碑跋……七三七
賀祕監逸老堂碑跋……七三八
逸老堂碑跋二……七三八
開慶己未敕書跋……七三九
樓氏晝錦堂〔碑〕跋……七三九
攝山游嘿齋題名跋……七三九
蘄州白龍洞題名跋……七四〇
党承旨普照寺碑跋……七四〇
党承旨杏壇二大字跋……七四〇
雪庭西舍記跋……七四一
金沙門福迎墓志跋……七四一
程少中墓碑跋……七四二
元重修太一廣福萬壽宮碑跋……七四二
元刻司馬温公投壺圖跋……七四三
揭文安公天一池記跋……七四三
元大德孔廟碑跋……七四四
元哈討不花祭祀莊田碑跋……七四四
慶元路學宮塗田碑跋……七四五
石鼓文音訓碑跋……七四五
元皇姊魯國大長公主文廟金博山罏

碑跋……七四五
王秋澗神道碑跋……七四六
萬氏永思堂石刻跋……七四六
明宗室青陽子消寒九九圖跋……七四七
楝塘李翁石刻家傳跋……七四八
陳后岡題名跋……七四八
慈元全節廟碑跋……七四八
明開封府學石經碑贊跋……七四九
林泉雅會圖石本跋一……七五〇
林泉雅會圖跋二……七五一
林泉雅會圖跋三……七五一

鮚埼亭集卷第十九

〔楊注〕此卷窆石志一，墓誌銘五，誄一，計七首七人。中惟芷畦與謝山締交，餘均友也。明水、辛浦、崒山三君，雖嘗筮仕，卒困瘁以死，故合爲一卷。

碑銘十四

鄭芷畦窆石志

予少得見芷畦于萬編修九沙座上。其後，見蕭山毛西河集中，盛稱其治經，又見秀水朱竹垞所爲作石柱記箋序，兼知其博物，益思見之。而芷畦以貧故，游幕府，家居之日少；其後病風而歸，不復出門，而予奔走南北，卒〔校〕楊本作『率』。不得遂請益之志，未幾而芷畦死矣。

予從其族孫振銓求其遺書，知其子先亡，寡婦弱孫，甚可念。踰三年，始得〔校〕楊本下有『見』字。其禮記緝注，蓋以續衛正叔〔楊注〕湜。之作也；四禮參同，則集〔校〕楊本作『纂』。楊信齋之緒者也；湖録，則茗中文獻之職志也。因歎芷畦之學如此，而一生連蹇，寄鼻息于高牙大纛之間，與所謂刑名、錢穀之輩，旅進旅退，糊口代耕，視當世槐棘間人物，僅僅以數首制舉文字，弋獲功名，高坐危言，晏然自以爲千佛名經中尊宿，可爲慟哭。〔一〕偶嘗與臨川李侍郎言而歎之，侍郎曰：『是也。吾于前二十年，曾識其人，知其所學，而惜其不再入京也。』〔嚴注〕鄭先生小谷口讀書圖，李侍郎有題詩。及詔求大科之士，侍郎輒

〔一〕〔楊注〕鄭芷畦，明南京刑科給事中明選之曾孫。居郡城東成里，其著書處曰魚計亭。亭前蒔花壘石，植二桐，幹大如斗。慕鄭子真之風，以磚刻『小谷口』三字，陷諸壁，因以自號，有小谷口讀書圖卷。亭後方池一泓，空明若鑑，昔人題杭之龍井云『水真淥靜不可唾，魚若空行無所依』，可以移贈。中壘石作小跨虹，狀如鼇吐，池上一楹曰釣艇，旁植玉蘭一，山茶一，叢藤繞之。當芷畦盛時，朋好過從，徵文考獻，詩酒留連無虚日。歿未幾，遺書散佚，孫又無後，亭爲俗子售得，梧桐則摧爲薪，奇石悉爲有力者購去，竹垞翁分書魚計亭額與小谷口磚，皆毀滅無迹矣。乾隆□年，始歸余門人陳生子鑾之祖陳翁，修之葺之，非復舊觀。嘉慶己未，翁延余課孫於亭上，于今五年矣。每思芷畦穿穴六藝，甄綜百家，在斯亭也，著述最夥，存者寥寥，其專力注之者莫如湖録，亦僅有殘稿，藏之余弟拙園許，未知世間尚有全璧否？讀斯志，歎其生前不遇，可爲痛哭。謝山猶不知其遺書盡佚，其可痛哭更甚於生前之不遇。子鑾以芷畦故跡當復，屬吳門陸白齋紹曾分書『魚計亭』三字，顔其故處；因志於學古，舉業之暇，鈔纂十八家晉書逸文，及勘校羣書古注。余誨之曰：『居斯亭者，僅吚哦數首制舉文字，以畢乃事，縱能弋獲功名，竊恐有靦面目也。』小谷口畫卷，今亦歸於生，題咏者數十人，李侍郎亦有詩在卷中，已刊於穆堂初稿内者。癸亥七夕，西園老人記于釣艇，是夜微雨，鐙下書。

歎曰：『如鄭君之博物，真其選也，而不幸死。』未幾，又有詔開禮局，侍郎又歎曰：『如鄭君之治經，真其選也，而不幸死。』但予〔校〕楊本作『吾』。聞前此〔校〕楊本有『者』字。中州張清恪公〔嚴注〕伯行。亦〔校〕楊本無『亦』字。雅重〔校〕楊本作『知』。芷畦，欲薦之而未得，則又歎士生天地之間，求一二知己非易事，而所謂知己者，未必皆有引援之力；即有其力，又未必值其時；既值其時，而其人或不及待；斯其所以伏櫪鹽車，長鳴于日暮途遠之際，而無可訴也。

振銓因言其將葬，乞予爲其幽宮之志。予方欲謀之有力者開雕君書而未能，即以窆石之文爲募疏焉，未知其克逮〔校〕楊本作『遂』。予志否也。芷畦生平著述，尚有行水金鑑，爲河道傅君所開雕盛行，顧罕知其出于芷畦也，并附載于志中。詩文集若干卷，藏于家。芷畦諱元慶，湖之歸安人。其銘曰：

康成之邃密，漁仲〔校〕楊本作『夾漈』。之瑰奇；如此人才，而刀筆卑栖。誰爲司命，嗚呼噫嘻！

周穆門墓志銘

穆門以詩名天下五十餘年，平生嘗徧歷秦、齊、〔校〕楊本作『齊、秦』。晉、楚之墟，所至，巨公大卿皆爲倒屣，顧終于蹭蹬不遇而死。其人淵然湛然，莫能窺其涯涘，渾淪元氣，充積眉宇，蓋古黄叔度、陳仲弓之流也。士無賢不肖，皆曰：『周先生長者。』乃其中則有確乎不可拔者，而不以形迹自見。大科之役，姚侍郎三辰薦之，穆門力辭不得，應徵至京，徘徊公車門下數日，稱疾，卒不就試以歸，莫能測也。已而始服其高。

杭之詩人爲社集，羣雅所萃，奉穆門爲職志。詩成，穆門以〔校〕楊本作『取』。長箋寫之，醉墨淋漓，姿趣頹放，〔校〕楊本有『時』字。或弁數語於其端，得者以爲鴻寶。湖社風流，百年以來，於斯爲盛，皆穆門之所鼓動也。尤篤於人倫之誼，其娶婦也賢，而頗不得于其姑，穆門戒之曰：『黄涪翁之姊文城君困於洪氏，雖有三令子，莫能申也。汝其善事姑矣。』婦卒以是困悴而死。穆門事其母益孝，不敢有幾微見於顏色，然私憐其婦，終身不更娶以報之。有弟已析産，乘穆門之出遊而鬻其居，穆門歸，更僦屋，〔校〕楊本作『居』。不以一語及之。故人王、袁、許三子者死，有女皆流落，穆門贖之歸，并其二從女皆撫之如女，擇壻而嫁之。以是晚景益窮，然其敦古道益摯。

穆門故鄞産，前明右副都御史莓崖先生相之後，其遷杭五世。副都于先司空公爲石交，副都之孫觀察於先宗伯爲婣家，故余于穆門〔校〕楊本作『穆門于余』。尤相愛也。近副都之後居鄞者〔校〕楊本下有『甚』字。微，不可問，穆門睠念大宗，形之寤寐。余嘗爲穆門言：『莓崖墓在太白山上，廿年以來，神道荒蕪，石馬眠草中，寒食麥飯，恐無舉者。』穆門泫然流涕曰：『吾當東歸買墓田，復置墓户以守之。』是後，歲歲相見必及此，然詘于力，竟未能也。

暮年，別自署東雙橋居士。東雙橋者，副都所居鄞城北坊第也。昨年予病於杭幾死，穆門昕夕訪視。予稍進食，穆門頻齎榼來過。次年，余在越中，而穆門吳淞之訃至矣。穆門死，湖社諸人一若失其憑依者，其爲人可想見也。

穆門，姓周氏，諱京，字西穆，一字少穆。曾祖某，祖某，父某。娶某氏。生于某年某月某日，卒於某年某月某日，〔楊注〕生于康熙十六年丁巳，卒于乾隆十四年己巳。得年七十有三。葬于湖上之某山。子宸望，諸生。

穆門之卒也，吾友杭堇浦爲之傳，〔楊注〕道古堂集中無此傳，恐刻時删去。序其事甚悉；厲樊榭、施竹田論定其詩，山陰令舒瑩畝爲之開雕。而宸望又以幽室之文屬予，是不可以辭也，乃更爲之銘曰：

重湖黯然，喪我祭酒；白雲封之，其骨不朽。

沈東甫墓志銘

世宗憲皇帝之舉詞科也，先後應召至者二百餘人，予皆得與之修同譜之好，以故其人之學術文章，約略識之，而著書之多，莫如歸安沈東甫。歸安之沈，爲吾浙西閥閱世家第一。自明時恭靖、襄敏父子二尚書，〔楊注〕沈子木，字汝楠，號玉陽，嘉靖己未進士，歷官南京右都御史，贈兵部尚書。弘光時，謚恭靖。儆炌，字叔永，號泰垣，萬曆己丑進士，歷官工部尚書。弘光時，謚襄敏。稱名卿；近則閣學宫坊兄弟、父子、祖孫，稱名侍從〔二〕；而尤以風雅領袖東南。雙溪唱和之盛，讀其書，足以想見其門材，東甫兄弟三人，固其中之碧梧翠竹也。〔校〕楊本有『然未足以盡』五字。

東甫篤志古學，窮年著書，其最精者，有新舊唐書合抄，共二百六十卷，折衷二史之異同而審定之，而莫善于宰相世系表之正譌，方鎮表之補列拜罷、承襲諸節目，是皆予讀唐書時有志爲之而未能者。嘗語東甫，可援王氏漢書藝文志考證之例孤行于世者也。九經辨字，則小學之膏粱也；讀史四譜，則三通之羽翼也；其餘尚有唐詩金粉等書，則亦騷人之鼓吹也；增默齋集，其古今體詩也：予皆嘗受而讀之，歎其不徒博而且精也。然而一生志力，罷疲于考索之間，而古貌古心，不爲時風衆勢之人所喜。其所著書，祇堪自得，終不能一當於場屋之役。又不善問家人生産，年運而往，日以喪失，顧落落自如。

大科既開，東甫與季弟幼牧並登啟事，庶幾盤洲、厚齋伯仲之風。予取東甫諸書以呈户部侍郎臨川李公，臨川驚喜曰：『不意近世尚有此人。』亟欲推挽之，而臨川左遷，不竟其志。東甫兄弟亦並放

〔二〕〔楊注〕三曾，字允斌，號懷庭，康熙丙辰進士，授編修，歷官左春坊、左贊善。涵，字度汪，號心齋，又號象餘居士，三曾弟，康熙丙辰進士，授編修，歷官内閣學士兼禮部侍郎。愷曾，字虞士，號樂存，三曾從弟，康熙壬戌進士，改庶吉士，授山東道御史，巡視兩廣鹽課。樹本，字厚餘，號輪翁，三曾子，康熙壬辰進士，一甲第二，授編修。榮仁，字勉之，號篙師，樹本子，雍正癸卯進士，授編修。

還，抵家，尚以書寄予，不一年而遽卒，非所料也。

東甫没之六年，而嘉善錢侍郎陳羣次對之際，以東甫唐書奏于天子，有詔付書局。時方令史館校勘唐書，諸公得之大喜，盡采之於卷中。嗚呼！東甫生不得附劉向、荀勗之徒，審正七略、中經之籍，而身後猶得邀採掇之餘，以肩隨於應劭、如淳、薛瓚之後，著録四部，俯視竇苹、董衝一輩，其亦稍可瞑目於重泉矣。

方予之南歸也，道聞東甫之赴，厲兄樊榭出挽詩以示予，且曰：『子亦當有文以傳之。』予爲之略草檢之，而未就也。又十有二年，予從其叔弟繹旃求其所釋水經。繹旃之釋水經，〔校〕楊本無以上六字。亦東甫所曾有事，而後以授之者也。至是載書唔予于〔校〕楊本無此字。錢唐，因讀其所作東甫行略，爲之流涕。繹旃再以志事爲屬，亦何敢辭。

東甫諱炳震，字寅馭，世居歸安之竹墩，以明經貢太學。襄敏公五世孫。曾祖鍾元，以明經注籍知縣，未上而卒。祖角，諸生；父雍，平陽教諭。娶姚氏。子七，孫十四，曾孫二。生于康熙己未正月十四日，卒于乾隆丁巳十二月初三日，享年五十有九。葬于某鄉之某原。繹旃又以雙溪倡和續集令予論定，予病未能及也，先以志復之。其銘曰：

太乙寒芒，護茲幽宫。穿中之石，亦復熊熊。東林東老，蜕筆所封。

前甘泉令明水龔君墓志銘

〔嚴評〕此『前』字何解？惟革職者當著『前』字。

前甘泉令龔君，諱鑑，字齡上，又字碩果，一字明水，浙之杭州府錢塘縣人也。康熙之季，杭才彦最盛，而杭二堇浦與君爲尤。堇浦負奇氣，踔厲風發，君沉毅精實，各有所造。余時初出游，於諸才彦皆相善，而所最心知，亦莫如二人。顧不十年間，交友〔校〕楊本注一作『游』。先後連茹成進士，登三館，而君以拔萃入成均，爲禄養〔校〕楊本下有『之』字。計，就選人籍，世宗憲皇帝見而才之。時新析揚之江都爲甘泉，以君任之。

邗溝故脂膏之地，吏罕得以節操自持者，君下車，卓然自矢。有故侍郎子舊嘗館君於京，至是以里人入謁，有所屬，而君拒之。又有同城官爲制府所昵，令之伺察屬吏者，方有挾而請，而君又拒之。又有巨室延飲，先期自都轉運使、太守以下，皆固要君同往，而君又拒之。於是大江南北，盛傳甘泉令不近人情，而君益〔校〕楊本下有『以』字。自刻苦，終歲無一絲一粟足稱長物。

縣有邵伯埭者，受高、寶諸湖之水，地卑下，君謂當於農隙〔校〕楊本下有『之』字。時，運土築高埂，沿堤爲防，以徐議溝洫，堤上即植桑，以興蠶事。其西界地高，浹旬不雨，田即龜裂，宜每一里爲水塘以蓄之，如是則境内高下之田俱無患。〔校〕楊本作『恙』。大吏韙之，然不能行。而邵伯埭下有芒稻，河閘洩水尤要。

雍正癸丑，大水泛溢，君冒雨親至其地，呼閘官洩之。閘官以鹽、漕爲言，〔校〕楊本作『詞』。不可。會河堤制府嵇公〔嚴注〕曾筠。以視河至，君直陳之，厲聲呵閘官。嵇公動色，即啟閘，且斥閘官不職，立逐去。又用君言定以鹽、漕二船過湖，〔校〕楊本下有『不需水』三字。需水不過六尺，若過六尺，即啟閘，無得以鹽、漕藉口，實多蓄水爲民田患。自是閘水疏通，然君終以築埂、開塘二事，未得施行爲憾，有望于大吏之後來者，耿耿爲予言之。自君莅任，每歲晏則江都之鰥寡孤獨多來入甘泉部中，以君有以卹之也。

世宗晚習禪悦，浮屠輩頗以此自放恣，杭之西湖聖因寺僧明慧者，前在内廷法會中，恩寵亞于元信。及出住湖上，干求遍于大江南北。一日，以書幣關白于君，君杖其使而遣之。其時制府亦君子人也，顧驟聞之，不能不愕眙，頗咎君，良久歎曰：『强項令，應如此矣，吾媿之。』而其事竟流傳上聞，世宗召明慧還京，錮不許復出。當是時，甘泉令之吏聲雄於天下。〔校〕楊本下有『矣』字。凡君〔校〕楊本下有『之』字。居官，皆以實心行實政，其事甚多，至今甘泉人能道之，余不悉述，述其大者。

於是報政以最入京，今上召見，欲久試之，復還任，先後凡六年，而以外艱去。中州撫軍尹君，故揚守也，雅與君善。聞君無以爲〔校〕楊本作『治』。葬，而招之，欲使之主大梁書院事，得以脩脯助葬。君不自得，驟發心疾，思歸不得。君時年四十有六，又神明素强，不料其以是竟不起。初君喪偶不再娶，及其以艱歸也，告於殯宮之前曰：『本爲寒士，典敝裘以何妨；有類枯禪，剔殘燈而獨旦。』齋廚寂靜，旅館蕭條。囊莫名乎一錢，墳未封乎三板。〔楊校〕一作『尺』。幽冥相感，應共諒其無他；窘乏千端，亦祇還夫故我。』聞者哀之。

君於經學最湛深，能摘先儒之誤，顧皆未有成書，其所成者毛詩疏説八卷，乃以簿書之暇得之。其報政至京，嘗以示予曰：『猶不至以風塵吏爲君所笑者，賴有此也。』索余序之，予逡巡未及，而君死矣。古文卓然可傳，顧多散失，幸存者曰龔甘泉集，特十一耳。

君之卒，二子皆幼，以故志幽之文未及備，其從弟鐸爲之行略一篇。又十年，其二子相繼爲諸生，始流涕請董浦與予各爲文以表之。〔校〕楊本有『猶憶』二字。壬寅、癸卯間，予寓杭，去君居不遠，昕夕相過從，每説經或不合，大聲争之，驚其鄰舍兒；或相賞，亦復絶倒，相與醵錢百十文，覓魚酒爲樂。今君之墓木已拱，而余亦顛毛種種矣。

曾大父以庭，大父熤，父茂增。娶汪氏。子二：長謙，次邃。女一，壻柴景高。葬于某鄉之某原。其銘曰：

其學其仕，均未竟其志，而忽然以逝。宿草且十年，乃克銘其阡，是予之愆。

杭州海防草塘通判辛浦鮑君墓志銘〔楊注〕戊辰，年四十四。

乾隆十三年閏七月十有八日，予在杭病甚，有急足以辛浦書至者，展視之，則彌留語也。〔嚴注〕辛浦歿時，所遺友朋之書四：謝山之外，一爲王梅沂，一爲姚薏田，一人則不知阿誰。其書曰：『日來一病，竟入膏肓，從此化爲異物，長辭左右，可爲歎息。一生偃蹇，豪無可録，祇操履粗堪自信，吟咏聊以自娱，而今已矣。寂寞身後，幸惟先生憐而念之，伏枕哀祈，泫然絶筆。』時予方進藥，不禁失聲哭連日，病爲之劇。稍差，念友朋垂歿之托，不可以疾故，令其耿耿猶視于地下，乃稍取其大略而〔校〕楊本下有『銓』字。次之。

辛浦，姓鮑氏，諱鉁，字西岡，世籍雲中，今爲奉天正紅旗人。佐命大學士承先之曾孫，其三世傳見國史，有列于勛籍。辛浦年二十〔楊校〕作二十六，詳後注語。即知浙江之長興縣，幾十年，以病去官。尋再知長興，亦幾十年，其考最者累矣，而不得遷。最後大府以便宜擢之，爲鹽運嘉松分司通判，而部議又格之，於是三知長興。蓋其筮仕在聖祖仁皇帝四十六年，歷三世，至今上之七年，猶在長興〔一〕。大府至者，皆爲稱屈，乃稍移之〔校〕楊本下有『以』字。知嘉興，又移之海寧，尋擢爲草塘通判。草塘，在浙中倅

〔一〕〔嚴注〕辛浦于康熙五十四年乙未任長興，戊戌以絓誤去官，非移疾也。乾隆五年庚申移疾不得請，自序閏吴興集如此。〔楊注〕辛浦年二十六知長興，此云二十，誤也。初知長興止七年，康熙五十四年任，至六十一年以刑解民欠糧離任，至雍正九年復任。前云『幾十年』，復云『筮仕在聖祖仁皇帝四十六年』，亦皆誤也。辛浦知長興前後凡十八年，未嘗以幹力先人，故久不得遷。〔沈曾桐注〕辛浦閏吴興集自序云：『余以康熙乙未筮仕長興，閲四稔解去。』按詩題云：『余罷長興歸乃康熙辛丑歲』，蓋謂去浙之年，非罷官之歲，誤據此而改，元評謬矣。辛浦前任實止四年，後任乃至十二年，共計一十有六年，六改作八，亦誤也。

廳之最貧者也，以故辛浦竟得之。辛浦之爲吏，不名一錢，而未嘗嗷嗷〔嚴校〕作『嗷嗷』。以廉自見；其任事尤精密，而未嘗以幹力先人；其接物和平無忤，而其中有介乎不可奪者。所以一官拓落，終身不得有力者之仗庇，而辛浦未嘗怨也。

彭城李敏達公〔嚴注〕衛。之督浙中也，治尚綜覈，百城畏之。而辛浦之癖在賦詩，每日升堂理訟獄畢，諸胥吏見其搓手注目，神采如有所得，輒私相語曰：『老子詩魔至矣。』須臾，取故牘尾題之殆遍，故其生平無〔校〕楊本下有『一』字。日無詩。彭城一日謂湖守曰：『長興令日賦詩，吾且列之彈事矣。』湖守免冠謝董率不謹，曰：『當令改過而〔校〕楊本下有『且』字。恕之。』退而戒辛浦曰：『獨不爲百口計乎？』於是辛浦黽勉束筆皮硯者三日，謂其客曰：『下官忍不可忍矣，惟大吏之所以罪之！』賦詩如故。然辛浦百事脩舉，部民雅誦之，彭城徐察之而不復怒也。漕使常侍郎履坦改撫浙中，問於天門唐内翰赤子曰：『浙之屬吏，有足語風雅者否？』曰：『莫有過于長興令者矣，且其人非但辭〔校〕楊本作『詞』。客已也。』故辛浦雖旅見，其禮殊絶于羣吏，或留語移日。然辛浦落落穆穆，未嘗以此自昵，累以才謂不勝煩重爲辭，侍郎嘗語之曰：『少需之，吾當薦君爲方面。』辛浦終泊然，每入謁，所言不出于詩文。及侍郎有事于進奉，屬吏爭任之，以是卒招物議，天子遣大臣蒞其獄，屬吏坐之株連〔校〕楊本作『連珠』。者累累，而辛浦高枕自如，始共歎其爲不可及。尤好士，長興諸生王豫者，通經，工詩古文詞，貧甚，辛浦雖刻苦，時時周之。豫以牽染之禍逮入京，辛浦爲之經理其家；其卒也，又爲之雕其集。蓋辛浦雖交遊滿天下，然其心知之契甚落落，及其投分也，則必篤于始終之誼，類如此。

辛浦之詩，宗法新城，豐贍流麗，自然合度，隨手脱稿，即自書之以付雕工，或曰：『更無待于論定耶？』辛浦笑且歎曰：『吾老矣，而無子，漫爲之，亦漫存之耳。』或曰：『是定可以免長吉中表之累者也。』所著詩集四十卷，別有道腴堂文稿、〔嚴注〕集三十卷。亞谷叢書諸集，並行于世。

病作，遽上箋，乞身于大府，不許，〔校〕楊本作『大府不許』。了然知必死，部署身後事，無一不整整，即其貽予訣別之書，已隱括生平，予文莫能有所增益也。嗚呼！昔人清真澹蕩之目，如吾辛浦者，其庶乎。辛浦以貽予書之次日即卒，享年五十有九。〔楊注〕辛浦生於康熙二十九年庚午。安人某氏，〔嚴注〕耿氏。以其從子某爲後。初，辛浦在日，欲卜葬于杭之南山，曰：『他日湖社諸君雅集，當酹我墓。』今緣其雅意，窆之靈隱，因貯遺集于寺中，而予爲之銘。其詞曰：

嗟秋來之沉困兮，擬冥心以斷文字之緣；胡力疾而破戒兮，神傷于息壤之言。故人之銘無媿詞兮，長護君魂魄以綿綿。

趙谷林誄

世宗憲皇帝修徵車故事，詔開大科，以充三館之選。時臨川李公方退閒，謂予曰：『大江南北人才，大率君所熟知，試爲我數之。』予因援筆奏記四十餘人，各列所長，甲精於經，乙通于史，丙工于古文，或詩，或駢偶之學。臨川喟然歎曰：『使廟堂復前代通榜之列，君亦奚慙〔校〕楊本有『韓』字。退之哉。』一日，過予齋頭，見有別集一卷，曰：『誰所爲也？』予曰：『即前所稱仁和趙君者也。』臨川把玩良久，袖之以歸。不閲月而今上特起爲户部三庫侍郎，其于予所稱四十餘人，多所展轉道地，而谷林則自薦之。未幾〔校〕楊本下有『而』字。谷林之弟意林又被選，一時以爲盤洲、厚齋之家風也。臨川左降，谷林兄弟召試于廷，報罷，而予亦去官。臨川猶欲挽谷林共修三禮，谷林念其太孺人年高謝歸。然竊謂以谷林之才，必尚有所以發其伏櫪之氣者，而不謂其連蹇十年，竟以病死。

谷林太孺人朱氏，山陰忠定公燮元曾孫女也，其所自出爲祁氏，忠敏公外孫女也。壬寅、癸卯之間，忠敏子班孫以故國事謫瀋陽，少婦家居，朱氏以太孺人侍之，因撫爲女。谷林之尊人東白先生親迎，實在梅里，猶及見曠園東書堂之籤軸。及舉谷林兄弟，時時以外家之風流勉之。不二十年，〔校〕楊本下有『來』字。谷林露抄雪購，小山堂插架之盛，遂與代興，爲吾浙河東西文獻大宗，同學之士雨聚笠，宵續燈，讀書其家，谷林解衣推食以鼓舞之。

自予洊丁荼苦，饑火交驅，學殖日以蕪落，近更重以健忘之病，嘗語諸朋好，願自改汝南之目，退列于九等之下中。而谷林語其長君一清，謂執友中所當嚴事者，莫如堇浦與予。陳同甫曰：『呂伯恭既死，誰爲知我？』予初哭谷林詩，謂其內行之醇備，問學之淵懿，而深悲其遭遇之厄窮，是固不僅以交情也。然即以吾二人之交情，又豈世俗之所可同年而語哉？』

山陰金小鄭〔嚴注〕埴。詩人也，窮老無子，慈水老友鄭義門謂曰：『生于我乎？養。死于我乎？殯。』小鄭已安之矣，俄而辭之遠行。谷林遇之江上，問將何之？曰：『之楚。』曰：『八十老人，盛暑〔校〕楊本下有『而』字。爲二千里之行，非情也。』〔因〕〔固〕從楊本改。留之，止其家，半年而病，醫之，藥之，死則殮〔校〕楊本作『殯』。之，呼其從子而歸其櫬以〔校〕楊本作『而』。葬之。義門聞小鄭之卒也，爲之慟，及聞谷林之竟其後事也，爲之流涕。

君諱昱，二十字功千；谷林其五十字也。先世宋宗〔校〕楊本下有『室』字。子，居紹興之上虞，遷杭已五世。曾大父燮英，大父鶴，皆以從兄尚書貴，累贈至吏部侍郎。父汝旭，官象山教諭，所謂東白先生者也。配陳氏。子〔二〕〔三〕：從楊本改。〔志清〕、從楊本補。一清、式清，〔校〕楊本下有『志清早夭』四字。而一清能昌君之學。女五，孫七。葬于某鄉之某原，得年五十有九。所著有愛日堂集十六卷。一清請予誄其墓，義無所〔校〕楊本作『所無』。辭。年來臨川老病，未知能如水心之於滕宬，爲文以傳之否也。乃爲誄曰：

嗟乎谷林！軼羣之學，華國之才；天實爲之，其命不諧。有子不死，有文不朽；在爾曠然，浮雲何有。而我思舊，聞篴蒼涼；南華堂下，不減山陽。三十六鷗，自來自去；皋復不歸，故人延佇。『三十六鷗』，谷林亭名也，取姜白石詩中語。

右贊善峑山宋君墓志銘

予別峑山者十〔校〕楊本下有『五』字。年，丙寅之冬，小住長洲，遊靈巖，遂入天平之麓，故人陸茶塢〔楊注〕錫疇。招予于其園，聞峑山館在木瀆村落，近相接，乃訪之。峑山〔校〕楊本無此二字。一見狂喜，留予飯罷，同過予。〔校〕楊本下有『寓』字。茶塢之水木明瑟園，清勝甲於吴中，峑山顧而樂之，而與茶塢傾倒如舊相識，烹魚沽酒，縱談于古藤架下。是夜清暉如晝，峑山謂予曰：『善哉子之不仕也，吾固知子非風塵中人也。然異哉子之不仕也，吾終疑子非槁項黄馘〔校〕楊本有『中』字。人也。』相與大笑。漏四下，止之宿，不可，竟去。相約以次年之春再會於是園，因爲洞庭西山之遊。及期，予未至，君亦歸，不數月而以病卒。

峑山爲人坦率而易直，顧其神明蕭灑，別有絶俗之韻，撓之不濁。其爲庶常也，一日院長集其儕而告之曰：『諸君甚清苦，有厭承明之廬者否？天子方求可以守襄陽者，吾當列〔校〕楊本下有『名』字。上之。』峑山掩耳而走，曰：『斯言何爲至于我哉？』院長哂而弗咎也。及校書殿中，辰入酉出，落落自喜，不乞靈于要人之門。旋受宫坊之擢，且駸駸進用，念其父年高，遂請歸養。既歸，而無以爲養，乃授徒于長洲。時下江撫軍陳可齋，故同年同館也，峑山不一過之。〔嚴校〕當芟此句。撫軍聞其至，遣人通殷勤，崟山謝曰：『吾館去城三十里，俟有入城之便，當造謁。』然竟不入城也，吳人皆歎以爲不可及。

崟山雖以甘旨之故，不能不出而授徒，然其晨昏之慕，形之夢〔校〕楊本作『寤』。寐。其課子也，每日授以經史之學，暇則使之習書，不令爲科舉之業，故年且二十而未應試，曰：『吾待其學成，則此小技者易易耳。莫使八識田中，先下稗花種子。』〔楊評〕『八識』二語，名言也。其論詩文最嚴，故矜慎不肯苟作，既成，必有邈然之致，不可以褻視者，然不輕以示人，而于予則有阿私之好云。

崟山姓宋氏，諱楠，其字曰丹林，浙之嚴州府建德縣人也。雍正癸丑進士，累官右春坊、右贊善。曾祖某，祖某，父某，敕封翰林院檢討。娶某氏。崟山生于康熙某年某月某日，卒于乾隆某年某月某日，春秋五十有二。〔楊注〕崟山生于康熙三十五年丙子，卒于乾隆十六年丁卯。子某。崟山之死也，其子哀而毀，吞金幾斃，幸而〔校〕楊本無此字。甦；其父遂狂號〔校〕楊本下有『未幾』二字。而病以卒。嗚呼！崟山而有罪歟？天乎！吾知其無罪也。然則何以天之禍之酷也！乃爲文以哭而銘之。其辭曰：

引身以養父，乃不及終其天年；離經以課子，竟不及盡其薪傳。嗟三命之荼毒兮，抱九地之沉冤。質之梁父與亢父兮，亦曰莫知其然而然。

鮚埼亭集卷第二十

〔楊注〕此卷壙志銘二，墓版文一，墓碣文一，墓志銘五，計九首，皆謝山友也，亦皆不得志之士，故合爲一卷。

碑銘十五

王立甫壙志銘

立甫，姓王氏，諱豫，字敬所，浙之長興縣人。娶姚氏，吾友薏田之姊也。立甫生負異稟，其骨相臞臞。就婚於姚氏，〔楊注〕立甫就婚姚氏，在康熙五十六年丁酉。薏田與立甫爲同歲，〔嚴注〕薏田長于立甫三歲。其才相埒，唱酬時相厄。而薏田之姊，於十七史皆能背誦，〔嚴注〕薏田曰：『我姊嗜讀書，曉晰大義，事有可有不可，多舉二十一史、通鑑以證其説。』今云能背誦十七史，言之不過歟？亦頗欲鍼砭夫壻。立甫出則遇敵手，入則懼爲其婦所窘，益沉酣于學，大放厥辭。古文初學柳州，繼而歸於半山，詩則醇乎唐音也。

顧立甫有膏肓之疾，莫甚於好名。以其好名，故不慎於擇交，而連染之禍，至逮入京師。〔嚴注〕立甫爲曾静一案輾轉牽連。立甫故孱瘦，神魂魄力不足以當大難，況家貧甚，鋃鐺就道，一無所資，長繫五年，〔楊注〕立甫以嚴寒邨之獄牽染。其逮入京也，在雍正七年己酉，至十年壬子始論釋。幽囚西曹者四載，此與蕙田壙志，皆云五年，誤也。其妻以望夫而死。迨事解得出，而芒角已摧困殆盡，不可復振矣。

癸丑〔楊注〕雍正十一年。之夏，買舟南下，過予卧榻中，悵然言曰：『吾一往消索，不敢復與諸公争宋、虢之長。但願繼今以往，寂坐深山，窮經治史，稍於學有所得，東隅之失，或可藉手以見子。』予曰：『諾。』乃〔校〕楊本作『及』。至任丘，故人爲之宿留。猶貽書於予，謂：『志氣奄奄，幾不可收束，寄聲吾友，願得良規以箴心疾，則成我者也。』未幾抵家，遂不通問。蕙田以札來，謂其山居頗適，不料其死之遽也。

立甫鋭意著書。其出獄也。杭堇浦方過予，而立甫至。堇浦問曰：『患難之中，所著多少？』立甫曰：『無有也。』堇浦愠曰：『古人遭患難，正可立言，何忽忽耶？』立甫謝之。嗚呼！豈知立甫雄心，已爲荼苦所盡，竟不能待五稔也。〔楊注〕立甫於癸丑出獄，殁于戊午，首尾六年。

立甫初哭其妻，謂予曰：『吾之負吾婦者，不可挽矣。蕙田自當有文以傳其姊，然吾尚欲子之文以張之。』予逡巡未及踐約，而今乃以志立甫者及其妻，豈不恫哉！

遺文有孔堂小稿，〔楊注〕孔堂初稿二卷，孔堂文稿一卷，孔堂私學二卷，總名王立夫遺文。長興令鮑辛浦爲梓以行世。立甫最善〔校〕楊本作『喜』。徵文獻，壬子予將赴秋試，〔楊注〕雍正十七年，謝山年二十有八，舉順天鄉試。前一夕，立甫來視予，偶與談張尚書冰槎集中考證，傾耳聽之，神味津津。火盡，取所儲闈中樺燭焚之，雞三號，童僕盡起，席間燈火尚熒然。立甫乃曰：『吾過矣，子得無入闈而困耶？』

立甫生於某年月日，卒於某年月日，其年四十有一。曾祖某，祖某，父某。無子。葬於某山之某原。銘曰：

蘭而摧，玉而折；欲問天，其何說？苕溪水，共嗚咽；有此文，倘不滅。

〔楊評〕字字悲咽，從肺腑中來，與姚薏田立夫遺文序，皆令人讀之泫然，不知涕之何從也。

〔嚴注〕謝山志立甫卒年四十一，志薏田卒年五十五，其卒年皆不詳也。余考之，立甫卒於乾隆三年，薏田卒於乾隆十四年，則薏田且長立甫三歲，所言卒之歲數不無錯誤。據鮑西崗道腴堂集詩有壽姚玉裁詩云：『屈指今年四十强』，雍正乙卯年作。然則姚先生卒年五十四。立甫未出獄時，其妻姚氏已死。予讀薏田所作立夫遺文序，知立甫死時有一幼子，未知是繼妻生耶？抑庶出耶？觀鮑辛浦輓詩，其自注云：『立夫已喪偶，惟蓄一妾。』則其子乃妾出者。

姚薏田壙志銘〔楊注〕辛未年四十七。

通經學古之士，天每以阨窮加之，或曰『所以玉之於成也』，其信然乎？則所謂阨窮者，不過槁項黃醎，三旬九食，以畢其生，亦已足矣，而乃重之以疾病，甚之以患難，終之以孤煢，如是而曰『玉之于成』，莫之信也。天而無意於斯人乎，何故而於孤根薄植之中，屈沉澀之精，以篤其材？天而有意於斯人也，而所以玉之者，適足摧殘戕賊之，以至於死，則司命者之權衡，不知安在？〔楊評〕才人之阨窮，未有甚于薏田、立夫者也。此志痛惜至矣。謝山雖嘗通籍，而一蹶不振，四壁枵然，惡疾重嬰，歌其芣苢，亦阨窮之甚者也。纂此志，在韓江養痾時，故尤淋漓嗚咽。

歸安姚薏田、長興王敬所，皆今世僅有之材也。二人者爲郎舅，其讀書能〔校〕楊本下有『通經學古』四字。冥搜神會，真〔校〕楊本作『直』。見古聖賢之心；其爲詩古文詞，清雋高潔，〔楊評〕姚、王兩家詩筆，此四字足以盡之。平視千古，一時推爲國器。然而皆一貧如洗，不克自贍其生。〔楊評〕此所謂『三旬九食，以畢其生』。薏田尤疲羸，長年委頓，藥裹不去手，寒暑風雨，時若有鬼伯抏之。〔楊評〕此所謂『重之以疾病』。敬所遭奇禍，逮繫西曹者五載，薏田以其姊故，益在多凶多懼之中，終日涕洟。〔楊評〕此所謂『甚之以患難』。敬所解網而歸，不數年而死。薏田隻輪孤翼，漠然無所向，痼疾益甚沉緜，又十年竟死。二人者皆無子。〔楊評〕此所謂『終之以孤煢』。嗚呼！其可悲也。

薏田之操行，其視敬所爲更醇。敬所死，予銘其墓，不諱其生平疵纇，薏田垂淚讀之，已而相向噭然以哭，至失聲。長興令鮑辛浦在座，亦汍瀾而起。今吾銘薏田之墓，辛浦之死且三年矣，〔楊注〕辛甫歿於乾隆十三年戊辰，則姚先生殆歿於庚午、辛未間耶？言志墓之時，去辛甫之死三年耳。辛甫歿之次年，姚先生歿。誰其讀吾文者？

薏田，姓姚氏，諱世鈺，字玉裁。曾祖某，江蘇按察使司。〔嚴校〕作『布政使』。〔楊注〕姚延著仕終河南布政使。順治己亥，鄭成功犯江寧，而宣城、金壇、儀真諸邑士大夫羣謀應之。事發時，延著司臬江蘇，焚其籍，全活萬人。及陞任中州，而提督梁化鳳與之有隙，得其實，劾奏于朝。延著坐法死。祖某，明經。父某，諸生。娶某氏。

薏田之爲諸生也，王提學蘭生、唐太守紹祖皆知之，欲爲之道地，然竟不果。未幾薏田亦病廢，更無意于人世矣。晚年益刊落枝葉，所得粹然，授徒江都，遂卒焉。吾友馬曰琯、曰璐、張四科爲之料理其身後，周恤其家，又爲之收拾其遺文，將開雕焉，可謂行古之道者也。〔嚴注〕姚先生詩文，張四科爲之付梓，名孱守齋遺稿，詩文各二卷。生于某年某月某日，〔楊注〕康熙三十七年戊寅。卒於某年某月某日，〔楊注〕乾隆十七年壬申。得年五十有五。〔嚴校〕一作四。從子某爲之後。〔嚴注〕薏田一女，嫁烏程董豐恒，乾隆甲戌進士。葬於某鄉之某原。所著有蓮花莊集四卷。〔楊評〕薏田著孱守齋遺稿四卷，非蓮花莊集也，謝山何以譌謬如是。案蓮花莊集或是初名，當再考。莊，故松雪王孫之居也。其銘曰：

薏田之學，私淑義門；義門之徒，莫之或先。人亦有言，墨守太堅；薏田不信，禦侮兀然；〔嚴校〕當作『屹然』。每逢異幟，互有爭端。焦唇敝頰，各尊所聞；而今已矣，宿草陳根。悽愴哀詞，以當招魂。薏田嘗述義門之言，以爲厚齋不脫詞科中人習氣也。予諧之曰：『義門〔校〕楊本下有『亦』字。不脫紙尾之學習氣也。』薏田大愠。

〔嚴評〕此種銘詞並非古法，顧猶生新可喜。

沈果堂墓版文〔楊注〕癸酉，年四十九。

義門先生之學，其稱高第弟子者，曰陳季方，曰陳少章，年來俱已賫喪，而吴江沈君果堂爲之後勁。果堂爲人醇篤，盡洗中吴名士之習。讀書以窮經爲事，貫穿古人之異同，而求其至是；其爲文章，不務辭華，獨抒心得。顧闇淡自修，世無知之者，而果堂亦不甚求知于世。大科之役，有薦之者，始入京，方侍郎望谿、李侍郎穆堂皆稱之，予亦由二公以識君。君生平有所述作，最矜慎，不輕下筆，幾幾有含毫腐穎之風。予〔校〕楊本下有『頗』字。以爲非場屋之材，而君果以奏賦至夜半，不及成詩而出。遂南歸，兀兀著書。其論文，足與二陳稱敵手，其窮經則二陳有所不逮也。予往來江、淮之上，道出中吴，〔校〕楊本作『吴中』。必訪君，君亦必出所著，傾倒就予，互相證明。天子求明經之士，予以爲果堂足副其選，而竟未有薦之待詔公車門下者，寒氊一席，泊如也。

辛未之冬，君著周官禄田考方就，予自邗上歸，吴之老友沈潁谷、陸茶塢、迮耕石争留予曰：『果堂正盻子，欲以周官禄田考有所商搉。』予迫于歲暮，懼諸公詩酒留連之阻歸棹也，是夜解維遽去，而寄聲於茶塢曰：『明春當與果堂爲對牀之語，并讀其所新著之書。』不料及春而予有嶺外之行，參辰相去，音問不接。李生師稷南來，告予曰：『沈先生歸道山矣。』嗚呼！大江南北相望二千餘里，高材之士不少，然心知之契，可以析疑義，資攻錯，而不徒以春華相馳逐者，則舍果堂之外，吾未之見。苟知君之將死，當棄百事而從之，亦安忍掉頭不顧，成此孤負，是則痛心者矣。

君諱彤，字冠雲，蘇之吴江縣人。家世高門，在明中葉，有二光禄稱直臣，甲申而後，有以兄弟殉國難者。〔楊注〕自炳、自駉也。曾大父某，〔楊注〕自南，順治乙未進士，山東蓬萊知縣。大父某，父某〔一〕。君以吴

〔一〕〔楊注〕果堂之七世祖漢，字宗海，明正德十五年進士，仕至户科給事中，以劾武定侯郭勛庇妖賊李福達，予杖削籍。又嘗争『大禮』，事具明史。隆慶初，贈太常少卿，此直臣之一也。又其從高祖璟，字伯英，明萬曆二年進士，官至光禄寺寺丞，以國本建言。天啟初，贈光禄寺少卿，亦直臣之一也。謝山云『二光禄』，誤矣，當云『有太常、光禄稱直臣』。外集有送果堂南歸序則云『太常、光禄』，卻不誤。果堂高祖珫，萬曆二十三年與兄琦同成進士，後十年，弟珣繼之，時稱『楓江三鳳』。珫仕終山東按察使僉事，分巡兖東道，有清節，人比胡威、吴隱之云。琦歷知淄川、高陵、三原三縣，嘗抗礦税太監陳增、梁永，稱强項令，性廉潔，卒無以爲殮。珣官右副都御史，巡撫山東，以幹濟著。自南，珫之子也，亦有清節，再世爲廉吏。吴江沈氏自孝子奎山，給諫漢，族乃大。漢生上舍嘉謨，嘗識大儒杜偉于豎中而子之，人服其鑒。嘉謨生二子：位，隆慶二年進士，官檢討，工古文；倬，諸生，文譽與管志道、焦竑埒。倬生三子，即琦、珫、珣也。珫七子：自繼君善、自徵君庸、自炳君晦、自然君服、自駉君牧、自南留侯、自東君山，皆以文學有盛稱。又其羣從有自鋐、自友、自晉、自顯、自籍、自鋌，亦人各有集。羣雅所萃，爲江左門材之首焉。視昔人所稱王筠者，殆有過之，而自炳、自駉以大節著。

江學諸生應徵。生於某年月日，卒於某年月日。無子，以其從子爲後。得年六十有四，〔校〕嚴作五，又注云：果堂卒於乾隆十七年壬申十月廿五日，生於康熙二十七年戊辰某月某日，年六十五。且見長洲沈德潛撰及元和惠棟、仁和沈廷芳兩家墓志。此云六十有四誤，爲之校正之。葬于吴江之某原。嘗纂吴江、震澤二縣志，震澤，故吴江之分邑也。君于二志，經緯分合各有法，可以爲天下分邑脩志者之式。

嗚呼！交游凋謝，歲歲作哀挽，撰志銘，老淚爲之枯竭。而予亦衰病日深，今年幾死嶺外，歲晏歸來，一哭樊榭，再哭果堂，何以爲情，乃重之以些詞曰：

君於官禮，湛思精詣；待我論定，始以問世。昔我有言，幸防輸攻，墨守倘發，恐難抗鋒。感君之意，媿我爽約；序君之書，以懺前諾。

〔嚴評〕此文于果堂所著書，無一語及之，毋乃太疏略乎？

〔楊評〕勝松崖、椒園兩志。

厲樊榭墓碣銘〔楊注〕壬申，年四十八。

余自束髮出交天下之士，凡所謂工於語言者，蓋未嘗不識之，而有韻之文，莫如樊榭。樊榭少孤家貧，其兄賣淡巴菰葉爲業以養之；將寄之僧寮，樊榭不可。讀書數年，即學爲詩，有佳句。是後遂於書無所不窺，所得皆用之于詩，故其詩多有異聞軼事，爲人所不及知。而最長于游山之什，〔楊注〕經典釋文：鹿鳴之什。『什』者，若五等之君，有詩各繫其國，周南即題關雎。至于王者施教，統有四海，歌詠之作，非止一人，篇數既多，故以十篇爲一卷，名之爲『什』。孔沖遠正義言之更詳，其見詩疏卷九之一。自來無以『什』字作篇章義解者。有之，自制義中始。不謂謝山亦染俗學。甚矣，場屋之文之害人也。噫！冥搜象物，流連光景，清妙軼羣。又深於言情，故其擅長尤在詞，深入南宋諸家之勝。〔楊評〕數語能盡樊榭詩詞之妙。然其人孤瘦枯寒，於世事絶不諳，又卞急，不能隨人曲折，率意而行，畢生〔校〕楊本作『世』。以覓句爲自得。

其爲諸生也，李穆堂閣學主試事，闈中見其謝表而異之，曰：『是必詩人也。』因録之。計車北上，湯侍郎西崖大賞其詩，會報罷，侍郎遣人致意，欲授館焉。樊榭襆被潛出京，翌日侍郎迎之，已去矣。自是不復入長安。及以詞科薦，同人强之始出。穆堂閣學欲爲〔校〕楊本下有『之』字。道地，又報罷。而樊榭亦且老矣，乃忽有宦情，會選部之期近，遂赴之。同人皆謂：『君非有簿書之才，何孟浪思〔校〕楊本作試。一擲？』樊榭曰：『吾思以薄禄養母也。』然樊榭竟至津門，興盡而返。予諧之曰：『是不上竿之魚也。』嗚呼！以樊榭爲吏，固非所宜，而以其清材，使其行吟于荒江寂寞之間以死，則不可謂非天矣。

予交樊榭三十年，祁門馬嶰谷兄弟延樊榭于館，予每數年必過之。嶰谷詩社以樊榭爲職志，連牀刻燭，未嘗不相唱和。已而錢塘踵爲詩社，予亦豫焉。數年以來，二社之人，死亡相繼，樊榭每與予太息。今年予有粤游，槐塘〔嚴注〕汪沆。以書告樊榭之病，不意其遽不起也。嗚呼！風雅道散，方賴樊榭以主持之，今而後，江、淮之吟事衰矣。

樊榭，姓厲氏，諱鶚，字太鴻，本吾鄉之慈谿縣人，今爲錢塘縣人。康熙庚子舉人，生於某年月日，卒於某年月日，享年六十有二。〔楊注〕樊榭生于康熙三十年辛未五月初二日，卒于乾隆十八年癸酉。曾祖某，祖某，父某。娶某氏。無子，以弟之子爲之後。葬於湖上之某峯。所著有宋詩紀事一百卷，樊榭山房集二十卷，已行於世，又有遼史拾遺十卷。〔楊注〕遼史拾遺二十四卷，此與刊本皆作十卷，疑脱誤也。

樊榭以求子故，累買〔楊校〕一本作『置』。妾而卒不育。最後得一妾，頗昵之，乃不安其室而去，遂以〔校〕楊本下有『是』字。怏怏失志死，是則詞人不聞道之過也。且王適不難謾婦翁以博一妻，而樊榭至不能安其妾，則其才之短又可歎也。嗚呼！樊榭屬予序其宋詩、遼史二種，忽忽十年，息壤在彼，而今隕涕而表其墓，悲夫！是爲銘，其詞曰：

沖恬〔校〕楊本作『淡』。如白傅兮，尚有不能忘情之吟。人情所不能割兮，賢哲固亦難禁。祇應尋碧湖之故槳兮，與握手以援琴。樊榭苕上之故姬也。〔楊注〕苕上當作碧浪，案樊榭詩集悼亡姬序：『姬人朱氏，烏程人。雍正乙卯，予薄遊吴興，沈幼枚爲予作緣，以中秋之夕，舟迎於碧浪湖口，字之曰月上。』則作碧浪爲是。月上，號滿孃，見息影菴初存詩卷五谿樓延月圖詩自注。

〔楊評〕謝山志銘頗多直筆，質樸有古人風，如胡復齋不諱年大將軍之黨，鄭南谿不諱溺于禪學之類，可云實録，足以取信于後。若志其舅蔣蓼厓爲鄰鋪假手褫其巾服；樊榭，則云妾不安其室而去，是皆以訐爲直，君子之所惡也。至于史雪汀墓版文則痛詆之矣。銘之義，稱美不稱惡，謝山獨不聞之乎？

張南漪墓志銘

南漪讀書極博，其説經皆有根據，必折衷於至是，而尤熟於史。其榷史也，尤精於地志，幾幾足以分國初胡、閻、黄、顧諸老之席。其古文最嗜羅存齋，於近人則喜顧亭林，是其平生學術大略也。浙有妄男子者，〔嚴注〕指山陰胡天游稚威，稚威有文集行世。客京師，其文皆造險語奇字以欺人，而中實索然無所有，或問之，則取漢、唐以來之亡書對，曰：『是出某本。』賦詩，則以用盡韻部之字爲工。方余在京師時，力爲人言其謬，故妄男子最恨予。及予歸，妄男子始〔校〕楊本下有『復』字。猖狂，而吾友中好奇者亦多爲所蠱，莫之正。〔嚴注〕齊息園、杭堇浦皆與稚威善。南漪入京師，見〔校〕楊本下有『之』字。而唾曰：『嘻，是不足爲樊紹述、劉幾作輿臺，何其無忌憚一至此也。』會妄男子正説經，南漪投以帖子，詰其經義數十條，妄男子噤不能答，遷延避去。

南漪不喜爲場屋之文，故科舉累失利。甲子，王侍郎晉川〔嚴注〕會汾。見其對策，奇之，置之副車。丁卯，竟薦之。天子詔求明經之士，梁尚書薌林〔楊注〕詩正。又與〔校〕楊本有『王』字。侍郎交登啟事，故南漪久留京師。會召對之期在明年，南漪乃有金谿之行，舟至三衢，暴病返棹，抵家五日而卒。

南潏之學固未見其止，即就其所已至者，亦自足以有傳。而其平日爲文最矜慎，不苟作，身後屏當其篋，不滿數十篇，皆非其底蘊之所在。惟讀史舉正一書，亦未及十之五，草書散亂在故紙中，予爲科分而件繫之，闕其所不可識者，〔校〕楊本有『而』字。詮次得四〔楊校〕作『四十』。卷，令其子抄而傳之，不然，南潏幾不免有寂寞千秋之恨，是則可悲也。

南潏嗜酒，然易醉。其家與予寓隔一巷，嘗與施慎甫〔一〕飲予齋，正酣暢，極口論文，慎甫傾耳聽之。俄而目直上視，旁皇四顧，大罵，不知其所罵者何人也。余命奚奴扶之以歸。南潏下階踣于草間，慎甫救之亦踣，罵聲猶喃喃，觀者大笑。〔楊評〕摹畫南潏醉態，不減太史公書之寫灌將軍也。由今思之，不異山陽之笛也。

南潏，姓張氏，諱熷，字曦亮，杭之仁和縣人。曾祖某，祖某，父某。娶某氏。生于某年月日，卒于

〔一〕〔楊注〕施慎甫，名廷樞，號北亭，國子監生，錢唐人。著有十駕齋集。汪槐堂沆撰傳曰：『慎甫嗜讀書，甫冠，謝去科舉業，博覽羣籍，于經史傳注，字句疑似者，每抉擇其同異謬誤，而舉正之。乾隆戊寅卒，年四十有五。』杭堇浦世駿十駕齋集序曰：『北亭措思深湛，眼光所到，洞垣一方，偶示所作，審定三處。其意所不者，余未嘗不自知也。以故稠人廣坐中，有北亭在，輒矜慎，不敢妄有論列。句甬全謝山穿穴羣籍，意不可一世，北亭每有匡益，謝山旋即改定，今世所刊經史答問可證也。吾黨多畏友，覈其尤，則張曦亮與北亭爲最。』

某年月日，其年四十有七。葬于湖上。子三：埏、堦、塽，埏爲諸生，屬銘于予，其銘曰：

文如鄂州，厥壽亦侔。小泉翁志其幽，贈君私謚曰醉侯。

萬循初墓志銘

〔楊注〕庚午，年四十六。

循初以乾隆改元之歲，入京應詞科之薦，年甫冠，時人盛稱其詩，然予不過以詞章之士目之。又十年，遇齊次風于淮上，次風爲予言循初學精進，近人未見其比，予始心重之，然終未知其底裏也。今年，循初卒，惋歎累日。已而汪生孟鋗來，出其彌留所寄柬，言病已不可爲，以遺書爲託，平生所瓣香者雙韭之文，而雙韭知我未深，幸爲〔校〕楊本下有『我』字。圖之。予瞿然曰：『向來誠不甚知循初，然予安足以重循初，而循初以身後之文望予，亦何可負之。』

乃取其遺書觀之，歎曰：是今世之學者也。其穿穴六藝，排比百家，如肉貫弗，而尤卓然獨絶者，則周髀之學也。自古學廢絶，西人獨擅其長，中原反宗之，唐荆川、顧箬溪、邢雲路欲會通焉，而尚未能。姚江黄梨洲出，始言周公、商高之術。中原失傳，而被篡於西人，試按其書以求之，汶陽之田可歸也。梨洲弟子半江南，而得其傳者，海寧陳言揚也。絶學將昌，同時杭人吴志伊、蘇人王寅旭、宣人梅定九，鼎足而出。三先生者，未嘗與姚江討論及此，而所見適合。然且姚江初出，正在異軍特起時，其說尚稍疏，至諸家而益密，定九尤集其成。乃定九晚年睠睠欲得高材生以受〔校〕楊本作『授』。其書，竟無有。吾友朋中不乏好古之士，然罕有工此術者。姚江邵子晸，亦詞科同籍也，獨精之。子晸嘗欲予序其書，諾之而未果。子晸卒，欲即家抄其書，亦未能也。乃今得之循初，上自注疏，旁及諸史，以至明之三曆，呵龐喝利，布算了了，何其神也。循初之述作種種，皆有可稱，然即以是書傳，亦已足矣。蓋予今而後知循初也，詞章之士云乎哉。

梁少師薌林纘修通考，延循初以董其事。少師醇謹，少所可，獨醉心於循初。其病也，爲步至秦侍郎樹峯邸，商其藥物；及歿，如失左右手。會以扈從南下，見予于杭，語及循初，唏噓久之。

循初，姓萬氏，諱光泰，一字柘坡，嘉興秀水縣人。曾祖某，祖某，父某。娶曹氏。生於康熙壬辰年某月某日，卒于乾隆庚午年某月某日。乾隆丙辰舉人，其年三十有九。無子。甚矣其荼苦也！葬于某鄉之某原。其遺書皆藏汪氏。其〔嚴校〕乙去『其』字。銘曰〔一〕：

殁而猶視，乞予之文；予文不稱，何以瞑君。人生如此，天道寧論！

〔一〕〔嚴注〕案孟銷序柘坡居士集云：『循初屈指今古文手，推寧波全謝山先生第一。庚午秋，過謝山杭州，再拜懇序，謝山諾從。頻歲歸，則謝山已病不能作，今已赴修文矣。時在丙子十二月八日。』先生作誌銘，即在庚午年，殆未及付厚古，而厚古以爲求序不獲，不知先生已爲纂銘，故不復序其集也。

河南禹州牧蘗齋施君墓志銘

蘗齋以拔萃入成均，奉大對，世宗憲皇帝命往廣東揚歷，知緊縣，〔校〕楊本無『知』字，楊云刊本衍。嚴校以『知』作『諸』，連上爲句。案『緊』，疑當作『繁』。以課最，得召見。今上知其有母，移之浙江，再試二大縣，前後共十五年，始由德清遷河南之禹州。尚未赴，爲前縣尉所誣，解官聽勘。蘗齋平生自好，驟遭毒噬，不勝其憤，大吏頗知之，深加慰藉，欲亟白其獄，而蘗齋已病不可爲，遂卒于杭之寓寮，君子哀之。

蘗齋爲愚山先生之曾孫，學有宗傳，不媿其家兒。粵中巨豪，憑其城社，大吏莫能〔校〕楊本作『敢』。誰何，君杖而錮之。浙東奸民煽動，大吏欲勦之，君以靜填之而自息，其才謂有過人者。其令新會，嘗葺白沙先生祠，又嘗遇莊定山後人于逆旅而周之，姚江爲黄忠端公贖祭田：皆非今世俗吏所有〔校〕楊本下有『者』字。也。愚山先生詩集，舊爲張尚書伯行、曹通政寅所開雕，而未及其文，蘗齋始盡板行之，又爲之年譜，乞予爲文以糾志狀之譌而補其脱。先世中明先生，羅文恭高弟也，蘗齋不遠千里，以學録寄予，表章孔亟。愚山先生與蔡士美葺宣城前輩詩，爲宛雅，蘗齋續之。予謂當稱『宛陵羣雅』，不當稱『宛雅』，蘗齋曰：『何謂也？』予曰：『恐無以别於南陽之宛與宛邱也。』蘗齋曰：『予子乃吾先子之功臣。』其虛衷如此。所至聚書，雖在官衙，不廢稽古，嘗繙閱至夜分，風吹其燈，爇及長髯，左頰亦燔。次日予適過其署，相視而笑。

夫以常理論之，以蘗齋之勤慎和平，愛民下士，善氣所萃，不應以凶終，而竟橫罹憂患，年甫踰四十而死，無子。其開雕年譜之成，病已劇，讀予序僅一過，竟未及覆視也。身後，大吏窮竟其事，皆無有，其尉反坐以〔校〕楊本作『而』，注一作『以』。去。然而歸裝蕭然，斥賣及書卷，平時賓客交游無至者，惟吾友杭堇浦一人，不替歲寒之誼〔一〕。抵家，太宜人亦遂以哭子死，人倫之慘備矣。

明年，其兄來乞予銘。嗚呼！蘗齋蓋嘗請予表其贈公隨村〔校〕楊本作『瑮村』。先生之墓，言之頻年，而怪其行略之不至也。叩之，則曰：『子淡泊衡門，而吾以先墓之文爲屬，可無以將意乎？然釜魚塵

〔一〕《楊注》天下有浪得名者，杭堇浦是也。其詩筆不過場屋伎倆爾，其著書不過零星掇拾爾。謝山目無餘子，而反盛推之，不可解也。至其爲人，又甚庸鄙，而此云『惟吾友杭堇浦一人，不替歲寒之誼』，不知蘗齋何以得于堇浦也？謝山特書之，其亦不没友朋之善矣。吾意全、杭二人之交好，當無存歿之間，乃考董秉純所作謝山年譜，則云：『純所丐堇浦之志，竟不報，并所遺馬氏文集，亦歸堇浦，索之再三，而終不應，可爲長慟者矣。』據此，則謝山身後，堇浦負之實甚，吾故目之爲庸鄙也。

甑，〔校〕楊本作『甑塵』。尚有待也。』〔一〕言猶在耳，而蘗齋之墓已隆然矣。

蘗齋，姓施氏，諱念曾，字得仍，寧國宣城縣人。世系見愚山先生年譜。生于康熙某年某月某日，卒於乾隆某年某月某日，享年四十有二。雍正己酉選貢生，以詞科薦，皆於予爲同譜。娶梅氏。從子某，其後也。葬于某鄉之某原。其銘曰：

國狗之瘈，于今已雪；其如〈近〉〔逝〕從楊本改。者，不可復活；敬亭之山，以埋君骨。

方定思墓志銘〔楊注〕癸酉，年四十九。

定思，姓方氏，諱道章，字用安，江南之桐城縣人，今爲上元縣人，故侍郎望谿先生之長子，其家世見予所作先生神道碑。〔嚴注〕所撰望谿神道碑，並未敘及家世，但云三世皆以公貴，贈某官而已。定思生于魁儒之門，顧少罹禍患，望谿先生以連染入旗籍，定思遂補八旗博士弟子。先生得改原籍，定思始入太學，

〔一〕〔楊注〕再試兩大縣，前後共十五年矣，乞人表其贈公之墓，而不能備禮以將意，可謂廉矣。況今之作史潤筆，非若唐之厚也。劉夢得祭韓文公曰：『公鼎侯碑，志隧表阡，一字之價，輦金如山，久不聞此風矣。』由此觀之，蘗齋之廉已甚，無惑乎歸裝蕭然，斥賣及書卷也。

舉秋試。

其性落落不甚可人，苟不當其意，相對嘿然，令人廢沮。顧獨暱就予，所言多合，亦不知其所以然也。予叨望谿先生愛最篤，然侍坐説經時，或與先生不甚合，則争之。定思在側，嘿而不語，退則竊語予曰：『子言是也。』望谿先生持古道，以此，或爲少年飾貌者之所欺。定思每以見問，予曰：『是人未可信也。』定思輒攢眉曰：『吾故〔校〕楊本作『固』。知之。』先生每〔校〕楊本作『間』。有所行，亦未嘗不商之定思，或不相中，定思必來告，令〔校〕楊本作『予』，屬上句『讀』。予更向先生轉移之。蓋定思之在家庭，非但能承學業而已也。然先生既以直言得罪津要，不安其位，而定思亦復耿耿，爲諸公所畏忌，故相尤惡之。于是以一孝廉待試公車，卒不得成進士。先生既放還。定思蕉萃里門，食指甚繁，終日米鹽之間，以至於死。

定思爲古文，雅有家法，然未嘗輕以示人。望谿先生八十，予過白下，定思飲〔校〕楊本作『館』。予于湄園。不數日，予遽東歸。次年而定思卒，又次年先生始卒。嗚呼！以定思之骨力，不肯隨時上下，其人非晚近所有，而一無所試而死。其所爲古文詞，以其不肯苟存，無一傳者。上之不得比於原父之仲馮，次之不得比于道原之羲仲，遂將泯滅，其可慟也。

定思不妄可人，人亦無知之者，但盛相傳譏其不近人情。知之者莫如予，安得不銘。定思生于某年月日，卒于某年月日，〔楊注〕生于康熙四十二年癸未，卒于乾隆十三年戊辰。春秋四十有六。娶某氏。八子，長者已舉賢書；其第六子，予壻也。方予别望谿于潭上，先生謂『吾老未必久人間，篋中文未出者十之九，願異日與吾兒整頓之』，豈意定思先歿，而〔校〕楊本無此字，楊云刊本有『而』字，非是。先生亦隨下世，而予奔走五千里外，未踐斯約，是則負疚者矣。其銘曰：

望谿之學，空負盛名；實罔知者，坎壈一生。君承家學，亦復骨鯁；固宜衆惡，咎兹獨醒。世道日衰，江河東下；可憐赤鯉，菜甕所詫。故人有我，知君之心；作此銘詞，奏以素琴。

〔楊評〕此志以己與定思志同道合爲通篇之大旨。又處處提望谿作主者，蓋以定思無功勛文章見知於世，其可以信今而傳後，亦籍望谿之聲光所被故也。

陸茶塢墓志銘 〔楊注〕癸酉，年四十九。

茶塢，姓陸氏，諱錫疇，字我田，吴人也，研北先生〔楊注〕名稹，字元公。之子。吴中臺榭甲天下，而以水木明瑟園爲最，竹垞先生所爲作賦者也。其地當靈巖之上沙，經始于徐高士介白，而歸于陸氏。竹垞最與研北善，每游吴，必下榻于是園，故茶塢少而受教於諸尊宿。長而學於義門先生，其人伉爽，卑視一切，義門之學縝密，從事于考據最精，而茶塢不求甚解，略觀大意，於師門爲轉手，然義門甚許之。性剛，苟所不可，直斥之如狗。及觀其詩，則又柔腸麗句，淵源西崑。予嘗諧之曰：『君爲人不肖其詩。』

性嗜客，尤豪于飲，而最講求食經。吴中故以飲饌誇四方，研北先生已盛有名，至茶塢而益上。〔校〕楊本作『工』。每膳夫聞座客有茶塢，輒失魄，以其少可多否也。家居無日不召客。一登席，則窮晝繼夜，雖括頸相對不厭。予于酒户亦頗爲朋輩所推，然深畏茶塢之勾留，不五日即病，往往解維而遯。茶塢誚予曰：『是所謂以方千里而畏人者也。』坐是，遂以好事落其家。家愈落，好事愈甚。年來世故局促，吴之富人多杜門謝酬應，無復昔時繁華之盛，而茶塢獨竭蹶持之。顧此猶茶塢之小者。生平篤於師友之誼：義門身後遺書星散，茶塢話〔校〕楊本作『語』。及之，必痛心，其乞余爲之表墓也，流涕讀之。陶太常稺中，茶塢之心友〔校〕楊本作『交』。也，亦流涕而請其志幽之文。友朋急難，無不濡首滅趾以從之，特以力不能展其志，時時仰屋而吁，而亦竟以是蕉萃而殁。

予之交茶塢也以祁門馬嶰谷，一見即傾倒，嘗曰：『謝山無終老山林理。』不知其言之不驗也。予游嶺外，一病幾死，病中夢過〔校〕楊本注一作『適』。水木明瑟園，與君坐紫藤花下，啖蓴羹，君復以酒困予，予曰：『此伏波曳足壺頭時，不復與君抗也。』醒而異之，以爲徼幸生還，一踐此景，豈知茶塢已棄我而去乎？茶塢卒，其子尚少，吾懼明瑟之徑有塵，而竹林之罏且圮也。

茶塢年六十有四，〔楊注〕生于康熙二十九年庚午。卒于乾隆十八年癸酉。娶某氏，子一，某。其卒也於揚州，嶰谷爲之任其後事，葬于某鄉之某原。其銘曰：

四海論交，不媿孔融；『坐上客常滿，尊中酒不空。』一朝化去，誰其共蒿里之懽悰！

鮚埼亭集卷第二十一

〔楊注〕此卷穿中柱文二，墓表三，壙銘一，墓版文二，窆石文一，計九首。李東門、陳孔塘，謝山父執也；董次歐，其師也；蔣蓼厓，其舅也；鄭南谿、蔣平涼、陳裕齋、李端孝、董永昌，耆舊也：皆甬上人也。故合爲一卷。

碑銘十六

五嶽遊人穿中柱文

南雷黄氏之講學也，其高弟皆在吾甬上。再傳以來，緒言消歇，證人書院中子弟，不復能振其舊德。求其如北山之有光於朱，蒙齋、融堂、和仲之有光于陸〔嚴校〕據南溪偶刊卷前所刻本校有『東洵之有光于吕』七字。者，吾未之見也，慈水鄭先生南谿其庶幾乎？先生於黄氏之學，表章不遺餘力。南雷一水一火之後，卷籍散亂佚失，乃理而出之；故城賈氏顛倒明儒學案之次第，正其誤而重刊之。〔嚴校〕有『又刻南雷文約』六字。先是，尊府君高州欲立祠于家以祀南雷而不果，先生成其志，築二老閣於所居東，以祀南雷及王父秦川觀察，春秋仲丁，祭以少牢，黄氏諸孫及同社子弟皆邀之與祭，使知香火之未墜也。又言於提學休寧汪公謀其墓田。

初，南雷之卒也，託志文於高州而未就，至是先生以屬之予。四方學者，或訪求南雷之學，不之黄氏〔嚴校〕作『竹浦』。而之鸛浦，即黄氏諸孫〔嚴校〕下有『有所』二字。訪求簿録，亦反以先生爲大宗，蓋其報本之勤而篤也。顧或疑先生之學不盡合於南雷，以爲南雷當日雖與二氏多〔校〕楊本作『相』。還往，而於其學則攻之甚嚴。今先生之喜〔嚴校〕作『談』。禪，幾於決波倒瀾，無復隄限。南雷最斥潘氏用微之學，〔嚴注〕潘用微，名平格，慈谿人。梨洲初拒而後納之，使主證人書院，已而仍擯斥之。在崑山，歸玄恭聞其講學，執弟子禮見之，聞其言，曰：『此老生常談，吾鄙不屑道者耳。』乃會客，責令納還前拜。平格皇恐叩頭而逃。其所著求仁録，南溪序而刻之。嘗有書爲萬徵君季野駁之，凡數千言。而先生於用微『求仁』宗旨，許爲别具隻眼。南雷汰存録之作，〔嚴校〕有『凡』字。言明史者皆〔嚴校〕作『多』。宗之，而先生言〔嚴校〕作『嫌』。其門户之見尚未盡化。予則以爲先生宿根實與蔥嶺相近，故雖儒言儒行，而圓頂箬笠，居然竺先生氣象。亦嘗與之反覆其異同，而墨守卒不可化，此乃明人近谿、復所、海岸一輩。用微之學，予亦嘗舉其疵纇以相商榷，先生不以予爲非，而謂近世士不悦學，苦心如此人者，正自不可泯没，是固平情之論也。至疑南雷門户之見未化，則最足中明季諸公之病者。要之，先生〔校〕楊本下有『之』字。講學，其泛濫諸家，不無軼出於黄氏範圍之外，而其孤標篤行，持力之嚴，則依舊師門之世嫡也。

先生以友朋爲性命，然詩酒過從，以至書筒〔校〕楊本作『簡』。往復，無一不歸於學。萬編修九沙七秩，同人共祝之，先生揚觶而前曰：『吾祝公耄而益勤，不知老之將至，上以紹鹿園先生之學統，近以紹充宗先生之學統而已矣，他非所及也。』其祝陳南皋，亦以怡庭先生之薪火勉之。嘗勸李東門〔嚴注〕暾。講學，東門謾譏之曰：『今世之講學者，特欺世以盜名耳，吾不屑爲也。』東門卒，先生哭之慟，曰：『聽君之放浪山水，而終無所得，是予之罪也夫。』萬磁州西郭被徵，先生謂曰：『按〔校〕楊本作揆，楊云刊本作『按』，非。以古人出處之義，當辭之。』西郭不能從，中途而寄聲曰：『吾悔不用良友之言。』予在京師，先生歲必傳語曰：『長安聲利之場，陷溺人心不少，當時時提醒之。』西行訪求李二曲高弟，則友王豐川；〔嚴校〕心敬。北行求顔習齋〔嚴校〕元。高弟，則友李恕谷；〔嚴校〕塨。浙中求明招、麗澤之傳，則友王鶴潭；而尤服膺二曲反身之教，每與予相見，未嘗不諄諄三致意焉。嗚呼！先生之學如此，夫豈葸嶺之徒所能收拾者乎？

家居祭祀皆依古禮，不參以世俗之俎豆，視牲告濯，無不躬親。未嘗見其〔嚴校〕乙去此二字。稍倦。巫覡不得入其門，家人有爲非鬼之享者，〔嚴校〕乙此字。舉而覆之于廁。〔嚴校〕作『棄之門外』。西成所入，惠及三黨，竭歡盡忠，不以爲厭，蓋數十家待以舉火。有佃人負租，詢之，知爲慈湖先生之後也，盡捐之。守令有願見者，謝不往。以明經貢太學，應受籍于選部，亦不赴。

先生固用世才，其綜理庶務，幹力精悍，乃其於勢位，則泊如也。〔嚴校〕下有『削金庭洞天毛竹爲刺』九字。自署曰五嶽遊人。其於五嶽已歷其四，獨衡山未至，曰：『留此有餘不足之精神，以還芒屩可也。』今春語余曰：『明年爲予八十，終當南行，以畢此志。』未幾而先生逝矣。〔嚴校〕下有『初，翰林陳公怡庭暨其子心齋大理，皆有葬地矣，而其家因循未下窆。先生歲促其家，許助資焉。病中猶以此爲惓惓云。』一節。

先生諱性，字義門，别號南谿，浙之慈谿縣鸛浦人也。以故按察副使溱爲祖，世所稱秦川先生者也；以故知高州府梁爲父，世所稱寒村先生者也。生於康熙乙巳十一月二十六日，卒於乾隆癸亥七月十日，其年七十有九。娶仇氏。子二：大節、〔嚴校〕下有『庠生』二字。中節，俱〔嚴校〕乙此字。國子生。先生爲其尊人治喪，未嘗用世俗七七之期，〔嚴校〕作『奠』。至是二子守其家法。〔嚴校〕乙去以上八字。夫是説也，發之韓、李二文公，〔嚴校〕作『發之自韓吏部』。以闢佛也，而先生遵之，然則誠非蔥嶺之〔嚴校〕下有『徒』字。所能收拾矣。所著有南谿偶存〔一〕。〔嚴校〕作『刊』。葬于高州墓旁。〔嚴校〕作『葬於鄞邑西山之繆家

〔一〕〔嚴注〕南谿之詩名夢寱者，一卷，三百七十九篇，五十以前所作也。名痦歌者，二卷，八百九十三篇，五十以後至七十六歲作也。其文則曰南谿不文，一卷，八十八篇。乾隆壬戌年刻，總題曰南谿偶刊，自爲之序，余新得之。甲戌冬十一月六日。南谿詩文，雖不能名家，然於師傳、家學，差爲無忝。顧周覽全集，乃絶無一字及謝山，何歟？

礐，高州墓道，即在其上。』今而後，南雷黄氏之緒言，恐益衰矣。其銘曰：

孔耶釋耶雙探珠，鴻溝混合爲一區，學成五嶽恣所如。要其醇行老不渝，歸根復命在吾儒，我銘其幽非貢諛。〔一〕

知平涼府蔣公墓表

太史公作史記，特立循吏列傳。循吏，非廉之所能盡也，而必以廉爲本。周官『六計』之説，蓋有見于此。世風日下，其不爲盜泉所污者，蓋亦甚難。吾鄉平涼守蔣公，真循吏也，而其廉已甚。今公之殁未幾時，其子孫食貧，不能自支，廉吏果可爲耶？天子方修國史，如公者，一朝牧守之冠冕也，乃爲之墓表，以作史局立傳之底本。

公諱兆龍，字御六，浙之寧波府鄞縣人也。康熙辛未進士，釋褐知雲南浪穹縣，遷知直隸保安州，移知湖廣歸州，（而）〔内〕從楊本改。遷刑部員外郎，〔改〕從楊本補。知陝西平涼府，罷官。公爲宋宣和閣

〔一〕【蔣注】先生之文不無阿私，謂『非貢諛』，聊以解嘲耳。志中止刊明儒學案、建二老閣係實録，當依原編，退入外集爲是。

學獻之後，自丹陽來鄞。明嘉靖中提舉洲，以書生受胡梅林尚書之辟，招降汪直，有大功，爲忌者所抑而罷，公族祖也。

公四歲而孤，依外家以成立。甫就塾，即循循有規矩，刻意厲行，非禮不言，非禮不履，放蕩之士見而迂之。嘗授徒會稽，其主人豪家也，孌童百輩，出入交錯，無甚防閑，而公正衿危坐，從無流視。侍兒歎曰：『真聖人耶。』〔校〕楊本作『也』。又嘗授徒錢湖，主人相得甚驩。一日襆被竟歸，叩其故，不肯言，久之方知其因奔女也。

其爲政也，以學道愛人爲先務。民有以爭訟至者，呼來閣前，諭之以禮，勸之以情，絮語若家人之相戒。訟者多内媿，請不竟。其在保安，嘗有奸吏見公慈良，以爲易與，暮夜挾兼金求出人罪，公立予杖而褫之。于是胥吏輩驚相語：以爲使君煦煦易與耳，不料其難犯若此。揚歷南疆，谿峒苗蠻雜遝；及移畿輔，又勛貴莊户所在，公以至誠撫之，莫不帖然。西曹尤重民命，每逢訊期，反覆詳審。關節既絶，乃以貨請于公之子，無敢應者。而公署終歲如洗，典衣沽酒，書帖乞米，號寒啼飢，無日不有。是時朝廷久道化成，上下共爲博大之習，苞苴之禁不甚肅。京師游手之徒，爭求爲内外官僚執役，謂〔校〕楊本作『爲』。其餘潤可盬也，獨相約莫事蔣大夫。登公之堂，不過長頭奴數人，赤腳一婢，蕉萃其容，自相姍笑，以爲居官如此，徒苦我輩，而公油然自得其樂。

其至平涼，西陲方用兵，軍輸〔校〕楊本作『餉』。旁午，日不暇給，公悉心以應之。會大將軍過平涼，公供應簡淡，遂以買馬不稱被劾。平涼之民叩首于制府，乞留公，卒不能得，雨泣送之。公既免歸，〔校〕楊本有『部議』二字。尚令償馬直，卒無以給。日爲諸子講易，及卒，家無以治喪，聞者哀之。

公平生未嘗留心術數之學，頗能豫定屬纊時日，卒不爽。里中皆以爲怪，予謂此心氣清明可以前知耳。伊川謂董山人亦無甚祕學，顧豫知伊川見訪於一歲〔楊校〕作『日』。之前，蓋其虚靈有以致之，公之謂也。生平亦未嘗作詩，及臨終，口占一首，端坐而逝。

嗚呼！自官箴之既替，故近日之以清操自持者，如蓮之出淤泥中，愈增其芳。康熙中諸老：如廣海陳清端公、河南張清恪公、〔嚴注〕伯行。湖湘陳恪勤公，〔嚴注〕鵬年。稍後出者錢塘沈端恪公，〔嚴注〕近思。皆以此得大用，而公獨回翔下吏，聲聞不得達黼座，一蹶不振，夫非命與？

公之分校戊戌禮闈也，桐城張相國、錢唐徐尚書之子，並出其門，而人不以爲私；族子下第，而人不以爲矯；蓋其素行孚於人也。家居時，乘肩輿出衢巷間，適有貲郎得罪于諸生，〔諸生〕從楊本補。誤認公輿以爲貲郎之輿，環而擊之，碎其蓋。公亟下問〔校〕楊本下有『其』字。故，諸生惶恐，匍匐踵門謝過，公笑曰：『孔子貌似陽虎，匡人之圍，以爲陽虎也，非孔子也。諸君何尤焉。』揖之升堂，茶話而別，其雅量有如此者。

公之居官，無赫赫之名，其遺事多脱落，〔校〕楊本作『略』。獨清望則五尺童子能言之。嗚呼！吴廣州之流與？陽道州之流與？

李東門墓表

李太學曒，字寅伯，一字東門，鄞人，杲堂先生子也。杲堂艱于得子，四十後始舉太學。初墮地，面上有如小耳者數十，爲繄去之。稍長，右頰有瘢作鴉青色，有相者見之，曰：『此海外阿羅漢化身也。』杲堂負才氣，頗任俠。杲堂讀書雅守繩墨，不肯少有疏略，而太學不耐章句之學，通其大意而已。杲堂文詞簡練，組織嚴于律度，而太學信筆立成。既冠，梨洲黄先生見其詩曰：『是能獨開生面者。』而鄭丈寒村尤喜之。鄭南谿、〔校〕楊本『鄭』上有『與』字。謝北溟、〔楊注〕緒章。萬西郭爲四子之集，太學爲之長。〔馮注〕二老閣刻四明四友詩，凡六卷。性好遊，春則渡錢唐，探河渚，入姑蘇，遊鄧尉，直至花信更番，告畢而歸。秋則觀曲江潮，徘回桐廬一帶，坐待霜葉盡脱始去。至于四明二百八十峯，則其屐齒所晨夕〔校〕楊本下有『住』字。也。其遊録，每一年足爲一集。座上之客常滿。頗不善飲，而喜召客，其自監司、牧守、鎮將、薦紳先生、騷雅游客，以至劍俠術士、沙門道流，參錯旁午，不可究詰。四方之士至甬上，無不叩李氏，而太學傾筐倒庋待之，各以其差無爽者。百函並發，半面不忘，自朝至暮，不以爲倦。善〔校〕楊本下有『談』字。治具，其出門亦必挾客，挾客則其具連車兼舫：生者熟者，炙者脯者，醬者醃者，醢者蜜者，晨鳧夜鯉，春韭秋菘，莫不充牣。蓋自太學逝，而吾鄉遊人驟衰，風流頓盡。萬西郭曰：『東門本用世之才，遭時不遇，以致拓落江湖，放棄詩酒，然其瀟洒跌宕，要足以自豪矣。』尤留心甬上〔校〕楊本下有『之』字。水利，時時爲當道言之。

卒年七十有五，所著松梧閣集，〔楊注〕又有閑閑閣草、寄軒草二種。其佳處時〔校〕楊本作『常』。與寒村相近云。少時嘗豫〔校〕楊本作『與』。證人之社，然不喜講學。或勸之，則曰：『今世之爲此者，特希世以盜名耳，吾不屑也。』語雖放誕，然亦未嘗不切中近人講學之病。三子：長世兼，次世法，次世言。而世法尤與予善，能承先志，開雕兩世未刻之集行世，且以十世通家之誼，屬予表墓，媿蕪文之荒率也。

陳丈孔塘壙志銘

先君諸執友，所最心折，以爲足追齊古昔者，莫如同里二陳。磊落英多，有志于孟、荀正學之統，其才力亦足以副之者，裕齋先生是也；醇深縝密，力距詖淫，篤信所學而不變者，孔塘先生是也。乃二先生皆以窮死，將無古學之累人，遂爲造物所厄，不至于蕉萃殆盡不止，其信然耶？嗚呼！我無以知之矣。

先生諱昌泗，字魯水，别號孔塘，浙之寧波府鄞縣人也。曾祖某，祖某，父某。裕齋少與先生同筆研，其所指歸在洛、閩，奮然思承其緒。裕齋才高，而先生心細，互相討論，以成水乳。讀書于城西之桃源書院，高視闊步，非禮不履，時時以正議扶末俗，村夫子以爲怪。顧窮甚，束修所入，不足以供八口之衣食，乃以京房易傳賣卜，巧發神中。至其持論如蜀莊，必依于孝弟忠信，不徒以禍福休咎動人。垂簾焚香，暇則賦詩自遣，累試於行省不見售，於是世人益笑其迂。友朋燕集，裕齋輒于酒後撫先生〔校〕楊本下有『之』字。背，歎曰：『若非老兄，不益令我茫茫孤另耶？』乃未幾而裕齋卒。先生詘于隻輪，杜門株守，鶉衣藿食。時或不給，則佐以岐黄之〔校〕楊本下有『學』字。術，商歌出金石，忘其窮也。生平學力，本于一誠，故其造詣敦篤而純備，無不自體認中來，法言法行，造次不苟，蓋明儒康齋、莊渠之流。晚年見予所作説經之文，囅然喜曰：『是深寧、東發一輩也，將來何以測其所止，但惜不令裕齋見之。』先生之於予，似有投分，遂成阿私之好，每見一紙，必連擊節，又申之以後望焉。豈料予三十年來之荒落，一至此也。

生於順治某年某月某日，卒于雍正某年某月某日，得年七十有四。娶鮑氏。子某，先生卒後不久，亦死。有孫二人，尚幼。先生古文學朱子，詩亦似之，有孔塘集。葬于某鄉之某原。其銘曰：

先生語我，科舉之害，六百餘年。誰啟厲階？至今昏墊，其勢滔天。敗壞人材，極重難返，辱不可湔。所以志士，恥言歆羡，以成畔援。嗚呼先生！不見世上，賣藝〔校〕楊本作『文』。闐闐。但得富貴，足以自豪，門户赫然。而乃老死，妻子窮餓，没世顛連。彼一抔土，稽古之力，荒草芊芊。

董次歐先生墓版文

先師董子諱正國，字次歐，别署南岡，浙之寧波府鄞縣人也。明翰林改補四川監司〔嚴評〕『翰林』不知何官，『監司』又不知何官？樾之玄孫，諸生光臨之曾孫，高士非能先生士相之孫，湖上社老曉山先生〔校〕楊本無上二字。劍鍔之從子，徙山先生德鏕之子。非能先生於國難後，父子兄弟互以遺民之節相束修，詳見予所作曉山墓文中。

先生家世舊德，讀書有端緒，顧不事經生業，其父友錢侍郎〔嚴校〕作『御』。退山、宗徵君正菴、舒學博后村皆契之，謂其詩古文詞可以名世。年二十，見儕輩有作制舉文者，請于父曰：『兒亦可從事于此乎？』父笑答曰：『試姑爲之。』先生援筆成文，浩汗四五千言，其中有若檀弓者，有若莊、列者，有若屈騷者，蕩然不諳格律，而筆力高絶于人，一堂見之皆驚。乃取世之所爲制舉文者而習之，則稍稍就繩墨，遂以此雄於世。然先生精力所注不在焉，故終身於場屋不利。古文高處似韓公，〔校〕『公』上楊本有『文』字。次之〔校〕楊本下有『亦』字。不失歐陽少師籬落。〔嚴評〕宋人已有稱歐陽少師者。歐公，非少師也，即是少師，亦不可稱。設有稱東坡爲蘇太師者，能不駴然否。此二句亦俗談之尤者，如説人書法云，高處似元常，次亦不失爲王逸少。詩則風格欋欋，鉛華洗盡。而其治經之所長，尤在六書，蓋成于苦心孤詣，深造自得，而非世俗之學也，而窮老于諸生。講席所至，户屨恒滿，然不過以經生業授受，無能發先生之光氣者。於是頽然自放，著述亦日以散漫，不復收拾，晚年尤困悴。雍正某年某月某日卒于家，春秋七十有二。

董氏與吾家世好，先宫詹公于翰林，重之以婚姻。先生欲以女妻予，期有日矣，會予沉疾不果，未幾遂侍講席。予少無羈檢，酒後放言四出，多見罪于長者。先生最持崖岸，然予輒妄前争論經史，先生獨優容之，曰：『吾門俊人也，惜吾老矣，不及見其大成也。』先生之所以愛予者如此，今殁二十年矣，門户衰落，諸孤軟弱，遺文僅存百一，當日後堂絳帳，更誰在彭宣、盧植之間，而予奔走風塵，無以報陶鑄之恩，愧何如矣。

先生娶某氏，再娶某氏。子三。葬于某鄉之某原。

陳裕齋先生墓版文

嗚呼！昔王深甫之死，而荆公爲之銘，以爲深甫書足以致其言，言足以遂其志，志以聖人之道爲己任，蓋非至於命弗止。夫以生才之難，豈意其道不在於天，德不酧於人，而忽然以死，吾於陳先生裕齋謂可移荆公之哀深甫者以哀之。

先生之讀書也，磊落峥嶸，直取其大義微言之所在，而拔出乎一切。其於聖賢之言，一一欲取而見之施行，又非腐儒高談性命，狹隘空疏之比也。自其少時侍其親，皆按禮經所言以爲程度，而出之以至誠。其居喪，所謂顔色之戚，哭泣之哀，變除之節，無一不中乎禮。三年之服既除，而孺子之慕弗替，故雖里巷之門，〔校〕楊本作『人』。亦皆斂容稱之，以爲真孝子也。友朋羣聚，先生岸然如嚴師，豪髮不少假借，而苦詞忠告，聞者雖未〔校〕楊本有『必』字。能盡從，要無不悚然。及講求宗法，即毅然欲取而行之，定爲大宗小宗，改易世俗之所稱宗長者，以行祭禮，其族人大譁而止。至隨意爲古文時文，落筆踔厲風發，皆有至理精氣行乎其間，其於近世作者，視之蔑如也。

嗚呼！當今世而求以孟、韓之徒自任，欲貫道與文而一之者，此絶無之人也，先生居然以之自期。而充其才力，雖未必入其域而優爲之，要必大有可觀者，則似乎先生之得天，蓋非偶然。而豈知其阨窮潦倒，三十七歲而死。時先生館汝陽，疾作，亟歸，卒于逆旅，從者買棺殮之。悲夫！

先生諱士良，字宗獻，裕齋其別署也，浙之寧波府鄞縣人。其高伯祖爲副使槐，在明正德中，守撫州，討寧藩有功者也。曾祖篁，諸生。祖邦訓，通判。父登，諸生。妻張氏，繼娶黄氏，吾〔校〕楊本作『予』。中表姑也。生於康熙某年月日，卒於康熙某年月日。子培。

先生嘗讀書桃源書院，院中有佛像，其手指墮地，跳躍不止，見者皆失魄。先生取而踐之於足，踏碎之，投茶竈中，于是村落中傳語以爲陳秀才大物也。今不特先生之學未見其止，而其言亦未及立，身後遺文，草草斸數十首，使予不爲傳之，後之人其孰知先生之志之大與才之高者。乃爲之銘曰：

高視闊步，前無古人。鬼伯害之，埋諸秋墳。白楊淒風，助我酸辛。

翰林蓼厓蔣先生穿中柱文〔楊注〕庚寅，年三十六。

先舅蓼厓先生，姓蔣氏，諱拭之，字季眉，浙之寧波府鄞縣人也。蔣氏在寧有三宗：其一爲宋金紫光禄大夫浚明之裔，自天台遷奉化，再徙于鄞；其一爲宋尚書學士猷之裔，自丹楊遷；〔校〕楊本下有『鄞』字。其一爲宋元祐黨人之奇諸子之裔，今慈水〔校〕楊本作『谿』。鳴鶴場之蔣也。而先生之所出自諸暨，乃宋給事中邦彦之後，明初始遷鄞。外曾大父諱維衛，外大父諱芬，〔嚴注〕爲其人敘述家世，即用其人之稱謂，雖爲祖、父作行狀亦然，古法如是，不當用自己稱謂。外曾大父當改祖，外大父當改父。皆以先生貴，贈如其官。

先生世爲清門，以讀書敦行，模範學序，顧累代隱德弗曜。曾〔校〕楊本作『外』。大父以祭酒有名，諸生，早世，先生祇四歲，先太孺人祇二歲，家無負郭之産，外大母以女紅上奉耄舅，下撫穉孤，凡十有五年，而先生學行〔校〕楊本作『術』。有成，〔校〕楊本有『先』字。太孺人亦稱淑女，人以爲苦節之報。吏部侍郎滄柱仇公一見先生，以畏友待之。

先生少爲舉子業，所至輒冠其軍，因戲爲人代筆，其三人皆第一，其一人第二，遂以此獲譴于學使者曲阜顔公。然顔公惜其才，雖以功令褫巾服，而次年又召之試，復冠其軍。先生亦遂以此愈得名，十室之邑，五尺之童，莫不傳其制舉文字，以爲津梁。顧先生所擅長者，其實不在此，特兔園中以此爲先生重耳。先生詩極似香山太傅，查田先生一見而心折焉。古文頗近張文潛，儷語亦得涪溪一輩家法。顧先生皆不肯輕作，乃蹭蹬于場屋，年幾五十，始見貢于布政司。公車累上，復不得售。有巨公方主文柄，招先生往一見，欲以關節授之，先生謝不往，曰：『世豈無張文隱公、余文敏公其人者。』二公者，前明嘉靖中暗搜震川之考官也。又十餘年，始見中于禮部，選入中祕。逾年詔歸選司補外，先生亦〔校〕楊本作『以』。無意于功名之事，浩然而歸。家居三年而卒，得年七十有一。〔楊注〕蓼厓生于康熙九年庚戌，卒于乾隆五年庚申。初娶柴氏，再娶裘氏，晚娶董氏。子四，女四，孫女三。葬于城西之浮石。

先生爲人坦率樂易，不立標格，不設城府，然有〔校〕楊本作『其』，注一作『有』。所不合，未嘗詭隨。分巡寧紹台道王某，市井人也，嘗延先生課子，力辭不獲，勉就之。解館而後，絶不復往還。性最孝，外大母病，自藥餌以至廁牏，無不身親。寡嬸〔校〕楊本作『嫂』。無後，事之與所生同。羣從兄弟，友愛一體。友朋患難，傾束修所入以助之。故授徒幾五十年，羔雁稠疊，然隨手而盡，歿之日，諸子無以爲斂，其可哀也。

予之少也，最爲先生所喜。稍長而倔强，不甚帥教，先生頗有不釋然于中者。嘗與先太孺人微及之，先太孺人笑曰：『黄山谷之諸甥，無不稟其詩法，而徐師川獨不謂然，其水濱濠上之答，可謂妄矣。山谷之詩豈師川所能及，然而師川亦自有其可傳者。李空同晚年家居，大爲其甥曹仲禮所苦，亦不以此損空同也。兄其休矣。』先生爲之引滿而去〔一〕。及予追隨三館，又同被左遷，或曰當事者惡予，因以及先生。乃予歸甫一歲，洊丁内外艱，方仗庇先生視予猶子，或垂憐荼苦，而先生又逝，棘人欒欒，其又何以自存耶？中表諸弟以穿中之柱徵文，爰再拜而志之〔二〕。

〔一〕《楊注》外集張丈韞山墓表銘曰：『先生于通家子弟最愛予，謂他年可以與斯文者。先舅蓼厓先生嘗有不快予，予偶及之，先生笑曰：「天下豈有舅氏而與外甥争名者耶？」通席爲之軒渠。是日，先君亦在坐，歸而詈予曰：「汝無以張丈之言，妄自怙也。」』據此及斯文，則當日甥舅之争，可以想見。《蔣注》先生此二卷，於里中先正頗多溢美：或感其少時嘗經噓拂，或與其後人善而曲推之。獨陳丈裕齋、萬丈西郭及先君子諸墓志，則反多漏略。蓋裕齋嶽嶽，不肯輕許後進；先君以舅甥之故尤屢加裁抑；萬丈與鄭南谿晚歲微有隙，先生稍入其浸潤，故皆有不歉於中，而其文遂隱有抑揚。昔梨洲之志高鼓峯、陳怡庭，亦有此失，要未可奉爲定論也。

〔二〕《楊評》鄰舖假手，大非美事，況又巾服遭褫乎？志幽之文，似宜諱之，且季眉此事，莫不知之，無待外甥發其覆也。謝山少年恃才凌物，季眉頗折壓之。蓋舅以場屋之文欺其甥，甥以淹通之學傲其舅，由是不相能。觀此文後半可見，并見于外集他文，故于其事後書代筆事，所以報也。文人相輕，從古已然，而争名甚于争利，吁，可畏也，亦可笑也。以爲應删去『因戲爲人代筆』至『先生亦遂以此愈得名』六十三字，謝山有知，應亦首肯。

端孝李先生窆石銘

端孝先生，姓李氏，名景濂，字亦周，浙之寧波府鄞縣人也。曾祖某，祖某，父某。

孝子生四歲，喪母，踰年其父再娶何氏，而父又死。家故貧，何年十九，欲守節，而媒氏輩欲奪之。孝子聞，潛偵其人于道，以錐擊之，馳歸母前，且拜且哭，自陳其故。母大慟，相與奉其父栗主于庭，誓相依終身。其被錐者亦内媿，不敢至。

孝子自是刻苦勵行，事〔校〕楊本作「奉」，注一作「事」。母務得其懽心。〔母〕從楊本補。性嚴，稍不怡，輒長跪泣請受杖。母性嗜酪，孝子日從市中求之，雙手端捧歸，如鳥趨翼，市人怪焉，久而訪知之，羣爲讓道。母患疾，孝子出則走諸神祠祈請，入則親滌中裙厠牏，七年如一日。母家亦貧，迎其舅養之，有死喪者，殯且埋之。母歿，孝子年已六十，廬墓三年，尚嗚嗚作孺子泣，于是里中無不稱孝子者。

先是，其母之誓以死守也，遂毀容垢面，親表無得見者。及將葬，親之壙所負土，哭聲振〔校〕楊本作「震」。林木。既及格，遂以節得旌。至是，而孝子亦得旌。論者謂孝子必不欲舉少年事以掩其親，當諱之。予謂非孝子不能以孝成母之節，非其母不能以節慰子之孝，所謂相得而彰也，于是作凱風說以示之，而論者始息。

孝子自年二十，即棄儒業治醫，里中人皆稱孝子良醫也。及予與孝子之子桐遊，見孝子之詩甚工，乃問之曰：『尊先君何以棄儒？』桐不肯言，固叩之，則歎曰：『先君之棄儒，自丙戌以後也。是時先君雖年少，驟遭易代，不知已日之孚，其命維新，而頗横一故國之感於胸中，但欲屈身奉母而已。其時有孫先生斐公者，故諸生也，謂先君曰：「曷從我賣藥以奉甘旨乎？」先君欣然從之。其後先君年八十，語及此，未嘗不涕淚〔校〕楊本作『流涕』。闌干也。』嗚呼！孝子之孝，不特吾里中人〔校〕楊本作『人人』。知之，而大吏亦知之，天子亦知之者也。而豈知孝子之不止于孝者，則固無一人知之者耶？往予嘗爲范孝子洪震作紀事，歎其大節之祕而不傳，今又得之孝子，何吾鄉風俗之厚，一至于斯耶！

孝子生于明天啟某年月日，卒于康熙某年月日，得年八十六歲。娶高氏，繼室顧氏。葬于某鄉某原。子四：梓、柏、松、桐，而桐爲府學諸生，積學敦行有父風，與予善。端孝先生，則家君所爲定私謚也。乃爲之詩，詩曰：

凱風寒泉，實勞我心；有母聖善，不須苦吟；女貞之樹，在我堂襟。其一

乃遭喪亂，藥籠自晦；陟彼南陔，白華是溉；志潔行芳，布衣不害。其二

皇皇雙闕，再世烏頭；有母表閭，子可無尤；有子表閭，母又何求。其三

不見墓門，蔥蔥佳氣；上有靈禽，爰止爰憩；下有紫芝，遶兹階砌。其四

知永昌府董公墓表

永昌董使君〔嚴注〕雱。之中子曰弦，季子曰宿，皆于予爲吟社中好友，乞予表使君墓者五年矣，予荏苒未答也。及續修甬上耆舊詩，已爲使君立傳，詳述其鄖陽不肯妄闢草萊，及滇中争礦局事，以爲古之循吏，蔑以過此。及録其傳，以告二子曰：『詞無可更設矣。昔温公序道原十國紀年則不復志其墓，使羲仲即以序勒石置之壙中。是故事也。』顧二子猶頻年請不置，惟金石文字之例所當具者，世系、生卒、孫子〔嚴校〕作『子孫』。之詳，他文所弗能備也，則爲按其年譜而書以復之。

董氏本出東漢孝子黯之後，累遷而復爲鄞人。明時簪紱最盛，有爲御史、給事中、翰林者，有爲兵部侍郎者。使君之大父應遵，以素封著，乙酉閏六月，荷戈從太保錢忠介公瓜里幕府，毁家輸國，官大行。事去，逃禪大梅山中，師事法幢，與桐城方授等爲世外交。使君之父德魏，〔校〕楊本作『巍』。敦行不怠，睦恤徧于里中，梨洲先生嘗志其墓。善教子，故使君弱歲而講經史于萬八徵君季野，學文于范太守筆山，又得詩傳于婦翁謝公子莘野，皆有原流。

使君之入仕也，其家門尚盛，田園連阡陌，奴婢過百口。及揚歷南北三十年，先世之膏粱日剥月削，以資薄宦，爨下絶粒，逋亡相繼，身後無以治墳墓，諸子依人作活，苟以世俗之情觀之，廉吏殆不可爲矣。以下此本缺，據楊鳳苞藏舊鈔本補。夷考是時，當四方豐亨，荐紳衣冠極盛，久道化成，上下相安於惇大，苞苴之禁甚疏，故凡監司而下，未有不稍沾餘潤以肥其家，而尚不至竟爲墨吏。乃使君洗手奉職，反並其資斧而喪之。清白者虚名，窮餓者實患，使君以彼易此，可不謂賢乎？予嘗過城南鏡川，野老爲予言使君之營父墓，親臨畚築，必誠必信，不以貴而委之于人，蓋其孝也。鄭高州寒村乃其姻家，而以師友行輩尊之，蓋其謙也。夫不負先人之舊德，雖憔悴其何傷哉！

使君生于順治己亥七月十七日，卒于雍正己酉九月初三日。前恭人謝氏，後恭人王氏。四子，今存者二；孫三；曾孫二。葬于鏡川先兆之旁。所著有救荒慎始録、隱學書屋吟稿。其大者，則續甬上耆舊傳具矣。

鮚埼亭集卷第二十二

〔楊注〕此卷墓表一，墓版文三，墓碣三，誄一，志一，穿中柱文、埋銘各一，計十一首，皆甬上人也。萬西郭已下九人，皆謝山之中表、通家、父執及衆弟昆也。范沖一則弟子也。以其子昭德殿焉。合爲一卷。

碑銘十七

磁州牧西郭萬君墓表

萬氏於明爲世將，而自鹿園先生以後，又克以講學世其家。乙酉以後，喪其世將之職，顧益講學，從梨洲黄子遊，爲當世魁儒，所稱公擇、充宗、季野三先生者也。三先生有從子曰言，以古文著；所稱管村先生者，則西郭之父也。〔嚴注〕西郭乃九沙先生之姪。西郭家門既〔校〕楊本下有『極』字。盛，而又爲梨洲女孫壻，肩隨諸老少，涵濡于問學，耳聞目見，總非凡近。故西郭之少也，進則思爲學者，退亦思爲文人，儒林、藝苑，以爲平行可造，而不知其厄于遇也。管村自修明史忤貴臣，出令五河，罷官論死。于是西郭狂走數千里，告急于父之諸執友，得金論贖，又爲惡少所賺以去，裒集再三，始得贖其父以歸，江湖之間，遂有萬孝子之目。然其生平所自許，則荒矣。家無一隴之植，奔走衣食且不給，年過五十，困甚。若會有薦舉之例，浙之大吏以之充賦，其老友鄭義門止之曰：『西郭欲行道耶？恐今之世未易言也。若但以博禄耶？且媿其家聲矣。況西郭荼苦一生，其資于有力者不少，一旦得官，不答則負恩，欲答則力必不副，進退失據，不特無以報國也。』于是西郭辭檄不得，竟入京，忽沐殊恩，用爲直隸磁州牧，感激流涕，思爲桑榆之補，以循吏少展其志力，然而年且六十，菁華亦既衰矣。涖事三年，大吏奏課，以最入覲。天子將用爲方面，西郭固辭，乃命之回任。故人索逋者，未能一副，紛綸嗟怨。而其子死，其孫又死，其妻黄宜人亦死，臯某之聲，旁午相接。西郭亦遂灰心喪氣，咄咄不自得以歿，其所開雕管村文集，尚未畢也。

嗚呼！方西郭下帷，自負不下于古人，充其才氣，〔校〕楊本作『器』。亦可以有所就，乃竟百不一遂，坎壈於患難之中，以消其壯盛之意氣；老得一官，亦或可以稍自表見，而死喪乘之，是則天之所以阨之者甚矣。

西郭，諱承勳，字開遠，生于康熙庚戌某月日，卒于雍正某年月日。子一，敷前，先卒，以其從孫在兹爲後。所著有冰雪詩集六卷。

西郭之未通籍也，查田先生盛許其詩曰：『孟郊之流也。』西郭恥以詩人自域，掉頭不答，晚而自哂曰：『我并不復能唱渭城矣。』又十年，其壻張生之祐請予表其墓。西郭年長于予且倍，而以中表通家兄弟之誼，推轂于予甚至，嘗曰：『後乎吾而生，先乎吾而聞道者，子也。』嗚呼！予之濩落而無成，慙負西郭期許之意，而轉以惜西郭之浪博一官，齎志長逝也。蓋嘗與義門言之，至于流涕，故身後之文，無諱詞，無溢語，是爲表。

黄丈肖堂墓版文

予家與黄氏通家凡八世，方致齋宗伯以陽明之學講于里門，先司空公往復最密。已而宗伯之從子觀察，重以婚姻，故隨州爲司空門壻。〔楊注〕致齋宗伯，黄宗明也。宗明，字誠甫，正德九年進士，仕至禮部左侍郎，嘗從王守仁講學，學者稱爲致齋先生。觀察，黄元恭也。元恭，字資札，合肥丞宗欽子，嘉靖十六年進士，仕至河南按察僉事。隨州，元恭子，字静存也。以貢仕隨州同知。自是以還，兩家後人往還，世好不替。甬上歲時最重先世影堂之禮，每春初，諸黄必過吾家，拜先司空以下數世影堂，吾家亦往拜答，因而剪韭高會。三十年以來，甬上之巨室淪落且盡，兩家亦禮廢不復舉。其猶行之者，吾家惟先君，黄氏惟肖堂先生。先君下世七年，肖堂隨之，黄氏之世好絶矣。

先生少負高才，下筆爲詩古文辭，吐棄一切，恣其所見，嘐嘐出之。不知者，聞其議論，掩耳而走，蓋古之所謂狂者也。所讀書，丹黄不一過，直筆不肯唯阿。少與先君同學，先君以愛弟視之。及予長，先生亦極愛予，有所作，輒見過，曰：『以待賢父子論定之。』然先生彈駁古人，往往已甚。而所苦未能遍讀天下之書，故或有古人已早及之，而先生尚以爲自得之説者；亦或古人行事别有本末，先生未及平反，遽欲登爰書者；亦有古人未定之説，而先生誤據以爲言者。〔楊評〕炫己之長，形人之短，謝山往往有之，君子所不取也。此段『而所苦未能遍讀天下之書』至『而先生誤據以爲言者』，計七十字，亟宜削去。予叨先生忘分忘年之契，時或指點及之，先生初或愕然不遽信，既而未嘗不渙然莫逆也。然先生所見到處，正自不磨：嘗與予讀明夷待訪録曰：『是經世之文也，然而猶有憾。夫箕子受武王之訪，不得已而應之耳。豈有艱貞蒙難之身，而存一待之見於胸中者，則麥秀之悃荒矣，作者亦偶有不照也。』〔楊評〕肖堂知言哉。九原有知，亦當下拜。予瞿然下拜曰：『是言也，南雷之忠臣，而天下萬世綱常之所寄也。』蓋先生之讜論，足以砭切古人，有如此者。

先生諱之傳〔嚴校〕作『之傅』。字築隱，一字肖堂，於隨州爲玄孫。曾祖某，祖某，父某。娶某氏。生於康熙某年月日，卒於乾隆某年月日。老而無子，故惑於堪輿之言，遷先兆以求子，予諫之不得，晚舉一子又殤，可謂窮矣。族人葬之先塋之次。念先生在日，里巷中夏課之徒無知先生者，況身後乎？今而後，不特肖堂遺書不復可問，并致齋以來之學統，一旦墜地，巢梁之燕，升座〔校〕楊本作『堂』。之鱣，相率消沉，其能無泫然流涕也！

〔楊評〕同里先輩董若雨評震川文曰：『吾讀太史公諸紀傳，不覺其爲文字，直是一片情話。先生得意之作，亦無不爾。』謝山此種文字，庶乎近之。

郭芥子墓志銘

〔楊注〕癸酉，年四十九。

甬上向多醇心舊德之士。以予所聞於前哲，星火之交則有若汪先生泡園，其後有林先生西明、邵先生雲客，蓋東京黄叔度之流也，而予皆以晚出不得見。近始有郭先生芥子，庶幾汪、林之儔。顧先生教授里中五六十年，世但以爲制舉之師，而不知其爲人師也，蓋游其門者之負所教也，甚矣。先生下世，其二子乞銘于予，亦安敢辭。

先生諱永麟，字芥子，先世故滁人，以勛籍世襲于鄞，遂爲寧波衛人。至崇禎中，先生之大父振培，始以孝廉起家。乙酉、丙戌間，嘗以監察御史仕閩，死于兵，自是遂爲鄞人。先生精湛理學，貫穿儒先之言，而絶口未嘗講學。上下古今，詩古文家，皆能別白其源流門户，而不輕下筆與人角藝，粥粥若無能者，故户外之屨恒滿，而不知其中深藏，不可窮其窔奥。每登講席，未嘗不發其端，而夏課之徒，不特無中道之從，亦并少三隅之反，則帖括之陷人深也。顧尤有不可及者：同里史雪汀，卞狷之士也，先生與之厚，會其婚，而以非罪之縲絏訟繫于官，先生代爲之受禁于吏者浹旬，事解乃去。〔校〕楊本作『出』。然雪汀骫髒，易與友朋乖迕，卒以弓影之疑，告絶于先生，自是道中相見不復揖。〔校〕楊本作『拱手』。先生之弟子憤甚，先生怡然不以介意。故先生與雪汀居僅隔一湖水，而三十年不通聞問。或有及其事者，先生輒以他語亂之。乃雪汀卒亦自悔，及先生卒，扶杖過臨其喪，撫棺長慟而去。嗚呼！交道之難，自古而然，凶終隙末，蓋未易以善處也。先生不大聲色，以太和消其拂戾，卒使倔强俱融，此衷大白，曠林之戈，不戰而屈，然後知道德之足以勝意氣也。

先生于予爲前輩，顧有忘年之契，嘗謂人曰：『謝山今之行秘監也，一代文獻之傳，其在是乎？』賀季真祠落成，予漫題數語于柱，先生過予，一一訪其所出，記之，置于袖中而去，蓋其嗜學如此。素無宦情，故以公車待詔南宫者一度，不復再赴。雅信堪輿之學，窮冬行雪霰中，長夏袯襫烈日下，以探流泉夕陽之説。予嘗援張宣公、吕成公諸緒論以明其不然，因言朱子所爲，亦有不可以訓後世者，先生笑而不答也。

享年八十有三，生于康熙辛亥三月二十日，卒於乾隆癸酉九月廿三日。娶章氏、王氏。葬于桓谿佈蘭山之南麓。子二：長曰景行，舉人；次景兆，諸生。其銘曰：

是爲有道，先生之幽宫，手栽宰木，亦已蔥蔥。

陳南臯墓志銘

〔楊注〕丙寅，年四十二。

梨洲先生講學甬上，諸高弟皆帥其子姓以從，漢人所謂門生者也。相去七十餘年，諸高弟固無存，并其門生一輩，亦零落且盡，斸有鄭南谿、陳南臯二人，今亦相繼下世，證人書院之耆舊，不可見矣。近日後生年少，漸不知高曾之規矩，皆由於淵原之失墜，良可懼也。

南臯，諱汝登，字山學，其先世出自后岡先生。南臯爲太史怡庭先生之從子，大理心齋先生之從弟，其爲人粹然坦然，望而知其爲君子。生而爲怡庭所愛，故心齋待之如同產。心齋之貴也，力踐古人大功同財之義，一切恣南臯所用，不問多寡。而南臯篤於友朋之誼，見有高才而力不自贍者，傾筐倒庋以濟之，甚至展轉乞貸以徇之。于是士將之心齋者，必先之南臯。顧蹭蹬不遇，心齋卒，南臯驟困乏。故人疇昔有賴南臯之力以養父母，以畜妻子，以處患難，至是晚而宦達，任其三旬九食，漠然如路人，是則予最所髮指者，而南臯亦未嘗形之詞色也。

予于南臯爲忘年之契，南臯謂予曰：『吾交遊多矣，其足以接武前輩而無慚者，莫若子，顧惜前輩如東海諸公，不及見子，而使子衣食奔走，以不得遂于〔校〕楊本作『其』。學。』及予罷官歸，南臯日益老益貧，予時時爲謀之有力者，稍資其朝夕之需，然世路局促，不能盡應也。南臯謂人曰：『吾垂老交謝山，以爲六十年中畏友所未有，〔校〕楊本『豈』上有『而』字。豈知其所以待我者，亦六十年來所未有乎！』予續甬上耆舊詩，南臯不惜老眼，校讎兀兀；及爲心齋墓碑，欣然謝曰：『吾乃有以報吾兄矣。』予偶有所作，南臯未嘗不知也，予援遺山谿南詩老之例，以推南臯，則遜謝不皇，蓋其謙也。今春病不可支，予適有邗上之役，舟行迂道過之，而後出郭，南臯握手而泣曰：『自分不得再相見，然予不死于子里居之日，而死于子客遊之日，其命也夫！』予爲之流涕。及吴，而赴至矣。

南臯最醞籍，閨門之内，雅多樂事，畫紙敲鍼，至老如一日。尤善觴政，酒闌燈灺，頽然白髮，神明不衰。故雖其暮景之濩落，有他人所不堪，而疇昔之風流固自若。〔校〕楊本作『在』，下有『也』字。

初，南臯聽講于黄氏，有證人講義；後聽於萬季埜先生之門，有續證人講録，又有竹湖日知録及二山老人集。生于康熙某年月日，〔楊注〕九年庚戌。卒于乾隆某年月日。三娶皆李氏。子本天。〔校〕楊本作『本文』。葬于某鄉之某原。其子奉遺（書）〔言〕從楊本改。以求志，不腆予文，聊以補素車白馬之恨而已。爲之銘曰：

以義落其家，以道樂其天；古心篤行，不愧爲證人高弟之嫡傳。

史雪汀墓版文

雪汀少即喜爲詩。當是時，鄞之細湖多詩人，大率出宗正菴之門。正菴詩本師法竟陵，〔校〕楊本

『稍』上有『後』字。稍改其面目，而未洗故步也。雪汀稍悟其非，〔校〕楊本『變』上有『一』字。變而爲山谷；已而又稍嫌其生澀，又一變而爲玉川；晚乃信筆不復作意，遂爲誠齋，然其實學誠齋而失之者。蓋雪汀之詩凡四變，而遇益窮，才亦益落，悲夫！

雪汀賦性狷，〔校〕楊本下有『介』字。然失之怪。當其初年，高視一切。善書法，又善以篆雕花乳印石，矜貴〔校〕楊本作『自矜』。過甚。里中黄户部又堂、張河内萼山踵門求其篆及擘窠書，雪汀望望然不答；然〔校〕楊本下有『苟』字。其所許可，則傾倒受役使〔校〕楊本無此字。不厭，甚至藩溷之間，皆爲題署，下逮童僕，亦爲雕鐫。故雪汀不輕過人一飯，而亦有長日過從，留連滿志，乃并其人竟不自解何以得此于雪汀者。最任氣，一言不合，輒成觸忤，日益蕉萃，陷于非罪之縲紲者三，以此去其諸生。平生老友，大半凶終割席。自顧孤另之甚，乃忽托末契於年少，但有登其門者，無不極口稱之。里中昨暮兒，以雪汀故謂謂少所可，而今忽易與也，〔校〕楊本有『争趣之』三字。由是雪汀之門墻驟盛，一唱十和，丹黄無閒于昕夕，其欣賞淋漓，真覺所遇皆作者。于是登其門者，謂人不必學，謂詩古文詞不必宗傳，謂流品不必裁量，方言里諺，皆供詩材，雪汀兀兀手鈔，爲同聲集四十卷。吾鄉吟社久替，至是忽争傳雪汀之詩派，而雪汀之風格乃驟衰。

雖然，雪汀之生平，實有可傷者：雪汀雅精小學，喜讀注疏，不肯唯阿先儒之説。熟精十七史及文選，其謂謂少所可也，乃其本色，雖〔校〕楊本下有『遭』字。連蹇，要不失爲畸士。至于暮齒之頽唐，盡棄所學，殊非其〔校〕楊本作『本』。意，是惟予爲〔校〕楊本作『乃』。能知之。雪汀頗憂予之非議之也，故頻年希過予門，間或傳其有後言者。然予客遊歸，或過省視之，雪汀往往握手相視，欷歔而無言。嗚呼！誰謂雪汀竟以垂老喪志哉？

雪汀所著有：李長吉詩注，幾三〔校〕楊本作『二』。尺許，其最自負者，予弗甚許也；〔馮注〕雪汀李長吉詩補注凡十八卷，二千餘萬言，二十巨册。余於己酉冬日從王斗瞻奎後人處得之。又雪汀詩卷殘本一册，亦藏余處，張蹇叟所贈也。風雅遺音，以訂正毛詩古韻，已行于世；并其竹東集：皆嘗索予序〔一〕。〔馮注〕案陶陶軒詩集卷一之三名竹西集，此『東』字疑誤。又雪汀生日自嘲詩云『避世牆東是竹東』，注：『余家竹洲之東，因復自號竹東老漁。余先世真隱觀即在此洲之上，至今猶有遺址。』又篋中所藏竹西後集上有『竹東書屋藏本』朱文方印。據此竹東集不誤，或雪汀初名其集爲『竹東』云。予未之應，雪汀以是愠。予諧之曰：『論定蓋有待也。』及予自粤歸，而雪汀卒，乃志之。同甫之屬銘於水心也，曰：『一言不覈，吾當于虚空中擊子。』今讀水心之志，併所序龍川

〔一〕〔馮注〕雪汀岐亭唱和集注云：『去春構小屋數楹，皆陶繡天與其兄啓周助成之，而吾友陶子聚東之力亦居多焉，故名曰「陶陶軒」，以志不忘。』吾友孫翔熊家淮藏有陳權緑字山房寫本陶陶軒詩集十二卷，四册。卷一之二竹西集，卷三竹西後集，卷四吾悔集，卷五會吟集，卷六岐亭詩韻唱和集，卷七揮杯集，卷八會吟後集，卷九清谿倦游集，卷十之十一讁讁集，卷十二嚶其集。起康熙乙亥，雪汀年二十一，終乾隆戊辰，雪汀年七十四，計分十集，以編年例次之。時忻紹如江明編印四明清詩略，而雪汀未著録，爰選録十餘首，屬其采入。

集，令人絶痛，然正不諱同甫之短。予文豈足望水心，雪汀亦非同甫比，然而東平西靡之樹，未必不待此文以瞑目，九原可作，尚據觚而聽之〔一〕！

雪汀姓史氏，名榮，一名闕文，字漢桓，世爲鄞人，忠宣公之裔也。曾祖某，祖某，〔馮注〕雪汀之祖起欽，字德明，萬曆十七年進士，知寧國府，見續耆舊詩小傳。父某。娶某氏。子某，〔楊注〕臨。諸生，先卒。孫某。葬于某鄉之某原，春秋七十有九。〔楊注〕生于康熙十五年丙辰，卒于乾隆十九年甲戌。詩名吾悔集。〔馮注〕生于康熙十四年乙卯，據雪汀陶陶軒詩集記年逆推之。其銘曰：

鸞翮不可振，狼疾不可瘳。故人彈中聲，爲君一洗磊砢勃窣之牢愁。

〔一〕〔楊評〕初以此文大類稱人之惡，非志銘之體。既而思昌黎柳子厚、衛府君諸志，多不諱其疵纇，而志李干直書服柳泌藥而死之。又别以藥敗者六七，公言以爲世戒。義門謂時主方好方士，行金丹，公言爲世戒者，微詞也。故非臚列故人之失，訐以爲直也。謝山殆以才人不遇，暮年往往喪心，失其所守，故因雪汀之頽唐，借以爲畸士之箴砭，猶之昌黎之志李干也。〔嚴評〕淋漓悲憤，殊有生氣。不知者，且以爲罵雪汀也。須知不如此下筆，則雪汀一生際遇性情兩俱不見矣。謝山之文，縱筆所如，每苦平衍，獨此文有起落，有頓跌，集中之佳者。余嘗得史先生所刻印章一方，朱文『願學』二字，果佳，乃德清蔡學博丈環黼所贈，蔡丈曾見史先生者。

尚書職方郎陳公墓碣銘

〔校〕楊本此文列史雪汀墓版文前。〔嚴評〕國朝無如此官名。

先大父〔嚴注〕全吾騏。贈公自丙戌後，同里所還往者祇一二遺老，陳六息先生年長於大父，所稱兄事之友也。六息先生四子，職方居第三，先君亦嚴事之。職方諸子，其仲、叔二君，尤與予善，不幸早死。職方歿二十年，而其婿董生政乞余爲埏道之文，泫然者久之。

職方諱時臨，字二咸，一字責菴。少承家學，又以陳編修怡庭爲師，得聞證人書院之教。甲寅三藩之變，周總制有德知其才，辟置幕府，有功。楊撫軍雍建薦之，敘功授湖南城步縣知縣，部下有紅苗最難撫，職方曲意安輯之。以六息先生喪，奉棺歸，廬墓三年，服除，知河南汝陽縣。職方之爲吏也，和平惇厚，簡易得民，深鄙世俗武健嚴酷之徒。汝陽喪亂之後，風俗大壞，民不知喪禮，職方爲斟酌古今所可通行者，而衰絰聚飲之風以息。〔楊〕〔陽〕埠有支河久淤，職方通之。庚寅，河北大水，職方遽以便宜開倉賑給，而後上聞，時謂有汲長孺之風。河北盡食蘆鹽，獨汝寧食淮鹽，蘆商欲争而并之。職方謂：『蘆鹽計口而授，不問其所需之多寡，以額給之，是厲民也。吾不能爲河北盡革蘆鹽之害，而反徇蘆商之欲，以害境内乎？』力争之。而汝寧諸縣皆蒙其庇。時徐文敬公潮撫河南，亟稱之，於是前後撫藩諸大吏皆以爲循吏，當令久任。報最者數矣，而數留之，遂在汝陽二十餘年，而職方之子諒，與民相安于無事者，亦二十餘年如一旦。

朱靜軒者，柳堂先生之子也，〔楊注〕續甬上耆舊傳：朱洞，字孝酌，鈂之子，少禀家學，風流蘊藉，彷彿其父，隨侍秋水社中，所謂碧梧翠竹者也。著靜軒集。職方以世講，盡委以簿書錢穀之務，歲贈以千金。靜軒故有承平公孫之習，託身依人非其志，每見西風漸急，輒思其細君，治裝歸；及度歲過寒食，尚遲遲未肯出門。職方使至敦促，始不得已赴之，計其在幕中不過半年。職方於其曠廢，身爲任冗劇，一切不以爲忤。及其至也，亦日喜灌花賦詩，否則鬭葉子，直待漏下，始挑燈稍爲了案牘；職方黽勉危坐以待，左右多咄咄不以爲然，而主客始終無厭射。然遇有非僻，則未嘗不苦口相告。一日，聞靜軒歸，頗與里巷狎邪之徒飲博，千里貽書規之。靜軒作長歌謝過，且以志感。先君嘗聞而嘆曰：『責菴之位未至奇章，靜軒之才遜於杜牧，然而其交道則無媿矣。』

職方嘗買秦人爲妾，至而詢之，則已有夫，乃移文至陝召其夫，其夫至，以無力償直，叩頭乞免。職方曰：『吾不責汝直，且當爲汝了姻事。』并贈以行李之資而去。戎大令心源之入都，應償公費以數千計，告急於職方，罄其積年俸糈之餘以助之。自職方筮仕以來，所得廩禄，歲以給宗族親友之貧者，〔嚴校〕『死』上有『老病』二字。死喪嫁娶無不向汝陽來請，皆量其差等而周之。故其入爲樞曹也，宦橐蕭寥，臨行之日，百姓攜老載弱，相送者數十里。逾年，以病請告，遂歸。歸而家日落，未幾時四壁枵然，然不改其樂。一日，太守來通謁，猝不能具襲衣，乃謝之。太守有所白，逕登其廳事，職方遣人四出假襲衣，良久乃得出見。嗚呼！自睦婣任恤之教既衰，有以骨肉至親不相顧者。當職方盛時，待以舉火者數十家，垂老不能自爲衣帛食肉之謀，至使傾身障簏之夫，竊議其前此之勤施爲過，是則可爲太息者矣。

職方之歸也，連喪其才子，即仲、叔二君也，於是晚景益蕉萃。雍正六年十月十八日卒，〔校〕楊本有『距』字。生于順治三年十二月九日，年八十有三。曾祖某，祖某，父六息先生某，贈如公官。配某氏，贈安人，繼某氏。子四，孫八，女一，即適董生者。葬于某山〔嚴注〕千丈鏡。之某原。

自余年十四爲諸生，職方甫從京師歸，盛有所獎許，已而以奔走衣食，不得摳衣常拜牀下。方卒時，陳南皋嘗屬予以銘，而逡巡未及，今重理舊聞而詮次之，不禁累唏於三世之交情也。其銘曰：

本仁心，成〔校〕楊本作『行』。善政，暮年坎壈，訝天道之溟涬；苟可傳，何足病。

〔楊評〕（文中）敘朱静軒事至二百五十餘言，不知者必以爲閒文矣。予以爲此正寫職方也。漢三史多從細事形容其人之性情，而品格亦出。後人讀之，如見當時之鬚眉浮於紙上。陳承祚而下，史筆莫能繼矣。謝山敘事之文，頗能得此意，然而誰知之者？歸震川之文，人莫不推重，然能窮其窔奥者，舍錢蒙叟而外無聞焉。汪鈍翁自謂得其宗傳，不過掇拾皮毛而已。今人亦莫不推重謝山之文，欲求如蒙叟之于震川，曾未之有也。

錢芍庭誄 〔楊注〕癸酉，年四十九。

甬勾最重故家，交游還往，非其世講勿溷。城東錢氏名位尚亞於楊、張，而世德足與之比埒。〔校〕

楊本作『並』。蓋自大方伯而後，十世綿綿，至於乙、丙以後，忠介兄弟四忠并命，不媿喬木世臣之望，而諸遺老承其後，尤爲汐社之光。予嘗論其家世，以爲忠孝其本根，風騷其花葉，非虚語也。迨退山先生殁，錢氏之宿老告盡，其風流漸衰，支拄其間者，東廬先生一人而已。東廬又殁，錢氏益替，門户之寄，歸於二子，是爲芍庭兄弟。未幾芍庭之弟春圃又没，于是芍庭隻輪孤翼，塊然獨任其先世之文獻，而無所得將伯之助，顧其刻苦，不愧清門。

予續録甬上耆舊詩，芍庭日向諸故家中爲予訪求，得一集不翅拱璧。即其集不可得，而片詞隻句足以入選，使其人不朽，則大暑走烈日中，窮冬冒風雪，重趼不惜也。予約同志爲冰槎尚書歲作隻雞之享，芍庭最虔其事。予罷官以來，頗從事於枌社諸先正金石之文，芍庭老眼秃筆，爲予手抄，兀兀成編。而有關於錢氏者，又獨爲一集，秘之巾箱，伏臘則陳之影堂，焚香以酹其先公。予作忠介墓碑，詳述降臣夫己氏之逆狀，芍庭捧而泣曰：『是足以誅留、王之徒於身後，而一雪虞淵之恨矣。嗚呼！吾家子孫，其又何以報君。』春圃二女未嫁，芍庭精選士族以配之，不以世俗之門户動其心也。蓋芍庭於其〔校〕楊本無此字。高曾之規矩，可謂能慎守之者矣。

予爲嶺外之遊，芍庭郵筒迢遞，念予良苦。及予扶病而歸，芍庭聞之大喜，亟來過予。見予病之甚也則憂，徘徊牀簀間。予見芍庭之亦有病容也，曰：『君休矣，其姑歸而養疴，待少間而視我。』芍庭歸，遂病，不能復起，綿延數旬，病篤尚咄咄曰：『吾竟不能更向雙韭山房一問訊也！』嗟乎！芍庭卒，從此城東蹤跡殆將闊絶，而錢氏之澤，恐其自此而斬矣。芍庭，諱中盛，字又起，〔楊注〕又號有篆。提學清谿先生〔楊注〕啟忠。之孫，東廬先生〔楊注〕廉。之子也，太學生。娶倪氏。生於康熙某年月日，卒于乾隆某年月日，春秋七十有三。所〔校〕楊本無此字。著有小集一卷，〔楊注〕詩集名雪集。予所論定者。葬於東廬先生之墓傍。其誄曰：

數典而忘祖，昔人所疚；乃敬承之，定克昌厥後〔一〕。

陳卜年志

同里萬徵君管村之在史館也，性鯁直，不肯徇所干請。其時，故國輔相家子弟，多以賄入京，求史館諸總裁末減其先人之傳。而管村適主崇禎長編，力格之，坐是出知五河縣。史館恨之未已，又令大吏以事致其罪，論死。獄急，管村之子承勳前往救父。時陝中開贖例，管村之故人裒金五千以與承勳，

〔一〕〔楊注〕范從律芍庭墓志銘略曰：『先生工詩古文詞。故居不戒于火，僅存西偏一隅，先世圖書，蕩然灰燼。先生勉構廳事，兼營東偏丙舍，搜羅累世遺編，付諸剞劂。晚年益留意于聲詩，花晨月夕，拈韻命題，流連不倦。』右皆誄中所未及，録以補闕。

管村得贖免死。而承勳年少，陝中吏胥欺之，雖報額五千，侵蝕其半，未之上也。管村歸，而陝撫移咨浙撫追贖金之未足者，承勳大窘，計無所出。承勳之友陳卜年奮然曰：『達道有五，而君臣、父子居其二，今管村有君臣之厄，承勳有父子之厄，徒以無朋友，使大倫且〔校〕楊本無此字。俱滅，吾當偕之行。』然卜年亦貧甚，麻鞋布韈，即日束裝挾承勳去。又以盜，盡喪其裝，沿途乞食于所知者，得至陝中。又入京，再告急於管村之故人，皆義卜年所爲，復得金三千，卒事而歸。

方卜年在途，承勳有過，輒流涕而扑之，〔嚴注〕上既云承勳之友矣，友遂可以夏楚從事乎？或則卜年是管村之友耳。曰：『汝父當厄，汝敢若是！』然所以護其寒暑飢渴者，不翅如嬰兒。大理卿陳公汝咸素不識卜年，以其從弟汝登得知其事，曰：『今世有此人乎？』時大理方知漳浦，招之厚贈賄焉，且廣〔校〕楊本作『徧』。爲之延譽于所知。卜年在漳浦得見石齋先生諸遺書，大喜。益自奮，〔校〕楊本有『歸家』二字。講求王佐之學，乃未幾以病卒，得年四十有六，君子惜之。

卜年諱坊，世爲浙之寧波府鄞縣人。曾祖某，祖某，父某，皆以儒生業其家。卜年爲人慷慨磊落，負俠骨，卑視儕輩。家無十畝之田，晨炊不繼，夷然不以爲意。先君嘗曰：『吾讀前史，心愛東西京人物，重然諾，判生死，朋友急難，何其厚也。至唐而已衰，以柳易播之事，僅而見之，今乃遇之卜年。雖然，卜年以祭酒布衣死牖下，聲名安得立？行將泯泯與無聞者等，〔校〕楊本無『等』字，有『同盡』二字。其可傷矣。』予聞先君之言，爲之淒然。會卜年族弟世培以其志請，予欣然答之。

方卜年挾承勳去，兩家婦子皆無所得糧，其爲之繼釜繼庾，傾十畝所入以供之者，即陳君汝登也，亦俠士，不愧於卜年者。

卜年娶某氏，一子，夭死，遂無後。嗚呼！此又天道無知之說所不能不令人長喟者也。

李次行墓版文

次行，姓李氏，名世法，字甘谷，鄞人也。鄞之砌街李氏爲世胄，而尤以風雅嬗其家。自賓父、子年諸老後，〔校〕楊本作『自賓、年父子後。』封若先生大之。已而昭武先生繼起，其兄弟如内火、戒菴諸老，皆迭主齊盟，而杲堂先生集其成。

次行爲杲堂先生之孫，東門先生之仲子。東門於詩别爲一家，不甚墨守杲堂之傳。次行亦由東門入手，以性靈從事於苦吟。吾鄉世胄子弟，百年以來，日衰替，不能守其先代之風流，而次行獨持其舊德，克守高曾之規矩，花晨月夕，必與吾輩相留連，時時序其先人之文獻，以無忘明德。故予於通家兄弟中，獨善次行。

次行乃善病，有子已冠矣，而死，是後不復舉，怏怏失志。其病數年一作，每作必費參术至千金，故次行田園本豐贍，及大病者三，而家遂落。方欲開雕杲堂先生未出之遺書，以力絀未及，而次行死矣。

嗚呼！次行死，吾通家兄弟中，〔校〕楊本無此字。無復雙柑斗酒之歡，而杲堂、東門之門庭，一旦掃地，其可哀也。孺人〔校〕楊本有『次行』二字。張氏，韞山先生之女也，先卒。葬于東門墓傍。其銘曰：

杲堂於鄞，詩人所宗；百世不祧，以報其功。東門配之，亦復克世；畀于次行，一綫所繫。而今又死，裘冶蕩然；祇應他日，祔享詩壇。

范沖一穿中柱文〔楊注〕辛未，年四十七。

沖一生而惠，年十五補諸生，顧自視甚高，于世人無當其意者。其初來見也，予頗思所以裁量之，沖一知予意，遽折節，益矢力於古學。良久，屬其友致意於予，若惟恐不相梯接者。予亟延之，則其學已大進，而容貌詞氣，退然非復前者之比。自是，昕夕至予家相討論。

甬上師友源流，自昔甲於吴、越，年來耆老凋喪，無復高曾之規矩。經史溝澮，俱成斷港，間有習爲聲韻者，亦不過街談巷語之伎兩，其中索然無有，而妄相夸大。其餘則奉場屋之文爲鴻寶，展轉相師，一望茅葦，封己自足，要皆原伯魯家子弟也。沖一求友於里中城東小江里：盧生配京年長於沖一七八歲，其資器相伯仲。二人相與淬厲，得一書則更迭讀之，間有所疑，則折衷於予。學統之分合，經術之醇漓，史案之異同，文章之盛衰正變，無不了了。配京精悍，沖一濟之以縝密，皆五行並下，一日可盡數卷，里中之書不足供其漁獵，則請予借書於淮東馬氏小玲瓏山館、浙西趙氏小山堂，窮年兀兀。以予所見通家子弟，甬上最乏材，若江、淮後起之秀，不少奇特，然嗜學之深，罕有足與此二人抗手者。方私心竊喜，以爲甬上先正實佑啟之，以振枌社之積衰，即予之老病荒落，亦或得乞靈焉，以邀將伯之助。而豈意沖一年甫二十有三，一病而死。惟予素有憂於沖一者，以沖一之年，如出水芙渠耳，而其所爲詩，時時有敗葦枯楊之感，予切戒之曰：『是不祥之徵也，當痛改之。』沖一然〔校〕楊本注：一作『善』。予言，而不能自克。間嘗科頭而坐，視其髮，種種然禿翁也。益危之，然不謂其竟不及五稔也。

今年之春，翠華南幸，予力疾迎於吳下，沖一亦至杭，見予喀血之厲也，愀然曰：『方今東南文獻之寄在先生，而比年稍覺就衰，願深自調護，勿過勞以傷生。』時杭堇浦方以漢書疏證令予覆審，沖一每見予〔校〕楊本下有『之』字。所論定，以爲在劉原父、吳斗南之上。及送駕於吳下，沖一別予河干，黯然東返。嗚呼！沖一方憂予之死，而反以身後之文累予，河干握手，遂成永訣，祝予之嗟，能無長慟！古人之負高材而不壽者多矣，以沖一較之，其殆王逢原之流亞，邢敦夫輩未能逮也。王、邢雖夭，幸賴有力者之口以傳，沖一之死，誰其傳之者？沖一尤〔校〕楊本無此字。篤於友朋之誼，殷勤急難，不惜竭力以濟人，天假之年，豈非有用之才。予自邗上歸，過哭之，其父哭於堂，其母哭於户内，慘然欲絶，而配京亦流涕向予，有隻輪孤翼之懼。嗚呼！孰謂斯人短折若此。

沖一姓范氏，名鵬，一字冬齋，世爲鄞之白檀里人。五世祖億暨高伯祖洪震皆以孝子旌。曾祖某，祖某，父某，〔楊注〕曾祖名洪，祖名佩，父名章甫。諸生。娶孫氏，先沖一卒。無子，以再從子某〔楊注〕承明。爲後。生於某年某月某日，〔楊注〕雍正七年己卯。卒於某年某月某日，〔楊注〕乾隆十六年辛未。葬于某鄉之某原。沖一從予求樓宣獻公集、開〔嚴校〕作『寶』。慶四明志暨宛谿讀史方輿紀要諸書者久矣，今年始從小玲瓏山館攜致之，而沖一已先卒矣，〔校〕楊本無『已』、『矣』二字。因令配京陳書櫬前以酹之，更爲之銘其幽。其詞曰：

二惠競爽，差慰寂寥；又弱一個，令我魂消。念兹草堂，君所横經；歲晏歸來，無君履聲。將行萬里，出門折軸；豈祇雙親，爲君痛哭。

〔蔣跋〕沖一雖好學，然微有矜氣，見先生則折節，故先生喜之。然此文軒之過甚，且與下篇韭兒埋銘俱先生垂歿時所作，亦微失之頹唐。章實齋乙卯劄記謂天一閣藏書不下馬、趙，沖一又范族，何舍近而求遠？

韭兒埋銘〔楊注〕乙亥，年五十一。

兒初名昭德，字晁齋，其後改名樹德，字昭子。病肺困甚，欲予爲改字，予爲署曰謝郎，又字之曰小韭，又曰崧窗，先宗伯公之别業也，兒頗喜。雕鐫畢，〔校〕楊本『畢』作『病革』。〔嚴注〕蔣作『病革』，非是。『兒頗喜』句，喜改字也。『雕鐫畢』，刻石章畢也。蔣以『雕鐫』二字屬上句，『畢』一字不解，故改『病革』，不知與上文固甚複也。

猶强自支厲，取花箋試之，未及十日而殁。

先君自七十後望孫，眼穿不可得，爲予誦柳州之文以志痛。張孺人既不育，曹孺人歸我，洊遭大故，又五年始舉兒，顧生而大病，慬而得生。乃予妄意兒必永年者。兒之生也，城東錢氏去予家且十里，未之知也，忽聞影堂中有言者，謝山得子可喜。二池兄弟登影堂，跡其人，無有也，駴甚。趨至予家，而兒已生，相歎異。以爲殆忠介之神告之。

及病既愈，終苦清弱，而星命家謂兒五行皆合格，不害。六歲就傅，予以其孱也，不甚加督責，兒亦以是怙愛，稍自寬假。然其嗜好不失爲王、謝家兒本色，研必以端谿，印石必以花乳，墨必以方、程，尤喜言史學，聽之津津。其所從，爲范沖一、張瑶暉、黄回瀾，皆予通家，待兒不以羣弟子之禮。然兒於函丈間恭謹甚，其周旋長者旁無失禮，儼然成人也，而尤藹然於孝弟之良。嘗隨予爲張孺人展墓，徘徊松楸間。予戲問之曰：『汝誰也？』對曰：『兒母也。』予曰：『非也。』兒正色曰：『是何言與？爺調兒耳。』〔校〕楊本作『耶』。予爲之瞿然。予家自先侍御公至今二十四世，譜系散亂，兒手録一帙，能言其昭穆，雜試之，無誤者。苟遇烝嘗，能細詢禮之曲折，而强記之。故予頗以兒篤於根〔校〕楊本注：一作『報』。本，謂其必有成立，而豈意其勵及中殤也。

兒甚畏予，每譙呵之則長跪，不命之起，不敢起。然心知予之愛之。嘗有問之者，曰：『家中愛汝者，誰也？得非曹孺人乎？』兒摇首曰：『非也。夫愛我者非罷罷莫與歸矣。』『罷罷』者，關東人呼其父之稱也。既踰十歲，益漸近老成，尤深於愛敬。予在嶺外病幾死，以書告曹孺人，兒爲之旁皇流涕不下咽。及予歸，兒見蕉萃之狀，强作笑語，而私謂曹孺人曰：『爺不意一至於此。』自是以還，予病日甚，去冬尤劇。兒日侍牀簀間，宛轉勸加餐。予心憐之，自念死生天定，所難割者，兒年少，未能自支，殊耿耿耳。兒頗解意，每抃舞以慰予，而退有淚痕。

乃是時，兒已得肺疾，且苦瘖，治之不效。入春而甚，苦氣逆不能卧，長夜危坐。然燈下不廢繙書，時令侍者抄吴禮部國策注而手校之，以自消遣。甚倦，則伏于枕上。予自秋來苦耳聾，至是中夜必披衣起呼之，兒亦苦瘖，大聲作答，猶恐予之不聞，輒連作點首。予問以疾狀，兒强令侍者告予曰：『稍可矣。』其實兒諱其困，而不使予知也。兒聞醫家言，大進紫團參，或可活，而憂予之力不給也，私（聞）〔問〕曹孺人曰：『爺憊矣，猶足辦否？』曹孺人制淚取參示之曰：『兒弗憂，參尚有餘也。』兒曰：『果爾，當與二人共之。』將立夏之先二日，醫家言其不起，兒尚向予索高安朱氏所定孝經，以其兼備古今文、刊誤諸本也。又索西洋黄玻璨淡巴菰瓶，予皆予之。及晨，呼侍者爲具湯沐，沐畢而逝。嗚呼！予之爲僇民也，不能慰先君于生前，并不能慰之於死後。桓谿墓道相去六十里，兒之從予展墓者再耳。今年兒在病中，垂涕深以不能隨予祭掃爲恨，是皆由予之罪戾，上干鬼神之怒，以至此也。

兒生於乾隆癸亥五月十三日，逝于乙亥三月二十四日，得年一十有三。葬於張孺人墓旁，凡兒所業經史、圖籍、碑版以及玩好之屬，皆以殉。其銘曰：

玉樹凋殘，香蘭夭折；厥咎誰歸，阿翁之孽；暮雨綿綿，杜鵑泣血。

〔嚴評〕此先生之絕筆也，以古法論之，只宜隱括二百字左右足矣，累累千餘言，不亦煩乎？然猶敘述可喜，蓋出於至情，無裝點之故，以是知文之貴真也。

鮚埼亭集卷第二十三

〔楊注〕此卷祠堂碑八，廟碑二，計十首，皆記四明祀典也，故合爲一卷。

碑銘十八

賀公逸老堂碑銘

唐祕書監賀公有古跡在鄞城西湖，宋紹興中莫尚書將建祠以祀之，其自胡制使榘而後累經修治，合食以太白，尋上及黄公，已而卒專祀祕監，舊碑載之詳矣。祠址元時廢爲驛館，遷祠於驛東，明人改遷於驛西。乃里人唐氏居其中，有雙柏，蓋洪武以來之物，黛色參天，爲遊人所愛玩，湖上之佳勝也。

祕監籍里，會稽人争之久矣。會稽所據者新、舊兩唐書，吾鄉所據者，不但李、杜二公之詩，而以莫氏之碑；會稽所據者遺墓，吾鄉所據者故居。其將何以質之？予考祕監先世本居會稽，吴志賀齊列傳謂浙東賀氏，本姓慶氏，以避漢諱改。而賀方回詳其原委，謂由慶湖得姓。然考慶氏乃儀禮先師慶普之裔，沛人而遷越，是不以會稽之慶湖得姓也。但其爲會稽之望姓，〔楊校〕別本作『族』。則已七百餘年。自六朝至唐，學士大夫雖遷居，必著〔校〕楊本下有『其』字。舊籍，晉、隋諸史，無不然者，劉昫、宋祁系祕監以永興，蓋以此也。祕監之生，則於甬上，實在城南馬湖，有村曰賀家灣，有池曰洗馬，以祕監族祖德仁得名。馬湖稍北爲響巖，祕監釣臺在焉，有澤曰高尚，莫將之定祕監以鄞産，蓋以此也。祕監晚年復居會稽，則剡川既賜之後，以周官湖爲放生池，以千秋觀爲道場，故其嗣子曾子即以貳郡侍養，而墓亦在焉，徐渭之列祕監於會稽寓公，蓋以此也。然則無所事於紛争，如後人輩之嘵嘵也。

雖然，祕監之至今蓋千〔校〕楊本下有『有』字。餘歲矣，而能使浙東之人互引以爲前輩，惟恐失之，則其風流可想見也。祕監之在朝，未嘗得有所見，而唐人道之者，無不極其推尊。考之於史，不過頹然自放，清狂而已。斯蓋其跡也，而非其中之所藴，祕監之神明，史未之能傳也。祠自康熙之季，傾落日甚，且二十年，予自京師歸，爲重新之，更擬於城南釣臺之上，築一祠焉，〔校〕楊本下有『以志其勝而未能也』八字。乃纂〔嚴校〕作『篹』。是碑而系以銘。其辭曰：

斯人爽氣世所尊，故宅荷花尚有存。十洲之水清且淪，雙魚酒熟香滿尊。生爲游仙死爲神，越人争公亦已勤；蕭然毛生尤諄諄，撏扯賢哲空紛綸。我參羣籍綜舊聞，侑公吴語倘不嗔。

遐追山二廟碑

歐陽公以五代少全節之士，深爲歎恨，推原其故，謂自白馬清流之禍，士氣喪而人心壞。吾以爲是時天下崩裂，文獻脱落，蓋亦或有其人，而世竟泯然未之知者。如唐自司空圖、韓偓、梁震、羅隱而外，尚有如許儒之不屈於梁，王居巖之不屈於吴，朱葆光、顔蕘、李濤之不屈於楚，孫郃之不屈於吴越，黄岳之不屈於閩，張鴻、梁炅之不屈於漢，皆不媿爲唐之貞士，而史臣失載，嘗欲合爲一卷，以補歐公之憾，且以閏漢之短祚，而劉昌嗣者，完名衡嶽之下，志士之待表章者，可勝既乎。蓋天地間之正氣一日或息，則人道亦幾乎絶，故雖荆榛蕭艾彌望之中，而必有一二芳草生乎其間，以搘拄之。然其得傳與否，則又必視其人之天幸爲何如。

吾鄉慈谿縣東之三十里，有遐追山，東西二【校】楊本作『兩』。峰對峙，其上各有廟。歲月既久，蒼鼯白鼠，縱横出没於楹桷，雖山中人亦莫能言神之本末。考明成化楊氏府志引宋乾道張氏圖經曰：『五代末，有鮑侍郎約相錢氏，宋初勸以納土，胡毅、劉韔皆言不可。錢氏計定，胡、劉遊竄海上，錢氏使人追之不及，遂隱是山終老。其時，錢氏以詩懷之曰：「東遐追兮西遐追，鮑約何如罷約歸。」海上人廟祀之。』吾於是知是山所以得名，蓋因兹二人之故。張氏圖經今猶有存，而殘斷不完，猶幸楊志載之。顧同時南山黄氏作志則竟以爲祀鮑約，誤矣。夫以東西二廟觀之，其爲胡、劉無疑，一也。鮑約策已行，何須遊竄，二也。胡、劉高節，應爲明神，三也。黄氏蓋錯會錢王詩中語耳。

嗟乎！真人出而天下同，偏安下國，不得不聽命者，勢也。而士各爲其主，耿耿焉欲爲吾君保宗社之思，皇天后土，實鑒臨之，雖興王不得而强也，故論者比之夸父之逐日。錢氏歸朝而後，其子弟彬彬焉，記其國事，以備東觀之采，獨二人之姓氏不豫焉，豈格於嫌諱而去之與？又何惑乎路振諸人之闕如也。星移物换，吾里社中亦罕有識寓公之高節，而移而屬之識時務之人，僅僅乎空谷荒祠，追遡而得之，其亦悕矣。

景迂先生船場祠堂碑銘

景迂先生〔嚴注〕晁説之。以大觀之庚寅，謫居甬上船場。其後七十餘年，而監官王季和爲立祠，歲久，居人呼之曰『濱江侯廟』，莫知其何以有此稱也。其名不經，予乃易其額而重題之。是祠也，放翁之記備矣。

先生經學奥衍，不肯苟同，箋疏自成一家，誠如放翁所言，顧其謂諸經皆成於甬上則未然。蓋先生經説皆早出，其晚年易玄星紀譜，則在船場。先生最師法温公，故取其太玄曆及康節太玄準易圖合而譜之，謂楊氏以首準卦，皆有星候爲之機括，非出私意，因歷辨諸家談玄之失，亦奇作也。先生自跋其尾曰：『今年始見剛説明州，令人意氣自倍。』蓋先生當百折之餘，風節嶒竑若此，固非窮愁著書者所可比也。當是時，甬上經學尚未盛，先生首以正學之傳，博聞精詣，倡教於此。於是陳文介公〔嚴注〕禾。有諸經説，而王茂剛以處士喜説易，彬彬興起，其有功於吾鄉爲甚侈。

抑先生之在船場也，所有江上晚望、獨坐諸作，自幸老得江山之樂，至比之陶隱居之受『五戒』，白蟹青蝦之戀既去，而思桃花渡者不置，水仙木犀，時形歌咏。吕忠公大愚謂其妙句直追驚鴻，其惓惓於吾鄉如此。數百年以來，陂塘楊柳，雖不可復，而殘霞新月，騎鯨跨鯉之蹤，隨潮去與潮回，無惑乎其靈爽至今尚赫然也。是以明時祠址嘗遭大火，神夢先呈，而遺容豫徙，是其徵已。然先生之對漕使，嘗有『無船無木』之誚，則想見當日之場務蕭然無有，故得布卦吞爻，分辰列算，其暇則終日一杯，哦詩於超然亭畔而已。今則海船大通，百材交至，商人匠氏，旁午祠前，西風塵起，吾恐先生有知，殆將掩面而不暇，非所以妥清襟也。

乃語祝史，使樹藩於祠前，勿使過者得擅入焉，時時灑掃而修治之，庶使遺躅清通，年運而往，不至穟橦滿袖，有如忠公所歎者。爰續爲之碑，而系以銘，其辭曰：

甬之東兮赤水平，桃花放兮春浪横；敞有陰兮江汀，彈瑶柱兮玉箏；去今七百載而遥兮，如聞其聲。芒屩去兮旅恨生，思寓齋兮心怦怦；薦椒漿兮一舦，〔嚴校〕作『舦』。誰爲訪遺址兮復故亭，雲之車兮來馨。

陳忠肅公祠堂碑銘

四明之牧守，其得祠祀者甚多，而宋陳忠肅公〔嚴注〕瓘。嘗倅是州，獨無祠。忠肅著尊堯集於合浦，以闢新學，尚不慊意，迨著之四明，始以爲無憾，則四明宜有祠。忠肅之爲倅，居南湖之南藍，而西湖十洲題咏最多，則湖上尤宜有祠。自予年二十即欲援城東船場祀晁公之例，以祀忠肅，力弗能也，乃於逸老堂之東，得一小廳以祀之。

南藍者，即南湖〔嚴校〕有『之』字。延慶講寺，所稱『十六觀』者也。碧波緑野，遊人以爲城中招提之冠，而忠肅來僑寓焉。史越公〔嚴注〕浩。言，是時忠肅窮甚，裘葛不足蔽體，簞瓢不足充口，而温然盛德之容，了無含愠，談笑舒愉，幽居甚樂。吾讀忠肅十洲諸作，則越公之言信然。嗚呼！是所謂大丈夫者耶？〔嚴校〕作『非耶』。

其以周大夫鍔合祀何也？曰：『忠肅之居湖上，以周氏也。』初，忠肅喪偶，京師之名人争欲與婚，而忠肅意皆不屬。陸陶山〔嚴注〕佃。尤惓惓，忠肅辭之。大夫固忠肅同年，方爲户曹，忠肅以其舉家好善，特求其妹，於家訊中詳敘其事，而朱子嘗爲之跋。蓋大夫爲范文正公外孫，自少即荷忠宣、右丞、待制三舅氏之教。而其初娶也，婦翁爲胡右丞宗愈；其再娶也，婦翁爲王學士覿。胡氏之寮壻，則鄧考功忠臣。及端禮門立碑，范氏則忠宣兄弟三人，及忠宣子正平，實爲黨叢，若胡若王，皆其眉目，而大夫與考功並豫焉。忠肅則以尊堯之作爲黨魁，而其妹壻西山先生李深亦豫焉。古今來之親表固多氣類相近者，然求其珠連璧合若此不可得，蓋元祐黨人中一佳話也〔一〕。楊文元公〔嚴注〕簡。作葉元吉志以忠肅嘗壻葉氏，爲其門闌之榮，況有如周氏者哉！

大夫世居西湖，其歸田也，竹輿野榜，徜〔校〕楊本作『彷』。徉十洲，而忠肅適至故館之南藍〔二〕，相與悲憤極論，爲痛哭，爲流涕，爲太息，而尊堯集出焉。則夫南藍之有是祠，是祠之配以大夫，詎非文獻之適合，而典禮之攸宜者耶。蔣中奉璿兄弟，則忠肅弟子也，亦於禮應得祔者；陳文介公之子，於忠肅同

〔一〕〔楊注〕元祐黨籍：文官曾任執政官二十七人，范純仁第五，胡宗愈第十，范純禮第二十一。曾任待制官以上四十九，王覿第十，范純粹第十五。除官一百七十七人，陳瓘第二十七，李深第四十八，范正平第五十，鄧忠臣第一百，周鍔第一百六十一。

〔二〕〔蔣注〕忠肅居南藍，當係再至甬上時，蓋其官明州未朞歲即竄廉州，（合浦在廉州。）故先著尊堯集於合浦。其後詔許自便，復來甬上，因更著尊堯集於四明。否則倅明州，宜居倅廳，未便寓僧寺也。宋史本傳亦止載廉州之謫，然就尊堯集觀之，有明徵矣。況如史越公言忠肅雖治廉，方居官時，何至衣不蔽體，食不充口，其屬再至無疑。先生碑文似尚漏此一節。

難，見宋史，亦應祀。嗚呼！方新經之行吾鄉，莫有治其學者，忠肅尊堯之功爲多，更爲之歌，其辭曰：

忠肅生平，荆、舒是懲。得力之筆，歸吾四明。亦有門舊，合食崢嶸。如聞抵掌，共詈新經。

碧谿魏文節公祠堂碑銘

四明東洞天七十二峰之水，其自樟村而下，曰桓谿，即所謂大谿者也；桓谿而下曰光谿，即所謂小谿者也。光谿之支，其自石臼山而下，曰碧谿。石臼山光，空靈蕭瑟，南接長錫千峰之秀〔嚴校〕作『南接仗錫峯。』西度建嶼一帶，其水清越無際，瀏覽之餘，渺然有遺世之想，是爲宋丞相魏文節公〔嚴注〕杞。之居。

文節本家焦山，以受經於趙公庇民來鄞，定居谿上。既退休，東閣之客最多：若張武子、王季彝之詩，葛天民之怪，柴張甫之俠，無所不集，谿上風流，於斯爲盛。其園亭之勝一十有八：曰夢菴，曰勤齋，曰妙用寮，曰玉照池，曰山房，曰喜老堂，曰禪窟，曰宴嘿居，曰隱仙巖，曰月林，曰碧谿菴，曰衆香堂，曰駐屐，曰積翠屏，曰霞外觀，曰澄漪，曰醉宜徑，曰聽松樓，當時酧唱極多，至今如史直翁〔嚴注〕浩。鄮峰集中，尚有存者，又有野菴分咏詩卷。人代累更，志乘脱落，徵文徵獻，漸〔嚴校〕作『渺』。以無稽。遊人過之，一望林薄，纍纍然墟墓横陳，芋區瓜疇，錯綜雜遝。間執田夫野老，問以十八景故址，莫能知其一二。獨碧谿菴尚〔校〕楊本下有『存』字。數椽，頹落不堪，菴僧出迎，叩其爲誰氏之遺，亦不知也。嗚呼！是亦掌故之羞也已。

文節於孝皇時，最稱重臣，其使金不屈，卒正國書用敵國體，功尤大。秉鈞西府，惜乎未見其用，詳見宋史。及投閒谿上，絶口不道時事，飄然人外，宏獎風流，不特吾鄉十八宰執之傑也。於今後裔即衰落，而故跡猶無恙，詎可委之嵏然乎？乃與谿上諸耆老議，改是菴之前楹爲文節祠，仍以僧守之，使魏氏之子孫歲來致祭，且薄爲置田，以贍其祀，雖鄭公之宅不存，是亦五畝之遺也。既爲碑，更系之以詩，詩曰：

十八景兮丘墟，山房集兮飽蠹魚，撫平泉兮唏噓。幸佛燈兮未息，對谿流兮澄碧，撫先疇兮思舊德。相君之神兮來遊，驂鸞兮駕虯，喜清景兮長留。汲瀑泉兮致薦，存瓣香兮一綫，溯風流兮猶緬。

大愚吕忠公祠堂碑文

忠公〔嚴注〕祖儉。司庾吾鄉，其至以淳熙壬寅，去以丁未，凡六年。時諸先生多里居：慈湖開講於碧沚，沈端憲公〔嚴注〕煥。講於竹洲，絜齋〔嚴注〕袁燮。則講於城南之樓氏精舍，惟舒文靖公〔嚴注〕璘。以宦遊出。忠公之來，其於諸講院無日不會也，甬上學者遂以忠公代文靖，亦稱爲『四先生』。而滕德粹爲鄞尉，朱文公語之曰：『彼中有楊、袁、沈、吕，可與語也。』蓋忠公之於吾鄉諸先生，同道合德有如此。

忠公之官爲司庾，故不得有所設施，但傳其屏去倉中淫祀一事，深寧志之四明七觀。而是時，正未得。

〔嚴校〕乙去此字。甬上奎婁光聚，正學大昌，忠公以明招山中父兄〔一〕中原文獻之傳，左右其間。其功無所見於官守，而見之講學。忠公之集雖不傳，然猶散見於永樂大典中，予欲抄其與諸先生論學之文而未得。

顧讀忠公吾鄉之詩，吊景迂之祠，式清敏之里，求了翁寓齋之遺，想見其一往情深。乃自元訖明，以至於今，竟無有以谿毛薦及忠公者，是則甬上文獻之衰，可爲長太息者矣。禮於釋奠之制，必求之其鄉之先師，不然者，則有合也。有合者，謂其鄉無足以當先師之享，則合之他鄉之近而可溯者。今甬上之先師楊、袁、舒、沈，其人可謂盛矣，而愚謂當以忠公合之，以其同時講學於鄞久，並列於先師之座無歉也。

忠公之子喬年，端憲婿也，亦賢者，能守家學，應得從祀。於是諸生議於四先生之東，別築忠公祠

〔一〕〔沈注〕明招山，在浙江金華府武義縣。山有惠安禪寺，乃晉阮遥集之宅，捨以爲寺者也。吕東萊寓此，著大事記。朱晦庵、葉水心，陳同甫皆往來其間，有金貂、蠟屐兩亭。遥集之遺跡既殊，則以東萊著名。

堂，而乞予志其事於石。

蔣金紫園廟碑

〔楊注〕戊寅，年三十四。

城南競渡湖之支流爲小湖，其西爲竹湖，有廟焉，蓋宋金紫光禄大夫蔣公浚明之園神，而後遂以爲里社之祀。故其巷曰蔣金紫巷，其水曰蔣家帶，其橋曰蔣家橋。其東有坊曰連桂，亦蔣氏物也。吾鄉里社之神，多出自前代巨室之甲第園亭，歲久遂享居民之祀：如握蘭坊廟以趙公善湘第中所奉坊神，寶奎廟以史公守之宸奎閣中之閣神，梅園廟以樓氏園中梅麓之園神，蓋不可指屈也。昆明歷劫，文獻脱落，遂有妄傳，而蔣園訛而爲茹園，以字相近也；茹園又訛而爲殳園，以音相同也。蓋自南山、東沙二志，去古未遠，已有此失，於是橋名改爲殳家橋，而廟名則曰茹園廟。不知吾里中之世家，自宋以來歷然可考，並無茹氏、〔校〕楊本下有『與』字。殳氏，猶幸蔣金紫巷、蔣家帶之名未泯，及自明中葉以後，始稱曰聚福。〔楊注〕嘉靖寧波府志：『聚福廟，在鄞縣治南二里蔣金紫巷，傳稱茹家花園之神。』

乾隆戊午，湖上賢者葛君木人留心考〔校〕楊本作『訪』，注一作『考』。古，予爲據舊聞以告之。嗟夫，故國世臣，喬木蒼蒼，蔣氏之爲此里重者多矣，而里之人莫之知，則前此圖乘之失也。

蔣氏自唐時，〔校〕楊本作『末』。實由天台來居奉化，已而遷〔校〕楊本下有『居』字。湖上。金紫爲豐清敏〔校〕楊本下有『公』字。所薦士，官尚書金部員外郎，抗疏排新法被斥，將謫遠州，母老，清敏力争之而免。金紫之子中奉大夫璿、宣奉大夫琉最有名。是時陳忠肅公來鄞，金紫即遣二子事之，未幾成進士，忠肅爲書『連桂』二字以表其坊。中奉知江陰歸，猶及與潘公良貴倡和三江亭上，其詩至今存。而宣奉以忤蔡京自劾去，師傳家學，俱爲不負。蓋蔣園之取重於里中者〔校〕楊本有『亦』字。正以此，不徒以踞重湖之勝也。嗣是以還，太學存誠爲慈湖先生講學之友，聞歌有省，德性清明，金紫少子琚之後也。尚書峴以館閣重臣事穆陵，有弭變大功，雖其少年不無物議，而晚節可稱，宣奉之後也。將作主簿曉，鴻文博學，宋亡守柴桑之節，杜門不出，尚書之猶子也。其餘登甲科，列仕籍者，前後相望。故清容謂吾鄉士族之最先者有四，而蔣氏居其一，有三徑聯珠集，有續三徑聯珠集，七世志幽之文，盡出巨公之手，則當日園中過從之盛，可想見也。

然蔣氏先籍奉化，其科第之貫，守而不易，故圖乘亦皆列之奉化，而莫知其爲湖上之望。予讀慈湖所作太學墓志，及清容將作墓志，乃知蔣氏於湖上爲世居，是以其坊、其巷、其園咸在焉。園之築蓋在金紫歸田之後，故舒信道〔嚴注〕亶。嬾堂集中已有詩，或以爲始於將作，誤也。湖上之甲第園亭，如趙侍郎之水閣，高使君之竹墅，陳少師、樓軺院諸家，當時孰不連甍接瓦，去天尺五，今皆澌滅殆盡，而〔嚴校〕作『獨』。蔣氏尚存一椽，巋然如魯靈光無恙，七百年之舊德，實鑒臨之，其可以褻視哉。而奈何又移之于不知誰何之氏也。

木人曰：『善。明年當重新是廟焉，子曷爲文以記之，以表章昔賢之遺。』予以爲明德如金紫，里中之典型也。古人制禮，必求其所自，以不忘其〔校〕楊本下有『所』字。始。苟於廟中爲別室以祀金紫，亦禮意之〔校〕楊本下有『所』字。不可闕者，更數百世而遥，無復訛傳之患矣。抑是禮也，推而行之，詎止蔣園廟爲然哉。因即〔校〕楊本作『而』。詮次其語復之。

宋忠臣袁公祠堂碑銘

少時從天一閣范氏得見袁『幽』寶公所刻先進士忠義録，其中有蔣教授景高所作傳，較詳於舊志。及自京師歸，求是書於范氏，則無有矣，近忽從董氏得之，驚喜。

嗚呼！袁公〔嚴注〕鏞。之死，蓋見賣於趙孟傳、謝昌元；而清容作志，不立公傳，初意以爲五代史闕韓通之例，出於嫌諱，歐公且然，又何怪乎清容。既而見其爲趙、謝二降臣〔嚴校〕下有『皆』字。有佳傳，乃知其黨於降元之徒也。蓋清容之父處州亦降元，故清容之紀先友也，凡降元者皆多稱之，而且作哀幽蘭操〔嚴校〕乙去『幽』字。以弔崖山降將吴浚，〔嚴注〕吴爲文信公所斬。可謂失其本心之言也已。夫抗元者不立傳，或有可原，降元者反傳之，豈非黨哉。其所作詩，援陶潛而稱嵇紹，亦可歎矣。著書而以顛倒是非爲事，將謂隻手可以障天耶？吾讀清容之文未嘗不愛其才，而心竊薄之。

載考黄僉事南山集，謂清容於公有通譜不遂之讐。林學士絅齋疑之，考甬上三袁氏鼎足並盛，不必求依附，南山之説，未必然也〔二〕。予觀宋之將亡，四明以賈氏摧折之餘，鮮豫於軍師國邑之寄，故殉難者寥寥，然亦尚有數人：知臨海縣孫璹，前侍郎願質子，去官奉母，道梗，蹈難〔校〕楊本作海。而死；憲司知事楊恕不食數日，自沉菱塘；詩人皇甫明子佯狂，賦詩投海。兹數人者，皆不得見於清容志中。孫臨海補傳於至正志，楊知事補傳於成化志，皇甫見於谷音。又有林澤者，字堅叔，一字梅逸，詩人也，著有瓦釜雷鳴集十卷，和陶詩一卷，喜卹人急，嘗築惠生道院，施人藥。元師之至，以祖父墓在青山，去城一舍，往守之，遊騎至，執脅之，大駡不屈而死。其子公輔痛父死節，委家於弟，爲道士守父墓以終身。此事忘其所出之書。而豐太平存芳，以清敏裔一門十八人同死，見於縉雲世譜。丹心碧血，慬而不

〔二〕《沈注》四明袁桷伯長，元翰林大手筆也。其先，實宋相之後，家世具見清容集。虞文靖與伯長最厚。其先文獻，累見公文字及元明善之文。文靖送冷敬先序亦加感嘆。伯長卒，其爲祭文，尤拳拳焉。袁忠徹家進士忠義録所述其先固名族，亦未迨伯長，乃云伯長之祖與進士求通譜，進士不之許，後伯長因泯其死節事。夫求通譜者，或爲家世不彼若而然，今也不然，通譜果何爲耶？況伯長一代名士，泯鄉邦之忠義，謂伯長忍爲是耶？凡若此者，吾固不能無疑，不敢因其偏詞，而遂必信之以爲實録也。（水東日記卷二十五）按通譜不遂之仇，不特南山集論其事，忠義録亦載之矣。又不特林絅齋疑其非，葉文莊已言之矣。但林、葉二公未見延祐四明志，故曲爲洗刷耳。伯長抹殺忠義，黨于降臣，恐未可諱也。

泯，〔校〕楊本作『滅』。其亦危矣。是豈皆有通譜之譬而没之歟？抑亦醜正有素，而自託於爲親諱也。

嗚呼！千古之清議，夫豈一時之紀載所能持，其愚甚矣。吾湖上有廣福寺，即北宋壽聖院也，舊爲公祠。蓋袁氏自高祖尚書公子誠，有二女，嘗施田三頃餘於寺，以贍放生道場，故寺僧世奉袁氏爲檀越，而公祠亦建焉。明初，柳莊太常以佐命起，祠祀中振。張尚書東沙據寺爲宅，始遷祠於城西。至天啓中，而有司以河房之税爲公設祭〔一〕。又百年，而予始爲之碑，且附之忠義録後。其銘曰：

可憐石頭城，寧爲袁粲死，不作褚淵生。誰爲袁粲傳？沈約沉吟顔有汗。

觀察半湖陳公祠堂第二碑銘〔校〕楊本無『銘』字。

半湖陳公諱槐，鄞人，以弘治乙丑進士累官湖廣按察副使，家居鸎脰湖上，嘗力爲湖民請減租，湖民德之，立祠祀焉。予謂公有大功於明，〔校〕楊本作『民』。當享廟食於國者，不斸區區湖田之遺愛也。

〔一〕〔楊注〕聞性道鄞縣志：『宋忠臣袁公祠祀宋德祐忠臣袁鏞，在縣治西南湖心亭。』宋時袁氏嘗置廣生田，並構宇於寺，因得立袁氏祠寺内，後附祀忠臣焉。明嘉靖間，張尚書時徹廢寺爲書院，改建祠于縣西五里望春橋之東。天啓間，郡守王念祖肇祀，其費取河棚地税，與賀祕監祠祭同案。

即世之稱功〔校〕楊本作『公』。者，亦但以其勤王之舉，而豈知其當食報者，正不止此。

公之以寧藩獻俘也，武宗方留南京，命浙直進地圖，常州之惠山，蘇之太湖、虎丘，徽之黄山，杭之西湖，紹興之蘭亭，寧之補陀，皆將行幸焉，是蓋江彬輩導之，以爲沿途索賄計也。公從容謂張永曰：『傳聞聖躬已違和，而此曹戒行未已，六龍輕馳，無乃危乎？』永瞿然曰：『公言及此，國之幸也。』乃亟以告劉夫人，始決計還京。不然，將寧藩之禍甫息，而鼎湖在道，江彬之逆，幾有不可知者，雖有明宗社之靈，實陰相公之言，顧扈從諸大臣，媿入地矣。已而武宗抵京晏駕，楊閣學石齋欲留『四外家』邊兵，彈壓皇城，部議亦將從之。張永以問公，公曰：『是皆江彬羽翼也，速驅之尚恐後，而反置之卧榻之旁乎？』永乃遽白太后，令速回邊衛，石齋聞而亦悟，即日遣之，越五日而禽彬矣。向使邊兵不去，禽彬之日，豈能帖然安静無事；即令驅除如反手，而要不能無所夷傷。嗚呼！是皆所謂社稷之功也。古之鈞輔大臣有行之者，亦足勒名旂常，世享茅土，而公以奉使遠臣，借兹前箸，措天下於泰山之安，不必功名之歸己，不亦偉與！而惜乎明之不竟其用也。

初，公之由武昌移撫州也，力爲撫軍孫公〔嚴注〕忠烈公燧。言寧藩恣威厲而陵大臣，當豫爲之謀。孫公報以八月中出巡，應相見密計，不料其不逮八月也。公又請令各府選兵會操，巡道許公行之不密，寧藩覺而遏之。曲突徙薪，公之所防蚤矣。事既裂，公以素有儲備，〔楊校〕據鄞縣志所引下有『即起兵』三字。前哨甫至，城已下，統兵官皆儒將，無紀律，城中烟火赫然，將軍中尉之府，均所不免，公亟斬部下前哨違禁者七人，始戢。故公勤王戰功，雖亞於伍、戴諸公，然其保護生靈則第一也。王公〔鳳注〕文成公守仁。迎駕，以公從，張永要之於路，宣旨索俘。公謂當予之，而輕騎朝行在，費閣學鵝湖亦然之，王公不聽。于是張忠輩之譖行，而王公卒不得獻俘。公料事之精如此。公既畫策以遺邊兵，楊閣學偉之，乃屬公草遺詔事宜。公具十事以進，其中有連動衛及中官者，石齋不能用。而御史楊材以公舊吏有怨，遂誣劾之，桂閣學從中主之，公角巾歸第，口不言功。其卒也，遺田三十餘畝而已。

雍正甲辰，予拜謁崇德祠下，讀東沙尚書碑，其于湖田之事備矣，而大者有未及。陳氏裔孫環祠而居，以公之半湖日録示予，并乞第二碑文，予不敢辭。其銘曰：

昔明中葉，吴濞不戢，江、楚岌岌。使君出守，綢繆户牖，脩尾荼口。鞠旅勤王，遏兹暴戕，其功洋洋。穆滿志荒，扶病以狂，誰促歸裝？逆奄負乘，待釁而逞，誰制死命？滿朝大臣，緘口不（聞）〔問〕。從楊本改。乃賴使君。不動聲色，廟謨以植，奠安盤石。功高受謗，來歸湖上，浮雲得喪。句餘枌社，重征曷謝，息肩是藉。湖民報公，伐鼓考鍾，世世弗慵。嗟哉偉烈，宜銘石室，胡然遺佚。西郭〔校〕楊本作『郊』。之陽，山高水長，神旂央央。英爽猶存，祐兹湖民，并其耳孫。

重曰：

有安社稷臣，置之疏逖；匪徒遠之，又從下之石。誰秉國鈞？可爲太息。

象山姜忠肅公祠堂碑文

姜忠肅公何以有祠於象山也？曰：忠肅四子：長圻，明經，其後仕江東，知象山縣者也；次垛，進士，禮科給事中，其後江東召爲兵部侍郎者也；次垓，進士，行人，其後仕江東爲考功郎者也；次坡則諸生，同殉癸未之難，其後贈翰林院待詔者也。萊陽之失守也，忠肅死之，而侍郎方以二十四氣之疏，思宗震怒，下詔獄，且不測。考功具疏請暫釋兄罪，使得奔喪，不許；請代入獄，暫釋兄奔喪，又不許；及爲忠肅請贈謚祠祀，亦不報。考功計無復之，泣血東歸。方城破時，姜氏惟長公被重創，得不死，從積骸中負其父尸而逃。至是始入京省獄事。甲申，侍郎奉遣戍之命，乃得暫還，遽有三月十九日之變，哭父畢，踉蹌下南都。禮臣方議追恤諸臣，忠肅得贈光禄寺卿，賜謚，立祠萊陽，以待詔配。姜氏婦女之同殉難者，象山妻王氏、考功妻孫氏、待詔妻左氏，及忠肅次女，皆得祔於祠之别室。

而萊陽道梗，南都亦没，『畫江』之舉，姜氏兄弟避兵天台，侍郎再被手詔，專使敦促，知事不可爲，竟不起。考功應召，參豫江上軍政，入掌銓事。方國安惡之，欲殺之，遂以奉使出。而長公方令象山，故禮臣議權爲忠肅立祠於其境内，賜祭，特遣大理寺右評事王家勤涖事，侍郎、考功皆來祠下，諸遺民多陪祭，北向慟哭，事在丙戌四月中。不踰時，而越中又亡。先太常公詩有云『鬼亦無鄉可受邺，人從萬死得偷存』〔校〕楊本作『生』。者，蓋謂此也。象山爲令時，滋陽、陽信二王皆駐節焉。時江上亂兵蠭起，逢人即殺，二王亦惴惴，居民尤不聊生。象山上奉藩府，捍其牧圉，下撫罷氓，〔校〕楊本作『民』。有如父子，宛轉周旋諸悍將間，雖匆匆甫一歲，而心血盡矣。世事既去，解組間行，形神俱索，僅得抵萊陽，竟以不起，則己丑歲也。諸遺民以其甘棠之蔭，爲私祔之於祠。

嗚呼！甚矣思陵之愎也。侍郎即有罪，其父能以一門報國，似亦可以贖之；即不足以贖之，亦不應并其父之卹典而格之，何其忍也。迨至銅駝已没，始邀一命於荒朝，不亦悲夫！

百年以來，文獻且盡，而象山尤遠在海隅，先賢祠祀，零落無復存者。顧忠肅祠得幸存，然後生晚輩莫知其建置之詳，近且以爲廣文之寓寮，而姜氏裔遠隔吳下，亦莫知江東之有先祠也。予乃以告象山諸君子，議爲重修之，而並配侍郎、考功於祠，以二公皆嘗有寓公之愛也。又以告姜氏後人之居吳下者，使來存省，且告之曰：今吳下固有忠肅公祠，撫軍商丘宋公所立也。海隅之荒僻，不敢望吳下宮牆之盛。然而考典禮於敗亡之餘，固依然先朝之所敕賜也。吾謂忠肅父子魂魄，應當戀此。又況象山之效命危疆，賫志以死，其大節不媿於家門，而後人亦鮮知之者。

常熟（□□□）〔錢謙益〕從楊本補。志忠肅事，謂思陵之世已贈光禄，予任子，此殆欲諱其卹典之出於赧王，而不知其誣妄。〔嚴注〕常熟有姜氏一門忠孝記，未嘗言思陵贈光禄。蕭山毛奇齡撰吳下祠堂記，〔嚴校〕『記』上有『碑』字。乃言長公於癸未圍城下被創，不久即死，其謬益甚矣。是不可不表而出之。且爲之銘，其詞曰：

橫流在辰，尚崇忠節。東齊殊天，寄食東越。羈鬼承恩，遊魂泣血。孤臣孤兒，墨衰在列。水在地中，諒無不之；而況王命，堂堂在斯。此數椽者，漢鼎所支；我譜神絃，兼志去思。

鮚埼亭集卷第二十四

〔楊注〕此卷祠堂碑銘一，配享碑一，宮井碑文一，碑陰一，廟碑銘一，石柱銘一，題名碑一，計七首。其三在越中，其四在甬上。

碑銘十九

明太保倪文正公祠堂碑銘

〔楊注〕甲辰，年二十。

尚書贈太保倪文正公，本上虞人，而居會稽。今有司致祀，皆就近涖事於會稽，而上虞反闕焉。然會稽亦未嘗有特祠。乾隆戊辰，知府揚人杜君謂當建祠于上虞，而苦經費無所出。時予方主越中講席，語君以上虞故有書院，何不即其中重新兩楹以祀公。古之釋奠，必於其國之先師，公豈非上虞之先師也與，是甚合禮意。杜君曰『善』，因捐俸鳩工，特具栗主以入祠，而屬予銘之。

因〔校〕楊本作『勝』。國之季，天下所稱大儒蕺山劉公、漳海黄公，而公實參之。蕺山爲公同里，然其初，人尚未盡知其學，公與之語，而歎曰：『劉先生今之朱元晦也。』每見學者輒語之曰：『勿坐失此大儒。』故〔蕺山〕從楊本補。年譜亦推原『證人』之學，得公始光。漳海爲公同年，其在三館，最相傾倒。甲申之難，漳海哭之曰：『鴻寶死，天下莫能宗予也夫。』顧蕺山之學不甚合於漳海，而公則與漳海之學相近，乃其於蕺山絶無間言，遣其弟朗齋從事證人之社，而〔嚴校〕有『以』字。長子無功，受業黄氏，去短集長，不名一師，斯其所以爲大儒也與？

公之學，尤邃於易，然所傳兒易内儀，尚非完書，特其儀中之一種，所云易以者也，尚有易之，亦成書而未出。其曰『以』者，取彖傳；〔校〕楊本『彖』作『象』。曰『之』者，取變卦也。然又别有目云易像，云易崇，云易迭，云易知，云易趨，云易成，云易定，云易歷，云易律，云易見，云易統，云易序，云易配，一如内儀之分列〔校〕楊本作『别』。者，其書皆已起例削草而未及卒業。予曾求之其家，得其易之二卷手稿，殘斷不完，爲之太息。蓋公説易，大都在理數之間，天門地户，淺學未能窺其藩也。公之直節在朝廷，精忠在天壤，不特明史書之，抑且五尺之童皆能道之。獨是蘋蘩藴藻之祀，乃在講堂，則所當言者乃公之學，且公之學，即公之直節精忠所自出也。諸生其能讀公之書，引申其墜緒，而得公不傳之旨，以見之力行者乎？是則公之所望也。乃若蕺山，官爲總憲，其清苦刻厲，有布衣所不堪者，漳海亦然。而公則頗極園亭池榭之勝，衣雲閣之風流，當時所豔稱。蓋公先世故膏粱，尊人四歷二千石，亦行乎其素耳。試觀其立朝死國，何者不同，然後知三先生之趨一也。

今天下士習之汙極矣，諸生遊公之祠，予請誦公易之之説以相厲，易之有云：『兑之朋友講習，乾道也。乾惕及夕，志潛於習，氣躍於講，志氣交發，文明日見，是故作朋求友者，天子之事也。以五見二，乃曰：「利見大人。」利見者，此朋友也。人有大人之德，則可以朋友天子，天子不敢亢大人，而臣所受教，此飛龍所以无悔，而乾之同人即二之變也。』是言也，自孟子以來未有言之如此巖巖者，殆當公爲講官之時乎？顧公之言所以諷天子，而吾引之即以勵學者。夫必有大人之德而後可語此，其亦宜知所興起，日夕講習，自拔於犬馬草芥之中，以雪江河日下之恥也已。

公之弟元瓚，即朗齋，嘗仕閩中爲太子賓客；子會鼎，即無功，嘗官職方，參漳海軍；其後皆爲遺民，有高節，應得祔祀。予於公之主入祠，既已爲之迎神、送神之曲，至是〔嚴校〕下有『復』字。爲之銘以復杜君，其詞曰：

在昔元公，晚徙廬山；亦有朱子，不返新安。故鄉香火，永矢勿諼。大儒所生，足重山川。始寧巖岫，色正芒寒。三菁仙草，以當蘋蘩。文正騎鯨，來往其間。諸生敬哉，玩兹微言。

子劉子祠堂配享碑〔楊注〕戊辰，年四十四。

子劉子正命踰百年，有祀典而無特祠。大府方宜田湓浙以爲言，時予方主蕺山講席，謂是故子劉子學舍也，其生前嘗自稱『蕺山長』，則祠之莫良於此，且合乎古之祭於先師者，乃重新其堂，奉栗主焉。祠成，帥諸生行釋菜禮，因議配享諸高弟子。顧其弟子之見於遺書者甚多，蓋殘明講學，即以爲聲氣之藉，未必皆真儒，勿敢濫也〔一〕。若其後人所稱爲弟子者，又多不審，如劉公理順、熊公汝霖皆非受業者，而濫列之。乃諦定其學行之不媿師門者三十五人，再傳弟子一人，或反不甚爲世所知者。乃甫三月而予去。

先是宜田欲予校定子劉子諸遺書，因并撰蕺山講堂小誌，至是不果，則竟〔校〕楊本下有『多』字。因予之去，妄芟去其中數人者，諸生以爲恨，請予志之石以存之。乃仿家語弟子行之例，撮其大略，爲文一通，存之祠中，以志見知之統。三十五人者：

曰海鹽吴先生麟徵，字磊齋，甲申殉難忠臣也，詳見明史。〔嚴注〕謂磊齋是弟子，其言出自謝山。磊齋之子蕃昌，字仲木，實是蕺山門下，静志居詩話云然。初，磊齋未識子劉子，一夕夢中聞其誦文信公『山河破碎』之句，醒而訝之。及見子劉子講學都門，因問業。磊齋死國，諸弟子私相語曰：『妖夢得無及先生乎？

〔一〕〔嚴注〕蕺山門下，以桐鄉張楊園先生爲最醇，其學以程、朱爲宗，力斥陸、王之説，于蕺山之門，莫有先之者。悉力農桑，不涉世事，品詣亦高絶。與梨洲同門，而志行不甚合。謝山承梨洲之學，此文絶不道及楊園，殆門户之見耳。顧此何典禮，尚可以門户之見行之哉？

盍請先生志墓以襯之。』子劉子流涕曰：『固應及耳，何襯之有。』不一年難作。

曰順天金先生鉉，字伯玉，甲申殉難忠臣也，詳見明史。伯玉之學頗近禪宗，雖累論學於子劉子，不甚合也。而子劉子以其人雅重之。

曰山陰祁先生彪佳，字虎子，乙酉殉難忠臣，詳見明史。祁氏世爲巨室，藏書甲浙中，寓山園亭之盛甲越中。虎子，少年豪士也，自從子劉子，折節心性之學。乙酉子劉子絶食，會名王聘六遺臣，則子劉子暨虎子並豫焉。虎子死，子劉子已困不能語，聞而張目頷之。

曰海鹽彭先生期生，字觀我，丙戌贛州殉難忠臣也。

曰會稽章先生正宸，字格菴，詳見明史，子劉子夫人之姪，首從學偁山。格菴崇尚氣節，不甚講學，力行者不在口説也。六遺臣之聘，格菴豫焉，逃去；起兵，事敗，行遯爲僧。

曰潤州〔校〕楊本作『濮州』。葉先生庭秀，字潤山，詳見明史。子劉子長京兆時，方爲推官，因問學。丙戌，官閩中，至侍郎，事敗爲僧，以憂死。

曰山陰何先生宏仁，字書臺，在證人講社中最深造，予今求其書，未得見也。丙戌以後，行遯如格菴，然實令終，而江右魏禧志其事，以爲死節，謬也。書臺以故侍御入桃源，完節而終，何必死乃足重。予别有辨。

曰關右董先生標，馮恭定公弟子也。晚官兵馬司使，始從子劉子受業。讀其問答，醇如也，甲申前卒。

以上八先生，皆執弟子之禮，而子劉子則但以朋輩待之者，如蔡季通例，故有疑祁虎子、章格菴非受業者，謁也。

曰山陰陳先生堯年，字敬伯；會稽章先生明德，字晉侯；山陰朱先生昌祚，字綿之，服勤於子劉子最久者也。敬伯居石家池，在蕺山右，子劉子開講，首在其塾。黨禍之烈也，子劉子子貞孝君汋尚少，託之敬伯，曰：『子，吾之王成也。』而明德爲格菴羣從，白馬山房之會，陶石梁弟子多異說，明德闢之力。綿之居即在蕺山下，其解吟軒，子劉子講堂也，朝夕不離杖履，所造甚邃。今軒爲比丘尼所據，予傷之，欲贖之歸書院中，不果。

曰餘姚王先生業洵，字士美，陽明先生之宗也。梨洲黃氏嘗言：『子劉子開講，石梁之徒三及吾門，欲搖其說。左右師席者，士美、元趾與予三數人。』則士美亦證人之功臣也。

四先生皆以甲申前卒。

曰海寧祝先生淵，字開美，乙酉殉難義士也，詳見明史。開美受業歸即死難，贈檢討。

曰會稽王先生毓蓍，字元趾，乙酉殉難義士也，詳見明史。贈檢討。元趾先嘗學於倪文正公。

曰山陰潘先生集，字子翔，乙酉殉難義士也。

曰諸暨傅先生日炯，字中黃，丙戌殉難義士也。

曰武進惲先生日初，字遜菴，嘗上書申救子劉子，其風節近開美。丙戌以後，累至山陰哭祭，爲之行狀，幾十萬言，獨於子劉子所言『意爲心之所存』有未然者，故行狀中略之，嘗爲梨洲黄氏詰難。晚披緇，頗以嗣法靈隱爲世所譏，然其人終屬志士也。

曰西安葉先生敦艮，字静遠，篤行君子也。予嘗謂三衢學者徐逸平稱楊龜山大弟子，是程學；徐徑畈稱湯晦静大弟子，是陸學；而静遠則子劉子大弟子，堪鼎足。既棄諸生，能昌子劉子之教於里塾。

曰慈谿劉先生應期，字瑞當，子劉子稱其静密。丙戌後以憤死。

曰山陰張先生應鰲，字奠夫，服勤於子劉子最久者也。南都匆匆，宵人尚赫奕邸舍，作承平態，子劉子署獨蕭然，奠夫一人侍之。其人篤實自修之士也，在南都作中興金鑑，欲上之不果，丙戌後嘗嗣講山中。

曰會稽董先生瑒，字无休，故倪文正公弟子也。有高行，晚披緇，然有託而逃，稍與惲遜菴不同，老壽，手輯子劉子遺書。

曰山陰戴先生易，字南枝，遺民中之奇者。其葬吴人徐枋事，最爲世所稱，然莫知其爲子劉子門人也，予晚始知之，乃表而出之。

曰鄞華先生夏，字吉甫；王先生家勤，字卣一，皆由敬伯來講堂，歸而築鶴山講舍，以昌明子劉子之教。吉甫通樂律，卣一精於禮，卓然不與先儒苟同。乙酉起兵參江上事；戊子，二先生謀再舉，不克，同死之。

曰餘姚張先生應煜。乙酉之夏，子劉子絶食，應煜勸以擁諸藩起兵，子劉子謝以事不可爲。曰：『然則是降城，亦非先生死所也。』子劉子瞿然曰：『子言是也。』遽出城。予過姚江，求所謂張先生後人，莫有知者。然即此一言，不媿爲子劉子之徒矣。

曰會稽趙先生甸，字禹功。少極貧，學觕以養親，藝絶工，時稱爲趙孝子，長而游子劉子之門，得其學。丙戌後，有高節，隱於緇，時賣畫以自給，世所稱『壁林高士畫』者也。晚講學偁山，子劉子少讀書地也。

曰慈谿張先生成義，字能信，有異材。丙戌後，起兵不克，行遯，畢生不返，莫知所終。

曰蕭山徐先生芳（馨）〔聲〕，從楊本改。字徽之，通兵法。其論學，則亦微於師門有轉手者。

曰仁和沈先生昀，《嚴校》作『眗』。字甸華，獨行之士。

曰海寧陳先生確，字乾初，畸士也，説經尤諤諤，詳見黎洲黄氏所作墓志。

曰山陰周先生之璿，字敬可。世勛籍證人之會，或以敬可爲右班官子弟忽之，不知其苦節過人也。子劉子殉節，敬可負其遺書與貞孝同避兵，中途累爲邏者所厄。敬可流離播遷，謂貞孝曰：『死則俱死，不負吾師以生。』而貞孝護髮未薙，敬可曰：『事急矣！』詭與貞孝披緇於興福寺。事定歸家，則田宅盡爲人所奪，遂無一廛，或勸訟諸官，敬可曰：『吾不忠不孝，投死他鄉，何顔復搆獄於官府，與惡少共對簿？』遂寄食於貞孝家以死，無子。

曰諸暨陳先生洪綬，字章侯。其人以畫名，且以酒色自晦，而其中有卓然者，子劉子深知之。蕺山弟子，元趾與章侯最爲畸士，不肯帖帖就繩墨。元趾死，章侯不死，然其大節則未嘗有媿於元趾。故予定諸弟子中，其有負盛名而不得豫配享〔一〕，而獨於章侯有取焉，詳見予所作傳。

以上二十三先生，皆卓然可傳於後者。若餘姚三黄先生宗羲、宗炎、宗會，同受業子劉子之門，其所造各殊。而長公梨洲最大，予爲作墓碑甚詳；次公晦木，予亦有墓表；澤望則見予所作縮齋集序。

〔嚴注〕兩集不見縮齋集序何也？南雷縮齋集序，文極奇妙。而梨洲之徒，有曰鄞萬先生斯選字公擇。其父户

〔一〕〔嚴注〕非指楊園耶？〔楊注〕謝山之學私淑梨洲，當時與梨洲講學不合者，皆有微詞。吕晚村始極推崇梨洲，後以合購澹生堂書，隙末不終，故謝山詆之尤甚。因之，與晚村還往者，不論賢否，悉置之不齒。蕺山大弟子在遺民中，莫如楊園先生。楊園之學專宗朱、程，痛斥陸、王，雖于師門爲轉手，然其踐履敦篤，粹然無疵，固國初大儒，即起蕺山于九原，當亦所深許也。謝山定配享弟子，雖濡染竺乾大異蕺山者而亦進之，而祖述洛、閩微異蕺山者而反遺之，何歟？良以楊園爲晚村之友故耳。甚矣，門户之見未化也。而又恐人議之，則又自爲斡旋曰：『予定諸弟子中，其有負盛名而不得豫配享。』斯言也，特爲楊園設也。予以楊園必當補列配享者，不然蕺山祠堂一大闕典也，豈特爲謝山補過已哉！象山四大弟子，楊、袁、沈、舒，皆在甬上，謝山初又以嗣鄉先生之統自任，及與穆堂交，共相主張陸學，遇程、朱者無不詆諆。楊園之不豫配享，又以是也。

部郎泰，故嘗游子劉子之門。公擇兄弟並從黄氏稱私淑，其最有功於子劉子之遺書，偕梨洲而左右之者，曰公擇純篤邃密。故吾於子劉子之再傳，不能遍及，而獨舉公擇者，以遺書也。若子劉子之子遯齋，即所謂貞孝君者也，則梨洲所作墓志備矣。

雖然，諸高弟之死不過六十年，而山中講堂，其誰爲誠意三關之學？則亦無有乎爾矣。諸生登其堂，能無汗出浹背也耶？

舟山宫井碑文

舟山何以有宫，蓋明亡以後，監國魯王一旅居焉，故自稱曰『宫』也。宫之井何以傳，志監國元妃陳氏死節地也。井以宫洌，〔校〕楊本、别本均作『列』。宫亦以井尊也。

予考甲申北都之難，熹廟、烈廟二后死之。其時文武殉難諸家，新樂侯劉公眷屬最多，而劉文正公，〔嚴注〕理順。馬文忠公，〔嚴注〕世奇。汪文烈公，〔嚴注〕偉。陳忠愍公，〔校〕嚴作恭愍，又注名良謨。成、金兩忠毅公，〔嚴注〕成德、金鉉，又金謚忠潔。其母若妻若妾，皆有死者；其家居聞赴自裁，則王節愍公妻。說者皆〔校〕楊本無此字。以爲中宫陰教之隆致之也。然是猶凋槃，〔校〕楊本作『纍』。逵葛之所聚。舟山彈丸一區耳，辛卯之役，元妃死之。其文武殉難諸家，亦有若定西侯張公眷屬最多，而閣部張公、〔嚴注〕肯堂。尚書李公、〔嚴注〕向中。朱公、〔嚴注〕永祐。兵曹李公、都閫吴公之家，死者不一；其家居聞赴自裁，則給事董公妻。夫孰非笄珈大節所感召與？抑何其先後相合若符節也。

元妃爲吾寧之鄞縣人，世居鄭丞相府大池之北，其女兄歸于吾家僉〔嚴校〕作『詹』。事府君。監國次於會稽，張妃主宮政，〔嚴注〕據監國紀年則張妃即前妃之妹，恐誤。而妃以丙戌春入宮。會西陵失守，監國自江入海，保定伯毛有倫扈宮眷自蛟關出，期會於舟山，道逢張國柱亂兵殺掠，擁張妃去。〔嚴注〕監國紀年云張妃以破甆盤自刎死。一本云，或傳刎死者爲宮嬪周氏，而張妃見害。妃在副舟中，急令舟人鼓棹突前，追兵不及，伏荒島數日，飄泊至舟山，監國已入閩，旁皇無所歸。吏部尚書張肯堂遣人護之，得達長垣，監國見之流涕，始進册爲元妃。在海上者三年，風帆浪楫，莫副山河之容。己丑，黄斌卿伏誅，始復入舟山。先是張妃在會稽，其父張國俊頗豫事，元妃歎曰：『是何國家，是何勛戚，而尚欲爾爾乎？』至是親族有至者，悉遣之。

辛卯，大兵三道入海，監國以蛟關未能猝渡，親帥師搗松江，以牽其勢。蕩湖伯〔案〕『湖』當作『胡』，避清忌諱改。阮進居守，敗死，大兵直抵城下。安洋將軍劉世勳議分兵先送宮眷，然後背城一戰。〔校〕楊本作『背城借一』。元妃傳諭辭曰：『將軍意良厚，然孀灘鯨背之間，懼爲奸人所賣，則張妃之續也。願得死此浄土。』乃止。城陷，元妃整簪服北向拜謝，投井而死。義陽王妃杜氏、宮娥張氏從焉。〔嚴注〕據監國紀年，宮眷從死者十三人。錦衣指揮王相、内臣劉朝共掌宮事，歎曰：『真國母也！豈可使其遺骸爲亂兵所窺。』相與舁巨石填井平之，即共刎其旁而死。董户部守諭爲作宮井篇哭之。乙未，英義伯阮駿再下舟山，訪得妃死狀，即其井封之，立碑致祭，而表言於監國，加謚貞妃。

丙申，舟山又陷，其碑被仆。嗚呼！天下之善惡一也，景陽之辱，高熲正法於青谿，〔嚴評〕『正法』二字只宜用之於本朝，從未有如謝山之用法者。不可以爲暴；則舟山之烈，雖經易代而表章，不可以爲嫌。當妃未死，嘗遣間使至中土，寄書訊其女兄，歷敘蛟關之掠，長垣之困，琅琊之潰，健跳之圍，操尺組而待命者不知凡幾。鬼火以當庭燎，黄蘗以充葛藟，猿鳴龍嘯，以擬晨雞，苟延餘息，荼苦六稔，然到頭終擬一死，以完皎然之軀，其節素定如此。向使當時史局諸臣，達之興王之前，豈有不動色矜嘆，附之二后傳中者，奈何并此不食之泥，湮没恐後，是皆不知聖朝旌厲幽冥之盛者也。嗚呼！惟翁洲即前宋之厓山也，況元妃爲鄞産，是尤吾鄉所〔校〕楊本作『之』。最有光者。宮可亡，井不可没矣。乃議爲勒石而附董户部之詩，以當些辭。

黄太傅廟碑陰

吾鄉和義門之左，有唐太傅刺史黄公晟廟。甬上之祀太傅者三，此其一也。廟旁報德觀亦屬黄氏。太傅子孫居鄞極盛，自明以來，官至列卿、監司、曹郎者不一，故其香火尤振。予讀深寧困學記聞甚不滿太傅，故其紀吾鄉五亂，以太傅之據，〔校〕楊本下有『郡』字。參之袁晁、栗鍠、王郢之間，而四明七觀讖前此志乘之曲筆，堇山李侍郎〔嚴注〕堂。祖之。有是哉，操論之正而嚴也！〔嚴注〕戴埴鼠璞中有一條，可互參。

雖然，竊嘗平而論之，歷代當搶攘之際，乘時而起，所在多有，要當視其晚節爲何如，斯亦論衰世人物者所不得已者〔校〕楊本無此字。也。李克用之起事，其亦大不道之徒，而後此忠誠赫然，君子從而予之。太傅既守郡之後，保固鄉里，不隨董昌之亂，築君子營以居避兵之士，建雉堞，置浮梁，臨終，封上倉庫，不令其子襲守。其于茲土固有深仁厚澤，雖不敢望克用之鴻略，要豈袁晁輩所可同年而語也。然則深寧之持論，固有得於春秋之旨，而吾鄉之廟食，亦未爲過，事固有詳審而後當者，而非調人之謂也。

乃若程積齋所紀太傅事，則有誕妄不經者。和義門有蛟池，在廟之東；又有蜃池。或曰蛟池即蜃池也，蓋前人以瀦水者。吾鄉阻江爲固，西南二道，有塘河之水，入城東爲三喉，以注之江，而其北塞焉，故以池蓄之。當年池址甚廣，而後漸淤，諸志言之備矣。或曰舊嘗有蛟來居池中，是乃燕說，不足信。積齋遂謂太傅早年仗劍入江斬蛟除患，是蓋妄人因呂覽荆佽非之事，而太傅嘗官佽非，遂爲牽合，甚至廟榜竟作荆佽非字，則謬甚矣。積齋通人，乃亦從而實之，是可怪也。事以從其實爲可信，太傅在郡之功，足以得祀，欲藉此以爲重，適見其愚也。斬蛟之誣，堇山已先我言之，顧未詳其致誣之由，故於是碑中其説，使黄氏子孫知之。

佽飛之官始於漢，漢百官表，少府屬官有左弋。武帝太初元年更名佽飛。宣帝神爵元年發佽飛射士，以討西羌。而元帝紀佽非所掌爲外池。如淳曰：『佽飛具矰繳以射鳧鴨，供祭祀，故有池也。佽飛荆人，入水斬蛟，勇士也，故名官。』則漢時佽飛之官，本有取於吕覽之説，又因其中有射士，而時或發之爲軍。至晉遂爲軍名，而無復少府掌池之遺意。要之，佽飛掌池之故事，可以證漢、唐命官之由，而必不可以附會于是廟之池。『佽飛』本作『茲非』，其後『茲』變爲『佽』，而『非』亦通於『飛』。

碧沚龍神廟碑銘

明道先生行狀云：『上元之茅山有龍池，其龍如蜥蜴而五色。祥符間，命中使取二龍，至中途，中使奏一龍飛空而去。自昔嚴奉，以爲神物，先生嘗捕而脯之，使人不惑。』及朱文公之高弟滕達道爲鄞尉，文公嘗叩以天井山五龍靈蹟之果否。則文公亦疑之，而未敢遽以爲妄。若吕忠公來鄞，力詆阿育王山龍井之誕，蓋大程子之緒言也。

愚考唐白香山新樂府黑龍潭詩極言祀龍之謬，已出大程子之先。雖然，龍之爲靈昭昭也，其在經則見於易，其在傳則見於春秋繁露諸書，作雲施雨，不可以爲誣妄，〔校〕楊本作『誕』。而造物之變化，亦有不容盡以儒言斥之者，此類是也。夫陰陽愆伏而爲旱，陰陽和而爲雲雨，以常理推之，其故皆由於二氣，藐兹庶物，何能操其權。然而詩人之嗟旱也，則歸其咎於魃，魃果何物，遂能致旱，及考之圖譜，誠有所謂魃者，非虛假之言也。謂魃尚能致旱，而龍不能致雲雨，則固矣。夫感天和，恤民隱，苟實有如成湯者，豈畏乎魃，亦豈藉乎龍。然有中和位育之功，則盡人性以盡物性，不祥之魃退聽，而至靈之龍效命，正不必謂其無也。不然，則古人雩禱之禮皆可廢，而詩所云『靡神不舉』者，不亦謬耶？特愚民惑於此，而妄以徼福，則有如白氏之所譏者。或曰：然則其得取而脯之者何耶？曰：天下無不靈之龍，而未嘗不爲人所豢，故亦未嘗不爲人所醢，古有之矣。然因此而謂龍之非靈，則不可也。即以吾鄉天井之龍言之，有求於山者，或得蛇，或得蜥蜴，或得蛙，皆能有驗。顧前明太守林夢官祈得蛙，不雨，手刃之而雨，是殆即變置社稷之説，而究之得雨，則未可謂其于旱潦無豫也。

碧沚龍祠，即阿育王龍神之行館，浮屠以爲護塔之神，此妄言也。若其靈之著足以庇民，則見於舊碑多矣。顧予家在祠右，每入祠，見座中衣冠像設，殊爲不根。天下亦豈有龍而人者，乃與里社諸公議以木主代之，而爲之銘，其詞曰：

南湖白龍，輕去其〔校〕楊本作『吾』，注一作『其』。鄉兮。西湖靈蝘，來洋洋兮。寓公涖止，城中有光兮。育王、金沙，時攜將兮。五龍更番，降神幢兮。作雲施雨，嘉惠敢忘兮。伐鼓考鐘，十洲滄茫兮。南湖白龍，輕去其鄉兮。曷歸乎來，同翱翔兮。不見淵靈，香火未央兮。

宋蘭亭石柱銘

姚江黄子曰：『古蘭亭在崇山下，其去今亭二里而遥，皆爲農人墾之成田。顧流觴之跡，隱隱猶存。明萬曆中，徐貞明立石柱以表之。』余因黄子之言，歎曰：是亭之遷徙多矣！水經注之所志，初在湖口，繼移水中，已而移於天柱山上。山在湖南，百年之中，三易其地，而自劉宋以至趙宋，其興廢不知又幾度，顧不可考。若以天柱山之道按之，其去今亭三十里，而唐人蘭亭聯句詩，已明言非故址。然則是石柱者宋蘭亭，非古蘭亭也。

蓋自天水諸君嗜翰墨，始有天章寺以護此亭。開慶以後，吾家三世連戚畹，一慈憲夫人，一福王妃，終之以仁安皇后。而先太師徐公之薨，〔嚴注〕大節。賜葬於斯，故邀恩命，以天章寺旁地盡賜先少師，〔嚴注〕純夫。蓋嘗苞亭而有之。

至元甲午，東平王侯按越，以爲是乃永和修禊之地，而反闕然，欲於其地築祠以祀右軍。其時先少師託痟疾，杜門已久，王侯以書來，先少師命其子〔嚴注〕槐卿。即以亭址入官，乃置書院，設山長，以招諸生。河南狄甲繼俣至，其肖右軍之像適成於三月之元巳，遂修曲水故事，人探一韻，剡源戴氏爲作游蘭亭序者也〔二〕。其後，楚人湯垕爲山長，復修其祠，并爲疏山麓之淤水，重摹石本蘭亭於壁，而浚墨池焉，剡源爲作臨池亭記者也。蓋是時，亦皆誤以爲古蘭亭。嗣是以還，暨於明之嘉靖，且二百年，而宋蘭亭又被遷。其遷也，視昔爲近，而崇山之址，已莽爲蔓草之場，斜日荒烟，樵牧之徒，躑躅其間，僅此石柱兀然無恙，蓋陳迹之消沉者多矣。

抑聞宋之初亡也，戊寅六陵之難，遺民鬼戰，嗚咽流泉，護雙經於竺國，在斯寺也。其時先泉翁尚未還杭，其於唐、林諸公，固吟伴也，冬青之地主，〔校〕楊本有『實』字。即在吾家，而今總莫之能徵矣。泉翁乃少師之從弟。然則過斯柱也，不知者徒屏營太息，追溯右軍之高風而不去，而余則又加以先業之感懷焉，是不可以無述也。乃勒其祠於柱，更爲詩以系之，其詞曰：

永和暮春，山南九日；袚水潭潭，相與嗚咽；白日可爛，吾銘不滅。

〔二〕《楊注》癸辛雜識續集：『山陰之蘭亭，其扁乃靖康中箕山王俣書。壬辰歲，全楚卿舍天章寺旁菴田三十畝，爲蘭亭書院，其榜乃廉訪分司王俣書之。二百年間，同姓同名，可謂異矣。』據周密說，則捨田事在壬辰，非與甲午剡源之游同一年也。竹汀金石文跋尾續，蕭山重建大成殿記載至元廉訪副使王俣，官終大名路總管，謚憲肅。

寧波府儒學進士題名碑〔楊注〕己酉，年二十五。

寧波府學宮重修之歲，觀察使者西涼孫公諦考歷科進士，以備題名，蓋以昭甲科之盛事，將使觀光者鼓動其志氣也。

予既徧覽其間，作而言曰：夫近世取士之法，不逮於古，而士亦忘其所貴於己者，三復朱子建昌軍進士題名記，可爲太息者也。是以琴山傅氏嘗奉大對，葛郲公期以首選而不果。琴山曰：『場屋之得失，窮達不與焉；終身之窮達，賢否不與焉。』郲公歎爲名言。

吾鄉由南宋以暨於今，掄大魁者不一，流傳既久，即其子孫，或不知爲何等之人，若後輩則已有昧其姓氏者，彼其生前榮進之階，幾如飄風好鳥之過，雖欲藉此以望九品之下中，或不可得。而七百餘年以來，獨廣微先生〔嚴注〕袁甫字廣微，號蒙齋，謚正肅，正獻公燮子。長在人耳目，雖三家邨老學究，罔不斂容肅拜，以爲是淳熙正學之宗子，嘉定之人師也。蓋自有進士一科，其以理學大儒膺此選者，横浦、玉川〔校〕楊本作『山』。與廣微而三，屹然相望於三江千里之間，而吾鄉獲居其一，斯則枌榆之嘉話也。若夫省元則有習菴，〔嚴注〕陳塤。詞科則有厚齋，庶幾角立焉。

吾讀東發兩朝政要，有爲宋史之所未備者，言廣微最荷理宗之眷，而所值時相皆鄉人，前後無一語阿私者。其於史彌遠言其老當還政；於鄭清之言其履畝害民；於史嵩之言其不可爲相。嘗因邊遽，條指時務，無不切當。李宗勉薦其可以大用，理宗方欲相之，會以病終。習庵與廣微同朝，亦阨於史氏，厚齋則更非其時矣。然而〔校〕楊本作『其』。所造，不以窮達與〔嚴校〕作『異』。也，況彼科名何加焉。

廣微少沐過庭之教，辟咡劍負之時，已有會於本心之旨。乃其成進士也，慈湖尚以其年少，瞿然告以千里生民之業，是則父兄之教克先，必不至爲時風衆勢所局，有如朱子之云者，是又希風先正者所當留意者也。

總之，士不聞道，即不免爲浮名所動。故宋人津津及第之榮，以爲將兵十萬，克復幽、薊，凱歌勞還，獻捷太廟，無以相過。而同甫晚年，不惜枉道以求合，又惡知巍科大第，固自有以人重者乎？

觀察曰：『是言也，今世所希聞也。抑亦吾曹爲有司者所當共知，曷筆而記之，吾將勒諸石。』因次其語以呈之。

鮚埼亭集卷第二十五

〔楊注〕此卷行狀二首，曹公遺臣也，張公循吏也，故合爲一卷。

狀略一

工科給事中前翰林院編修濟寰曹公行狀

〔楊注〕丙辰，年三十三。

曾祖六龍，諸生，皇贈浙江遂安縣知縣。

祖垂雲，諸生，皇贈山東道監察御史。

父泰曾，康熙戊午舉人，福建莆田縣知縣，皇贈工科給事中。

本貫松江府上海縣人，青浦縣籍，年五十九。

公姓曹氏，諱一士，字諤廷，濟寰其別字也。系本宋樞相武惠王後，以明成化間，始遷上海。五世祖誠，有隱德，名在明史孝義傳。公年十五，補諸生。少留心於十四經、廿一史，連絲貫串，不徒以章句也；尤潛玩洛、閩諸書，旁搜曲證，以求會通。每作詩古文詞，温潤雅潔，見者無不心折。間以其暇，選坊社經藝，亦復風行天下。蓋公之湛深經術，綜覈儒先，其於制舉業，眇然餘技耳。而海内窮鄉下里，兔園學究，正以是靡不知有曹先生者。然而數奇不偶，拓落於諸生者幾四十年。三年大比，持節至江左主試者，莫不欲得公以爲重。庚子，今禮部尚書景州魏公主江南試，榜後於鹿鳴宴中，三歎以不得公爲歉。河道總督湘潭陳恪勤公〔嚴注〕鵬年。謂天門唐南軒曰：『曹君連蹇甚矣。』將資送之入太學。公以太宜人老，不欲行。會左副都御史侯官鄭公以督學至，用拔萃貢明經。

丙午，始舉順天秋試。明年，春試不第，新例取貢士，選〔校〕楊本作『拔』。注一作『選』。其尤者。授教職，而公得江南直隸〔嚴注〕二字誤。通州如皋縣學教諭。抵任，修明蘇湖故事，講求經術治道，作爲詩文，以旌節孝。未期年而上計，遂成進士。大學士海寧陳文簡公、〔嚴注〕元龍。禮部侍郎華亭王公交薦於朝，改翰林院庶吉士。公以文章掉鞅宇内已久，垂老釋褐，主試諸公皆自以爲龍湖之得震川。尋充順天壬子鄉試同考官，得士二十餘人。今禮部尚書溧陽任公〔嚴注〕蘭枝。爲主司，賞爲得人第一。癸丑散館，授編修，世宗召見，問公年。〔校〕楊本有『公』字。奏事畢，上諭稱『明白』者再。時大學士桐城張公宣上意，以山西太原府知府需人，將於翰林中補用，而公固辭，願留館閣。刑部侍郎奉天王公薦充一統志館纂修官；公撰廣東一省并湖南諸府州，發摘舊志之譌極多。甲寅，管内繙書房事。

乙卯，充文穎館纂修官；五月，改山東道監察御史。八月，今上嗣位，浹月之間，純王善政，不可指屈。

公既感世宗知遇，又值重華繼照之時，益思奮勵以報。而有詔羣臣輪班奏對，中外訢訢共望讜論。公首言：

督撫者守令之倡，顧其中皆有賢者，有能者。賢能兼者上也，賢而不足於能者次之，能有餘而賢不足者又其次也。督撫之爲賢爲能，視其所舉而瞭。如今督撫之保題守令，約有數端，曰年力富彊也，辨事勤慎也，不避嫌怨也。其實迹則大略曰：錢糧無欠也，開墾多方也，善捕盜賊也。果如其言，洵所謂能吏也，乃未幾而或以贓汙著，或以殘刻聞，舉所謂貪吏酷吏者，無一不出於能吏之中。

彼夫吏之賢者，悃愊無華而已，惻怛愛人而已，事上不爲詭隨而已，吏民同聲謂之不煩而已。度今世亦不少其人，而督撫薦剡曾未及此，得毋反視賢吏爲無能耶？抑亦以能吏即賢吏耶？臣恐所謂能者非真能也。以趨走便利而謂之能，則老成者爲遲鈍矣；以應對捷給而謂之能，則木訥者爲迂疏矣；以逞材喜事而謂之能，則鎮静者爲怠緩矣；以武健嚴酷，不恤人言而謂之能，則勞於撫字、拙於鍛鍊者，謂之沽名釣譽，才力不及，而摭拾細故以罷黜之矣。至于所取者潰敗決裂，則曰『臣不合誤舉於前，統聽部議』而已。夫有誤舉，必有誤劾；誤舉如此，則誤劾者何如？誤舉者猶可議其罪，誤劾者將何從問乎？

臣以爲今之督撫，明作有功之意多，而惇大成裕之道少，損下益上之事多，而損上益下之義少，此治體所關也。皇上於凡丈量開墾，割裂州縣，改調牧令，一切紛更煩擾之舉，皆行罷革，爲督撫者，度無不承流而宣化矣。所慮者，彼或執其成心，則且飾非以自護；或意爲迎合，復將姑息以偷安。臣敢請皇上特頒諭旨，剖析開導，俾於精明嚴肅之中，布優游寬大之政，使能者務勉於賢，而賢者益勵於能。如或諭之而不悟，即賜乾斷以罷斥之，將督撫無不洗心滌慮，而守令亦無壅於上聞之患，是知人之哲，即安民之惠也。

疏入，上即播告直省。

又請寬比附妖言之獄，兼挾仇誣告詩文，以息惡習。謂：

古者太史采詩，以觀民風，藉以知列邦政治之得失，俗尚之美惡，即虞書『在治忽，以出納五言』之意，使下情之上達也。降及〔校〕楊本作『自』。周季，子產猶不禁鄉校之議，惟是行僻而堅，言僞而辨，雖屬聞人，聖人亦必有兩觀之誅，誠惡其惑衆也。

往者造作語言，顯有背逆之迹，如罪人戴名世、汪景祺等，聖祖、世宗因其自蹈大逆而誅之，非得已也。若夫賦詩作文，語涉疑似，如陳鵬年任蘇州府知府，遊虎丘作詩，有密奏其大逆不道者。聖祖明示九卿，以爲古來誣陷善類，大率如此，如神之哲，洞察隱微，可爲萬世法則，比年以來，小人不識兩朝所以誅殛大憝之故，往往挾睚眦之怨，借影響之詞，攻訐詩書，指摘字句，有司見事風生，多方窮鞫，或致波累師生，株連親故，破家亡命，甚可憫也。臣愚〔校〕楊本下有『謂』字。以井田封建，不過迂儒之常談，不可以爲生今反古。述懷咏史，不過詞人之習態，不可以爲援古刺今。即有序跋，偶遺紀年，亦或草茅一時失檢，非必果懷悖逆，敢於明布篇章。使以〔校〕楊本作『其』。此類悉皆比附妖言，罪當不赦，將使天下告訐不休，士子以文爲戒，殊非國家義以正法，仁以包蒙之意。

伏讀皇上諭旨，凡奏疏中從前避忌之事，一概掃除，仰見聖明廓然大度，即古敷奏采風之盛。臣竊謂大廷之章奏尚捐忌諱，則在野之筆札焉用吹求。請敕下直省大吏，查從前有無此等獄案，現在不準援赦者，條例上請，以俟明旨欽定。嗣後凡有舉首文字者，苟無的確蹤跡，以所告本人之罪依律反坐，以爲挾仇誣告者戒，庶文字之累可蠲，告訐之風可息矣。

上亦如公所請。

自公對班，所上五摺，多見采録。舊例：十三道御史以次轉六科給事，較資俸深淺。公入臺甫六月，特轉工科給事中。公之陳封事，雖故交門舊莫得而探其緒，故其所言，非經皇上發總理諸臣共閲及部議者，皆弗知也。及劾奏原任河東督臣王士俊，既上，而外人有竊聞之者，莫測所自來，上聞不懌，以爲公自洩之，因敕部議處。部議左遷，上終眷公，從寬留任。公未嘗以此稍挫其敢言之氣，侃侃如初。尋又陳：

工料之價值有定，官吏之尅減無常。查雍正十年刊有内廷現行則例及物料價值一書，巨細畢載，成法井然。惟是各省興作，或隨地度材，或因時庀役，當俟各督撫題達到日，核議請旨，期於價平貨善，廩稱工良。聖朝寓明作於考工，小民即子來以食力也。乃其後，有以浮冒劾參者；有並無工料數目，籠統開載，致干部駁者；有駁詰之後始行册報，仍與部例不符，勒令追賠者；有隨參侵冒，隋罰重修者；有勢難重修，姑仍其舊，稍爲彌縫賠補者。凡此皆冒帑誤工，累民病役之大略也。夫事後之糾參不少，則事前之防範宜周。

臣竊慮不符部例而冒銷者易知，名符部例而冒銷者難測也。各省於未興工前，確估報部；已竣工後，委員勘實；此常例也。然九卿所定之例，各工所估之數，直省之官吏皆得與知之，而列肆之商賈，力作之匠徒則不知也。夫既不知工料應得之數，則物值之高者貶之就下，工賈之多者抑之就寡，曰國家之定例如是，而節省之名歸於公，侵漁之利入於私矣。至如州縣偶有濬築，必按圖甲起夫，票促籤拘，始行就役。使其果符部例，窮民儘堪糊口，何不踴躍赴工，致煩迫促？則皆官吏隱祕成數，以遑其伸縮出没之奸所致也。

臣以爲物當其值，役償其勞，國家率作省成之事功，豈可爲臣下出少入多之囊槖。工程先經核減，成數復不全給，若無扣尅，何處冒銷？未可徒以事後一參，姑塞其責也。伏乞敕下直省督撫：凡一切營造開濬，所須物料，工匠遵照部例估有成數，一面題達，一面即飭該府州縣刊刻榜文，懸示工作地方，俾公平正大之價，〔校〕楊本下有『直』字。衆目共睹，衆耳共聞，少有伸縮出没，人人得以指證。雖有不肖官吏，包攬匠頭驅之，明目張膽之徒，各懷口衆我寡之懼，安有籠統開報于事前，侵冒追賠於事後之患哉？

又陳各州縣官讞獄，胥吏上下其手，改竄獄詞之弊。皆得旨交部。

蓋公當言官不過一期，而所建白，皆有益于世道民生，朝野傳誦，想望風采，以爲行將〔校〕楊本注一作『當』。大用。乃忽於七月中得哽噎症，自八月至十月，時發時愈，又踰月而篤，遂以二十一日卒，距生康熙戊午十月十六日，得年五十九歲。

初娶宜人張氏，泰安州知州錫懌孫女；繼娶陸氏，廣東潮惠道振芬〔校〕楊本作芳。孫女：俱無子。繼娶劉氏，生子錫端，爲伯兄後。副室朱氏，生子錫圖。女三，長適葉承，雍正丁未進士，池州府貴池縣教諭；次適陸秉笏，諸生；其一尚幼。

公於同輩中爲晚達，顧其立朝大節，烺烺可按，雖不竟其施以没，而其所樹立，已不愧於古人。仲兄老而得舉于鄉，公計其來，親至蘆溝橋迎之，夜宿坊舍〔校〕楊本有『之』字。間，同衾〔校〕楊本上有『絮』字。語昕夕，時其飲食，而親奉之。其歸也，涕泗而别。踰年仲兄卒，縞素茹蔬者浹月。生平聞人之善，不啻口出，尤愛獎引士類，嘘咈無所不至，其所成就極多，然不肯苟徇人之求。壬子闈中，累爲同考諸君言，大江南北，篤志窮經之士若而人，洽聞之士若而人，雄文之士若而人，幸各留意，聞者〔擬〕〔疑〕從嚴校改。爲通榜之習氣也。乃有同里姚生者，少出門下，公所飲食教誨以底於成者也，暨榜發，姚不豫，人以是服公之無私。每語及國事，尤惓惓不能自已。吏部侍郎鄞江邵公出撫江蘇，公已病，尚手草數十紙，皆地方利害之大者，在牀蓐間强起，書之以貽焉。

公雖官於京七年，而負郭之田，猶止微時故業。家屬在南，將〔校〕楊本作『時』。遣人往迎，未及而病作，〔嚴注〕案近出笠夫雜録：『上海曹黄門密參河東總督王士俊，議大辟，本未下，外已喧傳。上怒洩漏，立命侍衛挾入訊問。中心戰兢，又微傷脅，致成隔症。臣不密則失身，此之謂歟。參本簡辣，字挾風霜，比集中疏稿，更進一層。全庶常行狀載之，而全集遺之。』據此則黄門之卒以膈症，且當時行狀載其原摺，而此文删去不載，殆以摺未發鈔，私集不敢入耶？無一語及家事。藐孤軟弱，甫逮十齡，奔赴爲難，摒擋殘篋，僅得圖書數梱，櫜俸之餘，未足具喪事。生平述作，多未成編，于散稿中一一收拾，將與門下同歲諸生，徐爲纂輯以行世。〔勞注〕盧云，曹公有四焉齋集行世。而先撮其生平言行，大略述之，以爲異日國史家乘底本焉。謹狀。

通判知山東堂邑縣事張府君行狀 〔楊注〕庚午，年四十六。

曾大父大治，諸生，皇貤贈文林郎。大父萬機，國子生，皇贈文林郎。父之紀，河南孟縣知縣。

本貫浙江寧波府鄞縣張華山人，享年七十有二。

君諱興宗，字肯堂，先世出自宋景炎太傅越公世傑之後。越公自臨安抗議背城一戰不得，以所部東渡，駐慶元定海之巾子山爲觀察計。元使降將卞彪説之，越公執〔校〕楊本作『叱』。而磔之山下。會陳丞相等起奉端宗，越公遂航海赴之，展轉閩、粵，竟殉崖門。而慶元遺民爲公立祠巾子山上。公長子出百死亡命，以慶元遺民多念公者，遂來隱居鄞之張華山，聚族四百年，潛德不曜。自君之大父以才諝遨遊湖海，國初勳鎮大臣多延之幕府，蓋嘗僑居山東暨松江者久之，而歸寧，至孟縣君始通籍，以循吏稱。

君爲孟縣長子，以高才列國胄。當是時，張氏家門正盛，甲第田園殷然，而孟縣醇〔校〕楊本作『純』。心篤行，貴不驕，富不侈，力敦孝友，勤施族黨，遠追古人義田之風，設爲家塾以課族中子弟，諸一切事宜，皆以君督之。君能仰體厥考心，以先諸弟，滌除世俗膏粱裘馬之習。吾鄉士論翕然，以爲漢萬石君不言而躬行，則孟縣似之；而克肖其家風，則君殆郎中令之流也。君既身綜家政，無毫髮私於己，諸弟亦化其誠，推梨讓棗，雍雍怡怡。顧君坦懷待人，不逆不億，遂以是爲人所負，來連往蹇，驟耗失至三千金，而門户益大，洊遭死喪，支吾益困，以是家漸落。

計君資格，亦應蚤得官，而中遭沈滯，又罹太君之變，至雍正己酉始得入都就選人籍，則君已蕭然成窶人矣。次年天子召見殿中，以爲能，遂發東省試用。今都御史唐君峩村，時方任東臬，一見識之，命以查賑。而同賑諸君，大率欲節省賑穀者多，體恤饑民者少，東臬親出驗視，又爲求賑饑民所聒擾，頗激怒。君宛轉調停，核其果有浮冒者汰之，餘皆疏通其户口而增給之。東臬大喜，以爲能善會其意，且補其過也。役竟，言之署撫王、劉二侍郎，試知堂邑。君之涖事也，首入獄，見其中別有屋數間，詢曰：『是何人所居？』吏曰：『前令沈君去官，監追虧累所建也。』君瞿然曰：『戒之哉。』

乃君之作令，則實有過人者：〔嚴評〕最好用此句法，俗甚可厭。如此處本可直接，毋庸轉筆。嚴又乙去『則』字，改作『乃君之作令，不止清慎，其明敏實有過人者。』其初受任也，見所徵錢糧，皆憑户房吏所造赤歷流水簿，而幕友不過核其大概，苟求無錯而已，未嘗一一查對也。凡一切摘挐大户，勾消流水，皆出吏手，因得以舞弊，絲毫稍增而爲釐，釐稍增而爲分，漸積而多，吏因得將己户漏輸，或私收大户所納肥己，而以民間之羨抵之。若大有餘，則不肖之官、不肖之幕友分啗之，是固天下之通弊也。君別令幕友之精於會計者，將赤歷逐户查對核實，勾消摘挐，皆自内出，而所司之吏不得豫，吏稍稍懼。然歲終猶餘二百七十餘金，吏亦故欲以試君也。君念所餘無從給還，仍將所拘之逃户，與有糧無地之賠户，得其最甚者，免徵二百七十餘金，貧民受恩不知所自，而所司之吏亦内媿，不敢有怨。次年，乃令赤歷以毫爲止，差累無得增一毫者，然歲終猶餘百五十餘金。吏以舊年之均抵及貧民也，故令其所親，或延挨不完，以圖被澤。君必欲絶之，乃於次年赤歷以忽爲止，吏稍稍窮，歲終不過十餘金，君令存之庫，以備公用，而嗣後浮徵漸絶。君因歎司牧徵輸之難。不肖者與吏共爲奸，〔校〕楊本作『姦』。不習爲吏者聽其出納。使大吏於每州縣提取赤歷稽之，人人皆可誅也。君因念前此查賑之役，皆由保甲之法未善，若保甲果精，豈有貪狡混列，老弱漏遺之患。乃實心行之，周詳審悉，別見君所著清釐堂邑户口記，其法最備，可舉而行之天下。而其後疊有水旱被賑，惟堂邑最易理，盜賊亦爲衰止，則明效之著者也。竟内自正供外，尚有餘稅，其上〔校〕楊本作『致』。之布政〔校〕楊本下有『司』字。者十三，而司牧〔校〕楊本下有『者』字。多自潤焉。君隨所得繳之，罔賸遺者。

初，君里居，嘗歎近來司牧聽訟之失，不論大小事宜，動經數月，甚至沈閣數年不結。鈔詞有費，出票有費，拘犯有費，挂牌聽質有費，聽質上堂又有費，蓋自六房兩班差役，以暨行杖之徒，無不有費。而尤可訝者，有所謂賞紙之例，一票出，則差役爭營求得之。夫以賞差爲名，是導之需索也，尚有人心者乎？所以一訟結，能蕩中人之產。及君之任，其準理呈詞，定在三日内出票，而鈔詞、出票、拘犯之費免。簽牌時，量其路之遠近，親筆限某日帶訊，違者責，而挂牌之費免。屆期不論早晚，即爲訊問消案；或有須覆訊者，多即在次日，或甚冗，則面諭以日期而遣之，而遷延、守候、偵探、指撞之費免。差役畏君之嚴，營求屏絶，需索亦衰止。然君則曰：『此輩如鬼如蜮，謂竟能使之一切風清，吾未敢信其然也。盡吾之心，行吾之法，庶幾不至決波倒瀾乎？』聞者以爲至言。堂邑人命之獄頗多，君于相驗尤謹，所全活申雪甚多，事繁不能悉記。

乾隆二年，東州復歉于收，大府援以工代賑之例，題開武城、臨清、夏津一帶運河。君方署臨清牧，所轄役夫二千三百餘人，共計估土方三萬三千七百有奇，日則步行河干，刻無停晷，〔校〕楊本作『寧』。夜則握算計工。乃所發帑銀，在君竟内勵得二千七百兩，不足以給民之食，而督促甚急。君大憂之，歎曰：『以工代賑，周官之美政也，而行之今日，大有累民之處，無由上達。大工既興，人衆，米賈〔校〕楊本作『直』。益昂，老幼之不能赴工者，先受其累。將謂壯者之赴工，可以養及其家乎？則工值幾何。且如築城築隄，可但以土方計工，今開河，必兼水工。如此次河身需開二丈四尺，初開在平地，一人一日可得土一方，受值裕如。及至七尺有餘，高下懸絶，二人竟日僅得土一方，則所受之值不敷。至一丈五尺以上，三人竟日僅得土一方，而水已横溢四出，又别需人運水，其運須樁，須壩，須水車，然後得運土。而運土者，往返八十餘步，人益勞。既深二丈，則三人竟日尚不〔校〕楊本下有『能』字。得土一方，而所受之值不增，何以救飢？遂日夕逃亡，勢莫能禁。大吏始事所計，但及土方之工，既束於成數，欲稍爲變通，則土未及半，帑銀已竭，必至誤工。司牧者之資力又甚無幾，即捐以急公，終不足，雖以身殉之，亦又何益。不得已，自身先捐資，以及富民之稍有餘粟者，苦口曲意，〔校〕楊本作『諭』。令之助工給食，勵而克集。向使初估之時，豫分計水工、土工、人工，則官民不累，而工易成；而又需别謀所以賑其老幼之法，則事無阻。然大吏必不肯委曲及此，以滋重費。故爲民者，往往反以累民。』此惟君身歷而知之，而予備詳之而不厭者，以爲足令天下後世之臨事者，鑒于此而動其心也。然是役竟，而君遂以是積勞成疾，右足爲汙潦所傷，屈申不得自如。

初君之試事，期年而真授，既考以最，制府平越王侍郎將薦之，會去任不果。北平黄藩司又欲薦之，不果，乃歷攝臨清、高唐、館陶，皆有聲。其在館陶，東臯白映棠方以武酷臨下，有屬吏曲意承之，卒遭謾罵，勒令去官者。一日以事屬君，於曲直大鑿枘，君獨抗之，怒甚，然卒以君理直，不能有加。富人以八百金爲莫夜壽，拒之，未嘗以告人也，而富人以語其所親，於是始盛傳之。其餘善政之及民者，不能條舉而件繫，然觀於其大者，亦可以見君十有二年居官之略矣。

君既以足疾欲乞休，而同城寮屬有惡其持正者，請託多所不遂，乃搆之大吏，遂以去官。堂邑之民讙然，攀轅塞路，不可遏抑。天子亦念君勞，再召見，謂尚可用，將令之直隸，而君奏對畢，疾動，蒲伏不能起，乃賜歸，其命也夫。然君自少年承先人之餘，履豐席厚，中年喪其資斧殆盡；老得一官，堅持古人之節，釜魚甑塵，解組南下，家無長物，僵卧一室，有爲寒素之士所不堪者。雖枯菀之遇，亦關於命，而君之不媿於古者，正在是矣。

君生平無事不歸於忠厚。前堂邑令朱君卒於官所，欠官帑二千金，君爲委曲設法抵之，僅及千金，太守以屬君，然更無可謀，乃以其養廉償之，又以二百金贐其眷屬而歸。里中管生孑然一身，爲之納篷，今遂有後。生平所遇非意之事，横逆旁午，每委曲謝之。尤惓惓欲廓大先人之義田而不克，晚年困甚，然猶時時不能忘情。其操履醇篤，從無大過，間有一二薄物細故，自以爲未當者，垂老猶向子弟言，以爲悔，欲使子弟戒之，蓋亦近於慈湖内訟之學者與。

君生於康熙己未三月二日，卒於乾隆庚午正月五日，身後幾無以爲殮。娶胡氏，杭州府臨安縣訓導德裕女；再娶陳氏，大理寺少卿紫芝女；三娶項氏，戊子舉人垍女；四娶邱氏，諸生正恂女。男子五：長嗣鏡，國子生，先卒；次嗣鐸，國子生；次嗣錫、嗣銓。女子四。孫男三，孫女四。諸子將以卒哭後，合葬君於先孺人之兆，而乞予爲之狀。

予自庚戌與君解后京邸，其後音問雖不甚接，而從東方士大夫聞君政聲甚善，嘗致書欲捐君清俸，以修太傅越公巾子山之祠。君復書甚喜，願乞稍待其力，而竟弗能副也。及其歸，君已足疾杜門，予亦終歲奔走，不得時見，然能知君居家居官之心迹，足以有所暴白於世，而惜其命之困，卒無有能援而振之者，以至於阨窮，齎志而歿。而猶欲以文字之力，稍爲君申沈屈於身後者，莫予若也。是爲狀。

鮚埼亭集卷第二十六

〔楊注〕此卷事略五，逸事狀一，軼事略一，計七首。于公、林公，遺臣也；傅、陸、邵三先生，遺民也；姚先生，潛齋弟子也。故合爲一卷。熊襄敏軼事殿于卷末。

狀略二

明浙撫右僉都御史前分巡寧紹台道金壇于公事略

〔楊注〕己巳，年四十五。

于公諱潁，字潁長，一字九瀛，南直隸金壇縣人。崇禎辛未進士，累官尚書〔嚴注〕不必倣古。工部員外郎，知直隸順德府，再知陝之西安府，以事罷官，尋復起爲尚書工部〔校〕楊本下有『員外』二字。郎，知紹興府。

越人最重在水利，前此以賢太守著者：東莞彭公誼、浮梁戴公琥、富順湯公紹恩。至湯公築三江應宿閘以洩水，而越之水乃大治。然三江閘在下流，能洩水，不能引水；能禦潦，無以處旱。崇禎之末適苦旱，左都御史劉公宗周家居，謂惟通麻谿壩，更於壩之上流通茅山閘，則可以引潮，抽鹹蓄淡，而歲雖旱不爲災，及其潦也則閉之，是皆本浮梁戴公成規也。諸紳余公煌、姜公一洪以爲良策，而蕭山愚民挾形家之言，阻之萬方，極口詈劉公。時持節分巡浙東者爲余公鵾翔，以諮公，公曰：『總憲之言是也，下官當力任之。』乃捕蕭山之梗令者，杖而梏之，事得集。既集，連年雖大旱不爲災，民乃翕然更誦公。

公雖爲太守，然每事必諮於劉公，若弟子者。乙酉，遷分巡寧紹台道，馬士英以太后至浙江，劉公泣謂公曰：『事乃至此，若非斬士英，無以收既潰之人心。』公於是再疏請誅士英，不報。劉公又曰：『明府竟申大義於天下可矣。』公自以外臣，未可擅殺宰相，不果行。乃與劉公東歸，謀結姚之熊公汝霖共起兵，而王師已入杭，劉公絶粒，公亦入雲門山中觀變。

通守張愫以城迎降，貝勒即令之知紹興府。會義興伯以蒼頭軍起，斬張愫，遣民〔校〕楊本作『兵』。迎公。公馳至，望城哭，城中〔校〕楊本有『之』字。人曰：『于公來，吾事濟矣。』初，公密使前指揮朱壽宜、朱兆憲等募兵，是日各帥至，而前副將劉穆募兵五百至，前參將郭惟翰、都司金裕募兵五百至，前守備許耀祖以官兵五百至，前指揮武經國〔校〕楊本『武』作『錢』。募兵六百至，前太僕來方煒、前職方來集之亦各以兵至，公乃以小舟挾短童而西。蕭之新令陳瀛出謁，公執之。貝勒之使以榜至，公又執之，焚其榜，鳴鼓會衆，誓於都亭，閏六月十三日也。公遂以五百人夜赴固陵，前所遣諸生莊則敬等以江船百餘艘至，王師在西岸，未之知也。公兵無甲，乃借絮衣於固陵之民各一，沖潮徑渡，蕭人沈振東爲之導，盡驅西岸之船而東，至中流，王師始知之，則無所得船。公軍上東岸大噪，遂畫江而守，一軍扼潭頭，一軍扼橋司，一軍扼海門，一軍扼七條沙。於是王師拽内河舟百餘於江，又札木排填土，擬東渡，公復遣死士陳勝等沈其舟。會風作，木排飄向東岸，各營勾致以爲用，時以爲神助。公謂諸將曰：『杭已有重兵，攻之不易，莫若於下流由橋司入海寧，出海鹽以通震澤；上流由潭頭入富陽，通餘杭，以扼獨松關。昨聞海寧兵已起，而富陽尚爲□〔校〕楊本作『北』。將郎斗金所據，不可坐視。』乃遣劉穆夜襲之，遂通餘杭之道，故餘杭令邱若濬，與瓶窯前副將姚志卓來會。劉穆駐師清風亭以爲援。王師突至，復入富陽，義士劉肇勷等死之，王宗茂、阮維新等力戰，公自漁浦渡江救之，富陽復定。于是方國安得駐七條沙。江干立國，王師所以不能遽渡者，以公之取富陽也。或以爲張公國維之功者，非。

監國至越，晉公按察使，行巡撫事，已而晉公右僉都御史督師。公自爲一營守漁浦。時正兵爲方、王二家，義兵爲孫、熊、章、鄭、錢、沈六家，杭人陳公潛夫等以客兵，別爲數家，而公參處其間。然内外交訌，争兵争餉，公以守土臣悉力支拄，則視諸公爲最苦。王之仁尤惡公。〔校〕楊本作『之』。注一作『公』。一日會於潭頭，語次，之仁拔劍擬公，馬士英以身蔽公，得免。已而聞王師且自海道至，乃移公守三江口。公先已〔校〕楊本作『以』。三疏辭官，不許，至是連章陳危急。而方兵走，列戍潰，公扈從不及，由海道還京口，黄冠杜門不出，乃公保身之哲，又自有不可及者。己亥，海師入江，京口失守，薦紳以及諸生雲集其營，公獨以事未可知，避之山中。及師退，京口士大夫之禍最烈，而公高卧竟〔校〕楊本「竟」字在「公」字下。無恙。

公之去越已踰百年，志乘以嫌諱不爲公傳；吾鄉林都御史時對嘗傳公，今亦不可得見，其能言公之事者鮮矣。蕭山愚民遂閉麻谿、茅山二水口，不復爲通，諸遺民如陳先猷輩力争之不能得，可歎也。予掌教蕺山，嘗欲即精舍中爲公謀一席之祀，以辭歸不果。爰采摭諸野史以爲事略一篇，上以著公之大節，下以志越中水利所關，後世之稽古者，定有覽於斯文。

明太常寺卿晉秩右副都御史繭菴林公逸事狀

柳先生作段太尉逸事狀，蓋以補其前狀所不備也。若陳了齋作豐尚書狀，但敘歷官，而不及一事，又別成一格。前太常繭菴林公之卒，其狀蓋用了齋之例。訖今人代漸遠，有不斸如太尉之脱落者。予惟公之名德，新舊兩朝所並重，故〔校〕楊本作「乃」。爲之捃摭剩餘，粗備首尾，蓋不得不以逸名。嗚呼！桑海諸公，其以用世之才，而槁項黄馘，齎志以死，庸耳淺目，誰爲收拾，其逸多矣。

公諱時對，字殿颺，學者稱爲繭菴先生，浙之寧波府鄞縣人，宋名臣特進保之後。曾祖某，祖某，父某。公以崇禎己卯、庚辰連薦成進士，時年十八，授行人司行人。踰年，以使淮藩出。又踰年而居制。

又踰二年而北都亡，赧王起南中，以吏科都給事中召。又踰年，南都亡，踉蹌歸里，從戎江干，累遷太常寺卿，晉都察院右副都御史。踰年，事去，杜門不出，又〔校〕楊本下有『六』字。十有八年而終。

公之少也，伯兄荔堂先生〔嚴注〕時躍。喜言名節，公與上下其議論，荔堂引爲畏友。執經倪文正公門，既釋褐，施忠介公、徐忠襄公皆重之，多所指授。常熟〔□〕〔錢〕侍郎〔□□〕〔謙益〕從楊本補。聞公名，招致之，公不往。于同官最與劉公中藻、陸公培、沈公宸荃相暱。或問之曰：『冷官索莫，何以自遣？』公曰：『苟不愛〔校〕楊本作受。錢，原無熱地。』時人歎爲名言。其居制歸里也，陳恭愍公、錢忠介公〔嚴注〕良謨、肅樂。一見亦契之。

及在科中，時局正恣其昏狂，公以輪〔校〕楊本作『論』。對上三摺，言：『史督相可法之軍江北，所以藩衛江南者也，不當使之掣肘；至於進戰退守，當假以便宜。』『左都御史劉宗周四朝老臣，天下山斗，當置左右。』『翰林檢討方以智忠孝世家，間關南來，不當誣以傳聞之說。』並留中不下。當是時臺省混沓，邪黨過半，獨掌科熊公汝霖，掌道章公正宸，清望謇謇，顧皆引公爲助。阮大鋮深惡之，乃嗾方國安以東林遺孽糾之，遂與同里沈公履祥偕去。

『截江』之役，孫公嘉績故公庚辰房師，挽以共事。熊公、章公、錢公、沈公，交章上薦，起佐孫公幕務，每有封事，多遭阻格。中樞余公煌歎息語公，以不能力持爲媿。前御史姜公埰兄弟避地〔校〕楊本作『兵』。天台，公以人望請召之，御史不至，其弟赴軍。公力主渡江，熊公之下海寧，公實贊之。蓋自喪亂以來，公之所見，其可紀者衹此而已。

諸方既定，亳社終墟，而公年尚未〔校〕楊本下有『滿』字。四十，一腔熱血，旁魄無寄，轉徙山海。及歸，家門破碎，乃博訪國難事，上自巨公元夫，下至老兵退卒，隨所聞見，折衷而論定之，斜日荒江，以此自消其磊塊。已而徵車四出，公名亦豫其中，以病力辭。有同年來訪出處者，公答之曰：『此事寧容商諸人耶？吾志自定，爲君謀寧有殊。』同年媿公之言而止。公論〔校〕楊本作『偶』。人物，不少假借。同里錢光繡嘗講學石齋黃公之門，其於翰林張溥、儀部周鑣皆嘗師之，而學詩於〔□□〕〔謙益〕。從楊本補。公曰：『婁東朝華耳，金沙羊質而虎皮者也，皆不足師；〔□□〕〔謙益〕從楊本補。晚節如此，又豈可師？子師石齋先生，而更名他師乎？』光繡謝之。未幾咸淳諸老，凋落殆盡，而公獨年踰大耋，幅巾深衣，躑躅行吟，莫可與語。于是悒悒彌甚，乃令小胥舁籃輿遍行坊市，遇有場演劇，輒駐輿視之。凡公之至，五尺童子俱爲讓道。一日，至湖上聖功寺巷中，公眼已花，不辨場上所演何曲，但見有冕旒而前者，或曰：『此流賊破京師也。』公即狂號，自籃輿撞身下，踣地暈絶，流血滿面，伶人亦共流涕。觀者迸散，是日爲之罷劇。嗣是，公不復出，搇關咄咄而已。

及卒，遺命柳棺布衣，不許以狀請志墓之文，故皆闕焉。先公嘗曰：『吾年十五，隨汝祖往拜公牀下，自是嘗摳衣請益，間問漳海黃公遺事。公所舉自東厓所作行狀外，別傳、哀誄、輓詩、祭文及雜録諸遺事，幾百餘家，其餘所聞最少者，亦不下數十家，恨不能强記。又語予：野史之難信者有二：彭仲謀

〔嚴注〕孫貽。流寇志謁錯，十五出於傳聞，是君子之過；鄒流漪〔嚴注〕漪。則有心淆亂黑白，是小人之過。其餘可以類推。』先公問曰：『然則公何不著爲一家，以存信史。』公笑不答，蓋是時公方有所著，而諱之。然自公殁後，所謂繭菴逸史者，闕不完，其詩史共四卷，今歸於予。

娶某氏，子四，葬於天井山之陽。謹狀。

陽曲傅先生事略

朱衣道人者，陽曲傅山先生也。初字青竹，尋改字青主，或別署曰公之它，亦曰石道人，又字嗇廬。家世以學行師表晉中。先生六歲啖黄精，不樂穀食，强之乃復飯。少讀書，上口數過即成誦。顧任俠，見天下且喪亂，諸號爲薦紳先生者，多腐惡不足道，憤之，乃堅苦持氣節，不肯少〔校〕楊本作『稍』。與時媕婀。提學袁公繼咸爲巡按張孫振所誣，孫振故奄黨也，先生約其同學曹公良直等詣匭使三上書訟之，不得達，乃伏闕陳情。時撫軍吴公甡亦直袁，竟得雪，而先生以是名聞天下。馬文忠公世奇爲作傳，以爲裴瑜、魏劭復出。已而曹公任在兵科，貽之書曰：『諫官當言天下第一等事，以不負故人之期。』曹公瞿然，即疏劾首輔宜興及駱錦衣養性，直聲大震。

先生少長晉中，得其山川雄深之氣，思以濟世自見，而不屑爲空言。于是蔡忠襄公撫晉時，寇已亟，講學於三立書院，亦及軍政、軍器之屬，先生往聽之，曰：『迂哉，蔡公之言，非可以起而行者也。』

甲申，夢天帝賜之黄冠，乃衣朱衣，居土穴，以養母。次年，袁公自九江羈於燕邸，以難中詩貽先生曰：『晉士惟門下知我最深，蓋棺不遠，斷不敢負知己，使異日羞稱友生也。』先生得書，慟哭曰：『公乎！吾亦安敢負公哉！』

甲午，以連染遭刑戮，抗詞不屈，絕粒九日幾死。門人有以奇計救之者，得免。然先生深自咤恨，以爲不如速死之爲愈，而其仰視天，俛畫地者，並【校】楊本作『蓋』。未嘗一日止。凡如是者二十年，天下大定。自是，始以黄冠自放，稍稍出土穴與客接，然間有問學者，則告之曰：『老夫學莊、列者也，於此間諸仁義事，實羞道之，即强言之亦不工。』又雅不喜歐公以後之文，曰：『是所謂江南之文也。』平定張際【校】楊本作濟。者，亦遺民也，以不謹得疾死。先生撫其尸哭之曰：『今世之醇酒婦人以求必死者，有幾人哉？嗚呼張生，是與沙場之痛等也。』又自歎曰：『彎强躍駿之骨，而以佔畢朽之，是則埋吾血千年而碧不可滅者矣。』或强以宋諸儒之學問，則曰：『必不得已，吾取同甫。』

先生工書，自大小篆隸以下無不精，兼工畫，嘗自論其書曰：『弱冠學晉、唐人楷法，皆不能肖，及得松雪香山墨蹟，愛其員轉流麗，稍臨之，則遂亂真矣。已而乃媿之曰，是如學正人君子者，每覺其觚稜難近，降與匪人遊，不覺其日親者。松雪曷嘗不學右軍，而結果淺俗，至類駒王之無骨，心術壞而手隨之也。』於是復學顔太師，因語人學書之法：『寧拙毋巧，寧醜毋媚，寧支離毋輕滑，寧真率毋安排。』

君子以爲先生非止言書〔校〕楊本下有『者』字。也。先生既絶世事，而家傳故有禁方，乃資以自活。

其子曰眉，字壽髦，能養志，每日樵於山中，置書擔上，休擔則取書讀之。中州有吏部郎者，故名士，訪先生既見，問曰：『郎君安往？』先生答曰：『少需之，且至矣。』俄而有負薪而歸者，先生呼曰：『孺子來前肅客。』吏部頗驚。抵暮，先生令伴客寢，則與敘中州之文獻，滔滔不置，吏部或不能盡答也。詰朝，謝先生曰：『吾甚慙於郎君。』先生故喜苦酒，自稱老蘗禪，眉乃自稱曰小蘗禪。或出遊，眉與子共輓車。暮宿逆旅，仍篝燈課讀經史騷選諸書，詰旦必成誦始行，否則予杖。故先生之家學，大河以北莫能窺其藩者。嘗批歐公集古録曰：『吾今乃知此老真不讀書也。』

戊午，天子有大科之命，給事中李宗孔、劉沛先以先生薦，時先生年七十有四，而眉以病先卒，〔楊注〕據此，先生徵至京師時，眉已卒，嵇傳云『眉侍』，誤也。固辭，有司不可。先生稱疾，有司乃令役夫舁其牀以行，二孫侍。既至京師三十里，以死拒，不入城。於是益都馮公首過之，公卿畢至，先生卧牀不具迎送禮。蔚州魏公乃以其老病上聞，詔免試，許放還山。時徵士中報罷而年老者，恩賜以官。益都密請〔校〕楊本作『奏』。以先生與杜徵君紫峰雖皆未豫試，然人望也，於是亦特加中書舍人以寵之。益都乃詣先生曰：『恩命出自格外，雖病，其爲我强入一謝。』先生不可。益都令其賓客百輩説之，遂稱疾篤，乃使人舁以入，望見午門，淚涔涔下。益都强掖之使謝，則仆於地。蔚州進曰：『止，止，是即謝矣。』次日遽歸，大學士以下皆出城送之。先生歎曰：『自今以還，其脱然無累哉？』既而又曰：『使後世或妄以劉因輩賢我，且死不瞑目矣。』聞者咋舌。及卒，以朱衣黃冠殮。著述之僅傳〔校〕楊本作『存』，注一作『傳』。者曰霜紅龕集十二卷，眉之詩亦附焉。眉詩名我詩集，同邑人張君刻之宜興。〔校〕以上『眉詩』至『宜興』十五字，楊本作『然先生父子之書，終未見于世，是則可惜也』。

先生嘗走平定山中爲人視疾，失足墮崩崖，僕夫驚哭曰：『死矣！』先生旁皇四顧，見有風峪甚深，中通天光，一百二十六石柱林立，則高齊所書佛經也，〔楊注〕竹垞風峪石刻佛經記云：『太原縣之西五里有山曰風峪，風穴存焉。愚者建石佛于内，環列所刻佛經，凡石柱一百二十有六。』又送周參軍在浚之官太原詩，自注云：『北齊天保時刻記。』又云：『北朝之君臣崇奉釋氏，故石刻經象在處多有。予友太原傅山行平定山中，誤墜崖谷，見洞口石經林，刻與風峪等，皆北齊天保間字。』據此傅、朱二先生所見，皆北齊天保時刻則同，而一在風峪，一在平定則異。謝山混平定、風峪而一之，誤矣。摩挲視之，終日而出，欣然忘食，蓋其嗜奇如此。惟顧亭林之稱先生曰『蕭然物外，自得天機』，予則以爲是特先生晚年之蹤跡，而尚非其真性所在。卓爾堪曰：『青主蓋時時懷翟義之志者。』可謂知先生者矣。〔一〕

〔一〕〔楊注〕錫山嵇文敏撰徵君傳，文筆稺弱不足存，然亦可補事略所未備者，其云：祖霖，官山東遼海參議。父之謨，明經，教授，號離垢先生。徵君幼讀書，十行俱下。年十四，督學文太青拔入學。繼文者袁臨侯也。年二十七，喪偶，子眉甫五齡，旁無妾媵，不復娶。康熙己未，自京師歸。又六年，卒，遠近會葬者數千人。著有性史、十三經字區、周易偶釋、周禮音辨條、春秋人名韻、地名韻、兩漢人名韻。

吾友周君景柱守太原，以先生之行述請，乃作事略一篇致之，使上之史館。予固知先生之不以静修自屈者，其文當不爲先生之所唾，但所媿者，未免爲『江南之文』爾。

陸麗京先生事略

講山先生陸圻，字麗京，杭之錢塘人也，知吉水縣運昌子。兄弟五人，而先生爲長，與其弟大行培，並有盛名。吉水嘗曰：『圻温良，培剛毅，他日當各有所立。』大行舉庚辰進士。當是時，先生兄弟與其友爲登樓社，世稱爲『西陵體』。性喜成就人，門人後輩，下至僕隸，苟具一善，稱之不容口。平生未嘗言人過，有語及者，輒曰：『我與汝姑自盡，毋妄議他人爲。』

乙酉之難，大行里居，自經死。先生匿海濱，尋至越中，復至福州，薙髮爲僧。母作書趣之歸。時先生尚崎嶇兵甲之間，思得一當，事去乃返。雅善醫，遂藉以養親，所驗甚多。有人病亟，夢神告之曰：『汝病在腸胃，得九十六兩泥，可生也。』旦以告其友，友默然良久曰：『嗟乎，此陸圻先生也。圻字分之，爲斤，爲土。其姓爲六。合之，乃九十六兩土也。』即迎先生至，下藥立已。由是吴、越之間，争求講山先生治疾，户外屨無算。

會莊〔廷〕鑨〔校〕『廷』字從楊本補。史事發，刑部當大逆，詞連先生與查繼佐、范驤，三人於史固無豫，莊氏以其名高，故列之卷首，械繫按察司獄。久之事白，詔釋之，既得出，歎曰：『余自分定死，幸而得保首領，宗族俱全，奈何不以餘生學道耶？』貽書友人，封還月旦，不知所之。或言其在黃山，子寅聞之，徒步入山，長跪號泣請歸。先生曰：『昔者所以歸，以汝大母在，今大母亡矣，何所歸？』寅請一祭墓，乃從之歸。會弟堦苦心痛，他醫治益甚，不得已留治八月餘，與弟同室卧，終不入内。既愈，遂往廣東丹霞山，一夕遁去，自是莫能蹤跡。寅往來萬里，負零丁，求數歲，卒不得，竟以是悒悒死，時稱其孝。先生所著有：威鳳堂集、詩禮二編、陸生口譜、靈蘭堂墨守，藏于家。

初，先生兄弟之並起也，大行最盛氣難犯，嘗與同里陳太僕潛夫以檄相攻，而先生於其間，置身事外。及國難作，大行以乙酉死，太僕至江東起兵，駐營下莊。先生亦至越，與共事。次年太僕死，先生竟以高蹈終其身。論者謂其於兄弟友朋之間，均無媿也。而予於姚江黃公家得見先生所封還月旦之書，甚自刻責，以爲辱身對簿，從此不敢豫汐社之列。嗚呼！其亦可哀也夫。

邵得魯先生事略

先生姓邵氏，諱以貫，字得魯，浙之餘姚縣人也。邵氏於姚江族望中，爲孫、謝、王、陳亞，門材最盛。先生少與其兄以發齊名，而先生尤狷潔。當是時，陶文覺公〔校〕嚴乙去『覺』字。石梁之學盛行，姚中、沈求如、史子虛、蘇存方其高弟也，顧頗參以密雲悟之禪。先生亦從之遊，而獨事躬行，講求有用之學。時遭飢饉，先生與同里鄭奠維諸人爲義倉，桑梓中德之。

已而國難大作，先生欲死，以其母在，不得，遂削髮爲頭陀，狂走入雪竇山中。妙高臺僧道巖者，故鄞廣文張廷賓，亦姚産，而沈、史講會中人也，先生依之，苦身〔校〕楊本作『心』。持力，不與人接。鄞故都御史高公斗樞物色得之，曰『異人也』，遣其二弟與之游。周公囊雲亦以僧服居臼坑，時時過從。

已而以省母返居潭上園，黄忠端第三子澤望，志節夙與先生近，至是來同居園中，相與夜讀謝皋羽遊録而慕之，曰：『方今豺虎滿天下，五嶽之志，不可期矣。四明二百八十峯，近在卧榻，當使峯峯有吾二人屐齒。』于是始遍走山中。然山寨方不靖，所在亦多邏卒，而二人者冠服奇古，躑躅其間，頻遭詰難，顧不以爲苦。一日忽入絶谷，不知所向，方茫然求故道不可得，俄而峯回路轉，松梧桐竹甚盛，有雞犬聲，趨就之，祇一家，中有幅巾者出，曰：『客從何來？』則語之以宅里。笑曰：『吾亦姚人也。避世居此，不虞君之涉吾地也。』乃止宿。則告曰：『是石屋山也。僕故孫公碩膚監軍陳從之者也。孫公死海上，吾無所依，來此山中，未嘗與世上人接也。』因相顧而歎曰：『是真桃源矣。』澤望嘗曰：『得魯自甲申後，輔頰間無日不有淚痕，其稍開笑口者，則遊山耳。』未幾澤望卒，先生孑然無所向，自是益卞隘，遂棄家投四明山中之楊菴。先生時尚有一妾，不忍判先生去，亦爲尼於菴中。一日之中，晨昏各上堂禮佛，此外雖茗粥不相通。久之，皆卒於菴。

先生所爲詩文極多，顧身後散佚，無一存者。而先生之兄以發老壽，顧於先生之大節，絶不一及，若有所諱；即族人邵廷采作明遺民所知傳，亦不及先生一語。咄咄怪事，不可曉也。

嗚呼！先生嘗與王父贈公言及陳從之事，絶肖桃源，而恐其無傳之者，如先生之大節，亦何減所南、聖予，而身後竟闃然，況從之乎？予因序先生事，并及從之，先生或一笑於九原也。

姚敬恒先生事略

李二曲集中别輯前代講學諸君，有出於農工商賈之中者，共爲一卷，以勉學者。以予近所聞，近日應潛齋高弟有曰凌嘉印、沈文則、姚敬恒皆拔起孤露之中，能成儒者，凌、沈之名尤重，見於沈端恪公所爲傳，而敬恒躬行與相鼎足，顧未有知之者。

敬恒，諱宏任，别字思誠，杭之錢塘人也。姚氏故杭之右姓。敬恒少孤，其母賢婦也。敬恒不應科舉，隱於市廛，稍營十一之息以養家。其母一日見敬恒貿絲，銀色下劣，愠甚，曰：『汝亦爲此惡行乎？吾無望矣。』敬恒皇恐長跪謝，願得改行，乃受業於應先生潛齋，每日朗誦大學一過，潛齋雅愛之，一言一行，服膺師説，泊然自晦，凡事必歸於厚。沈甸華之卒也，潛齋不食二日，敬恒問曰：『朋友之喪而若此，無乃過歟？』潛齋喟然歎曰：『爲其無以爲喪也。』敬恒曰：『請爲先生任之。』殯葬皆出其手。潛齋不肯輕受人物，惟於敬恒之餽不辭，曰：『吾知其非不義中來也。』然敬恒不敢多有所將，每時其乏而致之，終其身無倦。潛齋之殁，敬恒執喪如古師弟子之禮。姚江黄先生晦木，於人鮮可其意者，獨見敬恒而許之，曰：『是獨行傳中人物也。』

嘗遊於閩，閩督姚公盛延之，訪以海上事。敬恒對曰：『遊魂不日底定矣。但閩中民力已竭，公當何以培之。』閩督肅然頷之。然敬恒以學道故，所營十一之息無甚增益，而勤施漸不可支，遂以此落其家。

晚年以非罪陷縲絏，憲使閱囚入獄，敬恒方朗誦大學，憲使異之，入其室，見其案上皆程、張之書也，呼與坐而語之，大驚，即日釋之。然敬恒卒以貧死。其平生但事躬行，不著書，故鮮知者。予既附志於潛齋墓表中，復摭拾其事以傳之，以配凌、沈二君，且以待後世有二曲其人者。惜訪其母姓，竟不可得。

明遼督熊襄愍公軼事略

始寧倪生安世嘗爲予言，其尊人曾從里中倉橋陳氏見其先世秋曹日録一書，其人在明熹廟時爲獄官，凡魏奄所殺君子，不下東廠而下刑部者，皆載其獄中事甚悉。而熊襄愍公最怪。其言曰：

襄愍既入獄，一飲一食，魏奄令獄官以帖子報知。然襄愍亦無所事。其卧用一藤枕，不分寒暑，未嘗以去身。每晚人静，焚香再拜禮北辰，則取此藤枕供之，莫能知其意也。或以問襄愍，亦笑不答。已而刑有日，襄愍神色不變，手書遺疏，猶爲上言邊事。又作絶命詞。其遺疏爲西曹郎所遏，曰：『囚安得上書。』襄愍曰：『此趙高語也，聖朝時安得有此！』怡然就刃。時奉有傳首九邊之旨，西曹郎俄録其首，則法場中空無有，但見一藤枕，大駴，相戒毋洩，亟密報魏奄，則命取熊氏子弟、家人拷問，大索，竟無所得。魏奄計無所出，遂祕其事不宣，而九邊所傳之首，蓋並非襄愍真顱也。魏奄敗後，公子兆璧連疏請首歸葬，蒲州爲力言於烈廟得允，亦明知其非公首，特借以消此冤案而已。

安世之所述如此，亟令從陳氏求此書，得一短册，其言果合。按此説在明野史中俱未之及。吾讀李公映碧三垣筆記，極言襄愍臨刑之慘，與此不符。然陳氏乃身見者，定自不誣，故載之，以當張中丞之于嵩，亦未爲無補於舊史也。古人多有兵解之説，蓋出自神仙家，其説荒誕不可信，然而大造中無所不有，則亦未敢盡謂其無，顏魯公其最著者也。魯公平生好神仙，襄愍則未之聞也。且以彼剛腸，宜不足豫於此道，而不知其深夜中默默爲之，至於臨刑日〔校〕楊本無此字。顧忽示其奇，中散之琴，遜其幻矣。卒之隻履空存，雙劍亦化，足以奪奸人之魄而短其氣，不已〔校〕楊本作『亦』，注一作『已』。神乎！英雄人固不可測，其信然耶？長夏喀血，因口授諸生紀之。

〔蔣跋〕襄愍未必有此，或冤襄愍者，借以洩其不平之氣耳。世以姚平仲爲仙，且不可信，況襄愍之明赴西市，並經傳首者乎？襄愍於遼事固非王化貞之比，當薄罰以責其後效。而前此視南學時，有殺人媚人之謗，故在東林諸公亦共陷以死罪。惟諸公反以啓追贓之禍，而襄愍究亦非袁崇煥比也。先生好奇，故載其事，姑以當搜神志怪觀可耳，謂輔舊史，則過矣。〔楊跋〕樗菴跋語多不滿先生，惟此條頗平允。然據章大來對山日記云：『余宗集公伯爲錦衣經歷，親見其事。』云云。聞范家相古趨亭集碧波潭馬氏夫婦雙修記，亦引泰占語，則非雙韭之好奇矣。

鮚埼亭集卷第二十七

〔楊注〕此卷傳八首，莊太常、周思南、陳光禄、沈太僕、李貞愍、周監事、毛户部皆鄞人。周布衣，定海人。皆甬上之遺臣逸老，無媿完人者也，故合爲一卷。

傳一

莊太常傳

莊太常元辰，字起貞，晚字頑菴，鄞人也，學者稱爲漢曉先生。所居在城南長沙田中。長沙田在四明洞天，〔校〕楊本下有『爲深處洞天』五字。所稱大小韭山者皆在焉。居人訛『韭』爲『皎』，又訛『皎』爲『曉』，公之别署兩曉山樵者以此。

公嚴氣正性，不肯隨人唯阿，下筆千言，亦倔强睥睨一切。成崇禎丁丑進士，其再試，出汪文毅公、馬文忠公門。釋褐南太常博士，八載不遷，冷曹清望，泊如也。

甲申之變，公一日七至中樞史公之門，促以勤王。赧王即位，議選科臣，總憲劉公、掌科章公皆舉公爲首。而馬士英勢方張，欲盡致朝臣出其門下，遣私人來致意，曰：『博士曷持門下刺，一謁相公，掌科必無他屬也。』公峻拒之。是時雖〔校〕楊本下有『以』字。東林宿老，如（□）〔錢〕從楊本補，下同。侍郎（□）〔謙益〕亦俛首稱門下於馬、阮之門，而考選諸臣能抗之者，則公一人而已。按公家傳言：沈行人宸荃與公皆忤士英，沈由科改道，而公由科抑部。據南渡録，則沈公在總憲，所擬原是道，非科也。今改正。〔校〕楊本此注作大字正文，在下文『僅授刑部主事』句下。楊云：正文中無沈行人事，此注可刪。于是士英怒，或告之曰：『是故劉、章之私也。』遂傳中旨僅授刑部主事，恤刑江南，公論爲之不平。已而士英日横，且以阮大鋮故，欲興同文之獄，盡殺復社諸公。公曰：『禍將烈矣。』遽出都，且以板蕩詩人之意，賦招歸詩十章〔楊校〕別本無此二字。以志感。未幾〔校〕楊本作『期』。月而留都陷。

錢忠介之起事也，諸鄉老最同心者莫如公，破家輸餉。初，降臣謝三賓欲梗師，而爲王之仁所脅，不得已以餉自贖。及忠介與王之仁將赴江上，三賓潛招兵於翠山，衆人疑之。王明經家勤謂忠介曰：『公等竟欲西行乎？何其疏也。』忠介驚曰：『計將安出？』家勤曰：『浙東沿海，皆可以舟師達鹽官，五代錢氏嘗由此道會黄晟之師。〔校〕楊本下有『以攻董氏』四字。倘彼乘風而渡，〔校〕楊本『北』上有『引兵』二字。北來搗巢，列城且立潰矣，非分兵留守不可。』忠介曰：『是無以易吾莊公者。』於是共推公任城守事，分兵千人以屬公，以四明驛爲幕府。公請以家勤及林明經祚隆、王明經玉書、林明經時躍等參軍事。忠介乃西行。公日耀兵巡諸堞，里人〔校〕楊本作『甬上』。呼爲『城門之軍』。是役也，危城人岌岌，賴公鎮之，而三賓不敢動，〔校〕楊本有『不得已』三字。乃以翠山之衆迎魯王于天台。自七月至十月，鄞始解嚴。

王召公入朝，晉公吏科都給事中，尋遷太常少卿，再遷正卿，仍兼吏科如故。公疏言：

殿下大仇未雪，舉兵以來，將士宣勞於外，炎威寒凍，〔嚴校〕乙去此四字。沐雨櫛風；編氓殫藏於内，敲骨吸髓。重以昔年秋潦，今兹亢旱，卧薪嘗膽之不遑，而數月以來，頗安逸樂，釜魚幕燕，撫事增憂，則晏安何可懷也。敵在門庭，朝不及夕，有深宫養優之心，安得有前席借箸之事，則蒙蔽何可滋也。天下安危，託命將相。今左右之人，頗能内承色笑，則事權何可移也。五等崇封，有如探囊，有爲昔時佐命元臣所不能得者，則恩賞何可濫也。陛下試念兩都之毁，禾黍麥秀之悲，則居處必不安。試念孝陵、長陵銅駝荆棘之慘，則對越必不安。試念青宫二王之辱，則撫王子何以爲情。試念江干將士，列邦生民之困，則衣食可以俱廢。

疏入，報聞而已。公又言：『中旨用人之非，乃赧王之秕政，臣叨居科長，斷不敢隨聲奉詔。』王不能用。自是公累有封駁，夫已氏〔校〕上三字。楊本作『三賓』。皆結内侍力阻之。而馬士英又至，王僉事〔校〕楊本作『僉事』。思任等移檄拒之，又廷争之不得。公言士英不斬，國事必不可爲。於是公貽書同官林公時對言：『蓋爾氣象，似惟恐其不速盡者。區區憂憤，無事不痛心疾首，以致咳嗽纏綿，形容骨立，願得以微罪成其山野。若非自汙，恐必不能免。』舉朝共留之，而公決意去。

未幾大兵東下，公狂走諸深山中，朝夕野哭。公故美鬚眉，顧盼落〔校〕楊本作『磊』。落。至是失其面目，巾服似頭陀而又稍別，一日數徙，莫知所止，山中人亦不復識。忽有老婦識之，曰：『是非廿四郎也耶？』『廿四郎』者，公小字也。嘆曰：『吾晦迹尚未深。』

丁亥，疽發於背，勿藥，謂侍者曰：『吾死已晚，然及今死猶未遲。』門生林奕隆〔楊注〕續甬上耆舊傳：『林奕隆，字萬葉，鄞人。少工度曲，亂後，家徒壁立，時時填詞，爲變徵之音，竟潦倒而卒。』考奕隆有放言集。在旁曰：『請爲吾師作大還詞以祖道，反招魂可乎？』公曰：『試爲我誦之。』誦曰：

『嗟乎！〔□□□□〕〔今閻浮提〕從楊本補，下同。乃至此乎？雄虺雌蝮，螘穴蜂壺。洶洶天狼，綏綏野狐，逐人駓駓，白日幽都。敦脄血拇，肝膽橫屠。懸人以娭，如跖之脯。〔□□□□□□□□□□□□□□□□□□□□□□□〕〔即最蠢然，羸豕在塗，亦蒙皋比，曰我於菟，腥風穢瀑，流于康衢。〕』

『嗟乎！〔□□□□〕〔今閻浮提〕，乃至此〔校〕楊本作『是』。乎？六千君子，與白日殂。五千甲楯，與東流枯。〔□□□□〕〔帝亦不帝〕，吾亦非吾。東方不可以居，南方不可以居，西方不可以居，北方不可以居。阿誰不達，皋某是呼。欲返遊魂，受此大汙。謬哉宋玉，謚爲至愚。』

『嗟乎！〔□□□□〕〔今閻浮提〕，乃至此乎？往哉浩然，逃之太虛。火宅既離，毒苦可除。野葛不絆，鬱〔嚴校〕作『扳』。髯帝居。帝且〔校〕楊本作『且以』。餉公，九光五銖。小子歌此，以當驪駒。』

公領之者三而卒。

林公時對嘗曰：『吾心折同里先正，得三人，其一爲陳忠貞公，一爲錢忠介公，其一則太常〔校〕此二字，楊本作『公』字。也。死生不同，然〔嚴校〕作『其』。可以謂之三仁矣。』公所著有因園集、山樵編、信水亭吟，今無存者。

周思南傳

星移物換之際，逃於西竺者多矣。然當其始也，容身無所，有所激而逃之；及其久而忘之，登堂説法，漸且失〔校〕楊本作『漸久漸失』。其故吾。梨洲先生有云：『不甘爲異姓之臣，乃甘爲異姓之子者也。』獨吾鄉浮石周氏披緇者三：通城徉狂以死，所謂『顛和尚』者也；思南沉湎以死，所謂『醉和尚』者也；順德苦身持力，不入城市以死，所謂『野和尚』者也。是三公者，真所謂有託以逃者耶？其在和尚中，當爲唐子，然而不媿孤臣矣。其志節之奇，尤莫若思南。

按，思南諱元懋，字柱礎，一字德林，文穆公應賓從子也。以文穆任，累官南京右軍都事，屯部郎中，榷楊關，奉使蜀中歸，知貴州思南，〔校〕楊本下有『府』字。丁内艱未赴，國難作。

先生跌宕自喜，本思以文辭置身館閣，及受門資之寵，非其好也。都御史廖大亨慰之曰：『門資豈足以屈人，人自辱之耳。李衛公非自此起者乎？唐中葉宰相，無足以抗之者明矣。郎君其勉之。』先生大喜。

東江建國，先生服尚未闋，錢忠介公招之，故人徐錦衣啟睿亦招之，先生固辭不出，而破家輸餉弗少吝。丙戌六月，家人自江上告失守，先生慟哭，自沈於水，以救得甦，乃削髮入灌頂山中。〔楊注〕寶慶四明志：『灌頂山，在鄞縣西南四十里。其山直上二十里方至頂，有普淨禪院。』先生故善飲，至是益日飲無何；又不喜獨酌，呼〔校〕楊本作『遇』。山僧，不問其能飲與否，强斟之，夜以達旦。山僧爲酒所苦，遂避匿，則呼樵者强斟之。樵者以日暮，長跪乞去。先生無與共，則斟其侍者。已而侍者醉卧，乃呼月酹之；月落，呼雲酹之。灌頂去先生家且百里，酒不時至，又深山難覓酒伴，始返其城西枝隱軒中。每晨起，輒呼其子弟斟之。子弟去，則覓他人。或其人他出，則攜酒極之於其所往斟之。不遇，則執塗之人而斟。於是浮石十里中，望見先生者，皆相率避匿。不得已，乃獨酌。先生既積飲且病，凡勸止酒者無算，大都〔校〕楊本作『抵』。以先生未有嗣子之説進。先生輒叱而去之，否則張目不答。先太常公嘗規之曰：『郎君不思養身以待時耶？』先生爲之瞿然，乃不飲者三日；既出三日，縱飲如初。

先生雖困於酒乎，而江湖俠客，有以事投止〔校〕楊本作『報之』。者，雖甚醉，輒蹶然起，一一接之，無失詞，傾其所有以輸之，惟恐其不給也，以是盡喪其家。庚寅，嘔血不可復止，竟卒，得年四十。其恭人俞氏亦以毀相繼卒。前太常博士王公玉書哭之曰：『德林之倔然狂放於麴糵間，箕踞叫號，俾晝作夜，幾不知身外有何天地，是何世界，舍此，且不知吾身置於何地。昔人詩云：「酒無通夜力，事滿五更心。」旨哉斯言。德林之所以爛然長醉，期於無復醒時，以自全也。』族子齊曾曰：『嗚呼！叔氏之心嘔爲血，當與嵇紹、王琳一腔熱汁合，埋釀人側，悉化爲水，陶爲醞，以澆天下不義男子。不爾，莫慰其心也。』同社高士韓國祚誄之曰：『知雄守雌，爲天下谿。知白守黑，爲天下谷。德林不聞，乃以身殉。悲夫！』

嗚呼！先生不死于丙戌，而死於庚寅。不死於水，而死於酒。其四年中，巧戕酷賊以自蠱，其宋皇甫東生之流與？吾故以爲『三和尚』之最苦者。

陳光禄傳

陳光禄士京，字齊莫，一字佛莊，〔嚴校〕作『錦莊』。其先世本奉化之朱氏，明初遷鄞，改姓陳，觀察大年，〔校〕楊本作『大章』。〔楊注〕陳大章，嘉靖乙卯舉人，壬戌進士，官僉事。其宗老之顯者也。西皋陳氏三十六族，難以識别，故稱公家爲『烏樓陳氏』。

公少有四方之志，家事不以嬰〔校〕楊本作『攖』。其懷，〔校〕楊本有『時方值』三字。天崇之際，天下多故，遂挾策浪遊湖海，北走燕、雲，南抵黔、粤，其在滇中尤久，思得一當以吐其奇，而布衣躑躅，竟無所遇。

一旦〔校〕楊本作『日』。忽瞿然曰：『吾堂上有老母，甚望抱孫，奈何以遠遊孤其望。』即日襆被歸家。已而連舉四丈夫子，喜曰：『今而後可矣。』是時，溪上二馮先生，一掌中樞，一撫畿甸，大負天下人倫之望。公欲往從之，而甲申之禍作，南渡昏沓，公益悒悒不出。

『畫江』之舉，熊公汝霖薦公授職方郎。公故與三衢總兵陳謙善，謙請公監其軍，會奉使閩中，以公偕行，而唐、魯方争頒詔事，謙以不良死，公遁之海上。鄭芝龍聞公名，令與其子成功遊。芝龍有異志，卒以閩降。成功不肯從，異軍蒼頭特起，公實贊之。已而熊公以魯王至，時成功修頒詔之隙，不肯奉王。列營之奉王者，其軍莫如成功强，皆不自安。公説成功當以公義爲重，成功〔校〕楊本下有『感動』二字。雖不爲臣，而始終於王致寓公之敬。其時會稽舊臣，能籠絡成功而用之者，亦惟張公蒼水與公二人，樓船得以南向，無内顧之患者，其功爲多。

戊子，王遷公光禄寺卿。家傳以爲粵中所授者，非。〔校〕楊本無此注，楊氏鈔補。會魯王上表粵中，沈吟良久，曰無以易公者。〔校〕楊本無『者』字。成功亦欲啟事於粵，公遂行。而惠、潮之路中斷，郝尚久之徒，陰陽向背，使車不敢出其間，迂道沿海得達。資斧俱竭，賣卜以前。粵中見之驚喜，路公振飛亦自島上致蠟書荐之，加公都御史，公固辭不受，特賜三品敕命。三上疏陳軍事，且言當通閩、粵之路。粵中人欲留公不可，己丑得歸閩中。魯王入浙，留公在閩，與成功相結，以爲後圖。成功盛以恢復自任，賓禮明之遺臣。于是海上衣冠雲集，然不過待以幕客。其最致敬者，前尚書盧公若騰、侍郎王公忠孝、都御史章公朝薦、沈公荃期、郭公貞一、徐公孚遠與公，次之則儀部紀公〔許國〕，從楊本補。不以禮不敢見也。

久之，見海師無功，粵事亦〔校〕楊本作『則』。日壞，乃築鹿石山房於鼓浪嶼中，引泉種花，感物賦詩，以自消遣，別署海年漁長。又築生壙於其旁，題曰『逋菴之墓』。丙申，太夫人卒於鄞，訃至島上，諸公唁之，哭曰：『此生無雪恨之日矣。』

己亥，成功入江，推公參預島上留守事務，觸疾而卒。臨終謂侍者曰：『吾幸得全歸此土也。』齊公价人銘其墓，得年六十有五。魯王在南澳，聞之震悼，親爲文以祭之。

公喜爲詩，下筆清挺，不寄王、孟廡下。及在島上，徐公孚遠有海外幾社之集，公豫焉，雖心情蕉萃，而時作鵰鶚海怒之句，以抒其方寸之芒角。徐公嘗曰：『此真反商變徵之音也。』所著有束書後詩〔校〕楊本束作『來』。一卷，喟寓七〔校〕楊本作『一』。卷，戹言一卷，海年集一卷，海年詩内集一卷，海年譜一卷。公葬後，子式登守墓三年，挈家以歸。

沈太僕傳

沈太僕光文，字文開，一字斯菴，鄞人也。或以爲文恭公之後，非也。或曰布政司〔嚴校〕作『使』。九疇之後。〔楊注〕九疇，字箕仲，萬曆五年進士，授刑部主事，仕終江西布政使。以明經貢太學。乙酉，豫于『畫江』

之師，授太常博士。丙戌，浮海至長垣，再豫琅江諸軍事，晉工部郎。戊子，閩師潰而北，扈從不及，聞粤中方舉事，乃走肇慶。累遷太僕寺卿。

辛卯，由潮陽航海至金門，閩督李率泰方招來故國遺臣，密遣使以書幣招之，公焚其書，返其幣。時粤事不可支，公遂留閩，思卜居於泉之海口，挈家浮舟過圍頭洋〔嚴校〕『圍』作『團』。口，颶風大作，舟人失維，飄泊至臺灣。時鄭成功尚未至，而臺灣爲荷蘭所據，公從之，受一廛以居，極旅人之困，不恤也。遂與中土隔絶音耗，海上亦無知公之生死者。辛丑，成功克臺灣，知公在，大喜，以客禮見。時海上諸遺老多依成功入臺，亦以得見公爲喜，握手勞苦。成功令麾下致餼，且以田宅贍公，公稍振。已而成功卒，子經嗣，頗改父之臣與父之政，軍亦日削。公作賦有所諷，乃爲愛憎所白，幾至不測。公變服爲浮屠，逃入臺之北鄙，結茅於羅漢門山中以居。或以好言解之於經，得免。山旁有曰加溜灣者，番社也，公於其間教授生徒，不足則濟以醫，嘆曰：『吾廿載飄零絶島，棄墳墓不顧者，不過欲完髮以見先皇帝於地下，而卒不克，其命也夫！』已而經卒，諸鄭復禮公如故。

癸丑，大兵下臺灣，諸遺臣皆物故，公亦老矣，閩督姚啟聖招公，辭之。啟聖貽書訊曰：『管寧無恙？』因許遣人送公歸鄞，公亦頗有故鄉之思，會啟聖卒，不果。而諸羅令李麟光，賢者也，爲之繼肉繼粟，旬日一候門下。時耆宿已少，而寓公漸集，乃與宛陵韓文琦、關中趙行可、無錫華衮、鄭延桂、榕城林奕丹、吴蕖輪、山陽〔嚴校〕作『楊』。宗城螺陽王際慧〔嚴校〕作『會』。結社，所稱『福臺新咏』者也。尋卒於諸羅，葬於縣之善化里東堡。

公居臺三十餘年，及見延平三世盛衰。前此諸公述作，多以兵火散佚，而公得保天年于承平之後，海東文獻，推爲初祖。所著花木雜記、臺灣賦、東海賦、檨賦、桐花賦、芳草賦、古今體詩，今之志臺灣者，皆取資焉。嗚呼！在公自以爲不幸，不得早死，復見滄海之爲桑田，而予則以爲不幸中之有〔嚴校〕乙此字。幸者，咸淳人物，蓋天將留之以啟窮徼之文明，故爲强藩悍帥〔嚴校〕下有『之』字。所不能害。且使公如蔡子英之在漠北，終依依〔嚴校〕乙去一依字。故國，其死良足瞑目。然以子英之才，豈無述作，委棄於氈毳，亦未嘗不深後人之痛惜。公之巋然不死，得以其集重見於世，爲臺人破荒，其足稍慰虞淵之恨矣。公之後人遂居諸羅，今繁衍成族。會鄞人有遊臺者，予令訪公集，竟得之以歸，凡十卷，遂録入甬上耆舊詩〔中〕。從嚴校補。

貞愍李先生傳

貞愍先生李桐，字封若，鄞人也，學者稱爲侗菴先生，光禄監德繼之子。生三歲而孤，事其適母董孺人、生母王孺人，皆至孝，而於適母禮節更加隆。及適母卒，而所以事生母者亦如之，時人服其知禮。讀書〔校〕楊本下有『務』字。通大義，不屑數行墨，肆力於詩古文詞，尤思通當世之故，講明忠孝節行，諤諤難犯，一時多非笑之。而前輩董文敏公玄宰、曹文忠公石倉暨徐興公、林六長、何无咎、陳仲醇諸名士，深器重之。甲申三月十九日之變，先生於大臨所，抗言國恩不可不報，請發義旅次於江干，以待撫臣勤王之舉。監司盧公牧舟是之，未能應也。先生乃日號咷當事馬前，並詰責諸鄉老，遂遭嗔怒，且有欲除之者。尚書鄭僊溤公曰：『諸公即自謂力薄，不能報國仇，奈何更殺義士？』乃邀先生至其邸，呵護之。牧舟亦慰勞之，以是得免。南都昏濁，先生悒悒不得志，遁入白鷗莊，呼天涕泗，作悲憤詩，遂成沈疾。逾年而有五月十一日之變，昕夕呼祝宗有所請，疾遂篤。

會浙東兵起，錢忠介公登壇，歎曰：『宜急令侗菴〔主〕〔知〕從嚴校改。之。』遣使以告，先生病中霍然〔校〕楊本下有『而』字。起，稍稍進食，乃遣長子文杲從軍，忠介疏授兵部主事。自江干立國，侗菴之病稍愈。已而事漸不支，侗菴復申前請，疾復篤。六月初一日之變，侗菴曰：『吾今定死矣。』果以是月十九日卒。説者以爲祈死而得死。年四十九。忠介時在翁洲，哭之慟。門人私謚曰貞愍。文杲哭謂其弟文昱曰：『汝知而〔校〕楊本作『爾』。父所以死乎？』〔嚴評〕『而父』者，伊誰之父乎？謝山何以不檢至此。葬畢，相與墨衰赴海上，崎嶇軍事。文昱亦授户部主事。辛亥，翁洲失守，扈王而出。九月二十六日，兄弟同日覆舟溺於海中。少子文遲曰：『吾今不可以妄出。』杜門養母，其純孝一稟先生家法云。

嗚呼！桑海之際，吾鄉號稱節義之區，顧〔校〕楊本下有『如』字。所稱『六狂生』、『五君子』多出自學校韋布之徒，其薦紳巨公出而同之者，錢、莊、沈、馮數人而已。〔而耽耽其旁，必殺之而後喜可知者，即與先生爲難之薦紳也。卒之，『六狂生』〔嚴校〕有『之』字。輩竟敗于此賣國〔嚴校〕無以上三字。老姦之手，可爲痛哭。〔嚴校〕無以上四字。豈彼反得託于順天之義以存，而〔嚴校〕無『彼』字至此十二字。劫運所厄，莫可逃耶？如先生者，實開『六狂生』輩之先，天祐其要領而全〔嚴校〕無此字。歸之者也。〕以上八十八字，從楊本補。年來文獻脱落，雖有奇節，不能自振於忌諱沈淪之下，遂與亳社聲靈，〔校〕楊本作『塵』。同歸寂滅。予每爲梓里前輩罔羅散失，『六狂生』輩之行實，漸以表章，而溯厥前茅，先生爲首。又況文杲、〔文昱〕從嚴校補。兄弟，以忠作孝，文暹屈節事親，皆先生之教也。而叩之諸李，莫有知者，其亦可痛也夫！

先生嘗與楊尚賓南仲、陳御史平若、陸舍人敬身，詮次同里前輩〔詩〕從嚴校補。曰甬東詩括，又手輯先世詩文曰衣德集，其自著曰侗菴集。嗣後先生族子鄴嗣，因詩括遂爲甬上耆舊詩，因衣德集遂爲砌里文獻録，則皆先河之力也。

先生三子，惟文昱有子允錫，撫於其叔，娶婦，然卒以無子絶祀。其所居長松館，自文杲兄弟死國，二婦入道，捨爲梵宇，即所謂薜蘿菴者也，余每過而傷之。

周監軍傳

周監軍元初，字自一，一字立之，鄞人也，學者稱爲棲烟先生，文穆公應賓從子。文穆公無子，撫先生以爲子，已而推恩受任，先生讓於同祖昆弟：其一即刑部郎元登，其一即思南守元懋，時人賢之。及國難，刑部從亡海上，思南祝髮縱酒以死，而先生從戎仗節，論者有『三珠樹』之目。

先生少負大略，其所交好：華毅烈公嘿農、王忠潔公石雁、陸節介公周明、王太常水功、徐兵部我庸，族中則囊雲，不過數人，相期以忠孝，於世俗貴介紈綺之習，蔑如也。東江建國，先生與其諸弟石公先生元越赴之。錢忠介公疏授明經，仍援文穆遺恩授郎署，先生不受，遂以白帢參軍事；悍帥爲梗，先生不得展其志。

迨國亡，重趼入榆林，時諸公避兵〔校〕楊本下有『榆林』二字。者多，先生弗盡與通也。而周明、水功及囊雲皆在焉，大喜。四人無日不相過從，偶不及過，〔校〕楊本作『遇』。則如坐針氈中。所倡和詩，務期僻思澀句不類世間人所作，然後脱稿。經營慘淡，得之屋顛樹杪之間。間亦與高僧解齋參禪，機鋒橫出。榆林在萬山中，先生日走其間，足爲之躄，亦不顧。其家累請返故居，不許。歲中唯再展文穆及所生墓道，則一至祠下，信宿而已。

先生故擁文穆遺貲〔校〕楊本作『産』。以輸餉忠介幕府，蕩其十五。戊子，力救華、王二公之難，又蕩其十三。至是雖行遯，尚從事於窮島之聲援，遂盡廢〔校〕楊本作『費』。其貲。而先生操行彌厲，黄虀脱粟，麻衣草履，極人間未有之困，方陶然自得也。

嘗作捉鬼者傳以寄其憤曰：

世有以善畫鬼名，予以爲不盡然。其以鬼之形似鬼耶？鬼不得見，於何得似。若以鬼之形似人，則人之形更厲於鬼，方日與人爲祟，而人不知。人自入於祟中，而鬼亦不知。雖日進巫史，操豚犬羊豕而尸之祝之，日邇日昵，且日以厲【校】楊本下有『日以祟』三字。彼畫鬼者，何以似之，不過似其牛首馬面，瞋目露齦，夜叉羅刹，曾不能似其譸張險詖，與抉人殺人一片腎腸也。吾（先）〔見〕從楊本改。世有挾捉鬼之術者，每有病者延之家，見爲邪魅所中，則掀髯仗劍挺視，書符視之；若噓者，若吸【校】楊本作『噏』。者，若吐納者，若感召者，或如風雨奔赴、雷電飈馳者，或如坐戎車、排甲帳、獻俘馘者，或如囊頭三木、擢髮訊罪狀者。乃擕之瓮中，仍壓以符。甚者竟置之釜而烹之，否則錮之，聞其呼號痛楚之聲，而病者以痊。嗚呼！惜世之畫鬼者，不及受此術也。受此術，則無不似矣。不寧惟是，使是人在今日，必不使世上之鬼，宵行晝現，無所顧惜，一至於此。雖然吾所慮者，鬼形日多，鬼術日巧，能治無形之鬼者，未必能治有形之鬼。即能治之，豈能盡天下而捉之，而烹之。況不知其鬼，視其人即無形之鬼，或非復曩時之狀耶？雖然，安知是人在今日，其術不更有精焉者乎？

先生之文，大率皆此種也。

晚年，周明死王事，囊雲亦卒，水功返城居，先生乃往來郊城之間，高武部『九子之社』，先生與焉。未幾，諸公相繼卒，先生雖離羣索居，然雄心未已，寫捫蝨圖以見志。圖成，嘆曰：『今之江左，並桓元子亦何可得！』年八十餘，卒於家。

毛户部傳

毛户部聚奎，字象來，一字文垣，鄞人也，都給事中宏之後。〔楊注〕毛宏，字士廣，天順元年進士，仕至刑科都給事中，明史有傳。爲人慷直剛果，有節概，少與其弟聚壁並有聲，時稱爲『西皋雙鳳』。

乙酉，豫於『六狂生』之列，幾爲降臣謝三賓所害，幸而不死。行營將士，爭□〔嚴校〕誤空，應乙去。求識所謂『六狂生』者。先生笑語之曰：『夫狂者，不量力之謂也。量力則愛身，愛身則君父不足言矣，夫己氏〔楊注〕謝三賓。是也。』尋參瓜里幕府，以明經授户部郎司餉。事去，奔走山海之間，累遭名捕，行遯得免，而其家遂以此落，晚年始歸。

初，先生於庚寅、辛卯間，與吴于蕃、管道復、汪伯徵、倪端木、邗上周雪山爲社，〔楊注〕續甬上耆舊傳：『周維祚，一名上竹，字雪山，揚州人。順治八年至鄞，時毛聚奎與吴岳生、管道復、倪元楷、汪應詔爲詩社，維祚與焉。自署曰東楚狂客，晚年歸里。』已而亡命。及其歸也，死亡星散，竟以沈冥而卒，〔校〕楊本作『死』，注一作『卒』。所著有吞月子集。『六狂生』之幸得終牖下者，先生一人而已，而亦無後，君子哀之。

先生詩古文詞皆倔奇，顧其家〔校〕楊本作『宗』。人不能爲之收拾，予竭力求之，卒不得，惟先大父贈公曾録其文數篇，今存之傳中。其作方石銘曰：

赤城有方山，其巒方也；取而擊之，其石方也；取而碎之，至於如粟如菽，亦方也。人有以貽汪子伯徵者，汪子珍而藏之，有過，于袍笏而拜之。吞月子曰：「世人惡方而好圓，而汪子之獨好夫方也。雖然汪子之好夫方也，特其好之適然而方也。使山之石隨所碎而皆圓，吾恐汪子之好猶是也。吾願汪子之堅所好也。昔人有惡圓者，終身不仰視，曰吾惡天圓。或有喻之以天非圓者。曰天縱不圓，爲人稱圓，吾亦惡焉。嗚呼！夫天亦惡得不謂之圓也。草有芝蘭，亦有蕭葛；木有楩楠，亦有荆棘；鳥有鸞凰，亦有鴟鴞；獸有麟虞，亦有豺虎。且所謂蕭葛、荆棘、鴟鴞、豺虎者，常多而勝。而所謂芝蘭、楩楠、鸞鳳、〔麟虞〕從楊本補。者，常少而不勝。天亦委而從之，而無如何。嗚呼！天【校】楊本作『夫』。亦安得而不謂之圓也。所貴乎君子之立天者，有如兹〔石〕，從楊本補。擊而取之，取而碎之，至於如粟如菽，而不失其方，故足好也。吾願汪子之堅之也。汪子其毋曰「異哉，吞月子以方故，至不容於世，而又以其術誑我」。爰爲之銘曰：于行義乎爾。于全道乎爾。從心所欲不踰乎爾。寧方爲阜，毋圓爲玉。夫子觀象而嘆曰恒，君子以立不易方。」

又作輿人阜人丐人傳曰：

輿人者，南都武定橋人，不詳其姓氏。乙酉之變，夫婦同日縊死。吾友吴于蕃親見其事，爲弔之。阜人者，于姓，江陰人。乙酉之變，傳新縣官至，往執役如舊。諦視良久，嘆曰：『〔□□□□□

人〕〔世乃有如此官〕從楊本補。吾不可以爲之役。』遂歸而縊。時新縣官者，湖州李某也。丐人者，姓氏與邑里俱未詳。闖賊陷北都，題詩養濟院，自縊死。吞月子曰：『夫輿人、皁人、丐人也，汲汲赴義若此，可異也。噫！無異也。輿人、皁人、丐人，人之微者也，然而人也。人則義其性之者也，則亦有人而不輿人、皁人、丐人者乎？夫人而不輿人、皂人、丐人者多矣，不輿人、皁人、丐人而人者，吾未數數見也。予之爲三人者立傳也，擬曰輿公皁公丐公三先生傳。既而思之，今所謂「公」之、「先生」之者，皆其不輿人、皁人、丐人者，舉輿人、皁人、丐人而「公」之、「先生」之，是不以人目之也。故從而「人」之。「人」之者，人之也。人之者，則〔校〕楊本作『别』。于不輿人、皁人、丐人而不人之者也。不異固所以異之也。』

其作周乘六自序卷跋曰：

今日何日哉？謂二三子死而不死，亡而不亡，獨早自放廢，以附於靡他之義。委曰予一介草茅〔校〕楊本作『莽』。臣，敢告無罪。嗚呼！薄乎云爾，亦惡得無罪也？雖然，先皇帝御極十有七載，其爲三百人也者何限，其爲二十七人、九人、三人也者何限。家博士弟子，辟九牛一毛，與螻蟻羣，岸然負太行而趨，此直智盡能索，計無復之耳，非託之鴻飛冥冥爲名高也。或曰：『黍不爲黍，稷不爲稷，僬僥嚚瘖，甘心官師所不材，古人捧檄之謂何？』豈知歲寒然後識松柏，匹夫慕義，何處不勉，敢曰獨吾君也乎哉！豎儒尺寸于國家何有，皇帝以厚糈養之學宮，〔校〕楊本作『校』。則既國士遇之矣。中山君出亡，得二死〔士〕從楊本補。者，昔時一壺飧〔校〕楊本作『脹』。之遺也。豈其二十年廪食於天家，而置之若忘，曰〔□□〕〔喪君〕從楊本補。有君耶？嗚呼！誦周、孔之書，從事仁義之說，發揮於文章帖括間，吾道在是，吾所學所行在是，一日而〔□〕〔獻〕從楊本補。之于不知何人之〔□〕〔廷〕從楊本補。陽陽如平常，則吾不知之矣。粤自制科來，師與爲教，而弟與爲學；上與爲鵠，而下與爲趨，僉曰是足干人主，出其金玉錦繡以富貴我者也。曰富貴我者，吾謂之君；然則不復能富貴我者，吾謂之路人耳。吾道在是，吾所學所行即在是耶？嗚呼！凝碧池大會，雷海青投樂器慟哭，彼優伶則何知；舞象瞪〔校〕楊本作瞠。目不拜，彼禽獸則何知；然則乘六之棄選貢如敝屣也，敢爲高論以從龔、薛、陶、張、圖、偓之徒哉？亦俾後世毋謂不優伶禽獸若，則庶幾乎。

此皆先生文章之幸存者也〔一〕。

先生嘗自題其集曰：『吾不得見之行事，不得不託之空言。』嗚呼！豈知並此空言，而幾于不得其傳也乎。

〔嚴校〕乙此字。

〔一〕〔馮注〕户部有孽狐傳，諷刺甲申以後改節諸臣者，續甬上耆舊詩編入此文，改爲異獸傳，殊失户部本意。又貞羣於癸丑夏日向西郊陸氏假得舊鈔本吞月子集，計文七十八篇，詩四首，亡國之音哀以思，此之謂矣。中多酬酢之作，可存者僅十之二，别鈔一册而歸。〔謝按〕後刻入四明叢書。

周布衣傳

周布衣西，字方人，學者稱爲勁草先生，定海衛人，居蘆江。少喜讀書，父母憐其體孱，稍節制之。先生密藏火書室，俟親熟睡，重舉燈嘿識，又恐燈影外洩，以被蒙之，不至雞三號不止，久而其被如墨。鄰有艾婦，狙〔嚴校〕作『駔』。儈其夫，每先生至，必整衣更飾而前，或手進茗果，先生逡巡卻退。久之，婦挑以微言，先生遽起不復往，其婦愠曰：『真痴兒也！』先生雖介潔，待人甚和易，言語温温。丙戌，年二十六，嘆曰：『楊鐵崖稱「老寡婦」，今其時矣。』遂棄去舉業，以教授奉母，時往來鄞之寶林，多從之遊者。

己亥，海師大掠鄞之東鄙，先生奉母逃深山中，猝遇盜。盜見先生母豐碩，以爲富家姬，〔嚴校〕家姬二字作『嫗』。用火薰之以索金。先生抱母大慟，撲滅其火，願以身代，賊遂揮戈斫其右之將指，幾殊。旁一卒曰：『是孝子也，乞舍之。』先生以是得生，自是作書甚苦。先生久寓寶林，挈家依諸生徒間，或出遊，多耿耿不合，嘗曰：『吾於寶林魂魄尚懸懸〔校〕楊本作『當戀之』。〔嚴校〕作『猶戀戀』。也。』

先生于經則易、書、詩、禮、春秋、孟子皆有圖解；于史則史、漢皆有論説；于集則唐、宋杜、韓諸大家皆有抄：所稱勁草亭諸編者也。而生平心迹所寄，尤在防秋譜一篇。嘗曰：『死後當盡取吾所著

〔校〕楊本有『書』字。置石匣，藏之墓中，而是篇則可比之鄭所南心史。』防秋篇者，世俗鬬牙牌之戲也，其中有所謂『至尊』者，諸品皆不能抗。先生增置其色目，自天、地外，帝王、將相、四民，下至盜賊草竊之徒皆有之，而更以〔□□□〕〔處士爲〕從楊本補。至尊。有時世事多端，天、地、帝王皆不能支，獨餘處士以持殘局，而兀然能爲中流之一壺。先生自爲之説，其文甚奇。周鄮山見之曰：『此胡文定春秋傳也。』鎮人乞先生修志書成，請署名，力拒之。所著詩古文詞，曰痛定集。

晚年居鄞城中，戊辰，年六十八，病卒。其寶林高弟曰方伊蒿，嘗欲以遺書付之，未及而卒，存于伯兄家。已而伯兄亦病，亟貽書伊蒿，令其取書以去。既至，伯兄又卒，〔校〕楊本作『死』。注一作『卒』。其子勿與，已而鬻之他人，百方覓之，不可得矣。予之采詩也，求先生之集，遍訪既無知者，僅從先生諸弟子所藏遺箋故牘，令李生昌昱彙爲一卷，因詮次其可存者。至先生於諸經，最得意者莫如春秋，其自序云：『不佞垂老，忽若于春秋大有所得，覺唐、宋、明諸儒之説，皆未合聖人之旨，尚在夢寐中，至今日而恍然。』顧其書已成四十二卷，而定、哀二公未畢，臨没尚以爲恨，今俱佚。

先生與周乘六書曰：

西自閉門深山，不樂與浮沉者爲緣，一簑一笠，願偶麋鹿。而不知者不以爲笑，即以爲詛。此不足怪，至先生清風高節，自足千古，而乃惓惓於鄙人。西以爲今日所斷不可當者，妄欲以義士自欺也。夫何地非我朝之土，何人非我朝之民，又何倉庾非我朝之粟，不必爲首陽頑民等語，以自表異。〔楊注〕『我朝』二字三見，非原文，皆雙韭所改。所謂義士者，當爲蹈海之魯連争帝暴秦，奮臂之陳涉突起發難，張良之報讎，翟義之討賊，駱賓王之草檄，謝枋得之卻聘而死。否則如陳咸之閉户不出，梅福之逃吳門爲市卒，陶潛之終身爲晉徵士，此雖不得志於今，亦當知重於後，而西皆未能也。如吾蛟川之薛白瑜、〔嚴校〕作『榆』。陳鴻賓、艾仲可、鄭調甫〔嚴校〕『鄭』作『陳』。諸先生，裂冠毁裳，逃名空谷，如〔校〕楊本無此字。疾風勁草，老而愈壯，庶幾古人，而西則師事焉而未逮也。其敢侈談義士乎？然則若西者，其恒河之沙，九牛之毛，三秋之落葉，不足爲世重輕，而甘自棄於先生者也。

此書蓋先生之自述云。

鮚埼亭集卷第二十八

〔楊注〕此卷傳四，列傳一，計五首。桴亭、石園、繼莊三先生，學者也；王仁庵，孝子也；李寒支，明之遺民，僅敘著書，故曰別傳，附之於末，合爲一卷。董永昌傳中云『兹録隱學書屋詩，乃撮其大節於左』，則此傳乃續甬上耆舊詩人傳也。況二十一卷内墓表已言之，故原目無有，而別本次王孝子傳後。

傳二

陸桴亭先生傳

理學、心學之分爲二也，其諸鄧潛谷〔注〕名元錫。之不根乎？夫理與心，豈可歧而言乎？〔校〕楊本作『也』。是亦何妄如之。當明之初，宗朱者蓋十八，宗陸者蓋十二，弓冶相傳，各守其説，而門户不甚張也。敬軒出，而有薛學；康齋出，傳之敬齋，而有胡學；是許平仲以後之一盛也。白沙出，而有陳學；

陽明出，而有王學；是陳靜明、趙寶峰〔二〕以後之一盛也。未幾，王學不脛而走，不特薛、胡二家爲其所折，而陳學亦被掩，波靡至於海門，王學之靡已甚。敬菴〔嚴注〕許孚遠。出於甘泉之後，從而非之，而陳學始爲薛、胡二家聲援。東林顧、高二公出，復理格物之緒言，以救王學之偏，則薛、胡二家之又一盛也。蕺山出於敬菴之後，力主慎獨，以救王學之偏，則陳氏之又一盛也。是時晉、楚之從，幾交相見。要之，溯其淵源而折衷之，則白沙未始不出於康齋，而陽明亦未嘗竟見斥於涇陽也，是乃朱子去短集長之旨也。耳食之徒，動詆陳、王爲異學，若與疇昔之詆薛、胡爲俗學者相報復〔校〕楊本下有『矣究』二字。亦不知諸儒之醇〔校〕楊本作『純』。駁何在，故言之皆無分寸。桴亭陸先生，不喜陳、王之學者也，顧能洞見其得失之故，而平心以論之，苟非其深造自得，安能若是。

先生之論白沙曰：『世多以白沙爲禪宗，非也。白沙，曾點之流，其意一主於洒脱曠閑，以爲受用，不屑苦思力索，故其平日亦多賦詩寫字以自遣，便與禪思相近。或强問其心傳，則答之曰：「有學無學，有覺無覺。」言未嘗有得於禪〔校〕楊本下有『宗』字。也。是故白沙「靜中養出端倪」之説，中庸有之矣。

〔二〕《沈注》趙寶峯，名偕，字子永，慈谿人，宋之宗室也，有集二卷。門人烏斯道序云：『先生早歲攻舉子業，以不窺聖涯即棄去，讀楊文元公書，有覺，而益致其力，見明而守固。文不追琢，不矯揉，皆發乎道心之正，非蹈襲乎末世之弊者。』

然不言戒懼慎獨，而惟詠歌舞蹈以養之，則近於手持足行無非道妙之意矣。不言覩聞見顯，而惟端倪之是求，則近於莫度金針之意矣。其言養氣，則以勿忘勿助〔校〕楊本作『勿助勿忘』。爲要。夫養氣必先集義，所謂必有事焉也。白沙但以勿忘勿助爲要，失卻最上一層矣。然白沙本與敬齋俱學於吴氏，皆以居敬爲主，白沙和此日不再得詩曰：「吾道有宗主，千秋朱紫陽，説敬不離口，示我入德方」是也。後來自成一家，始以自然爲宗，而敬齋則終身無所轉移，是以有狂狷之分也。其實白沙所謂自然者，誠也。稍有一豪之不誠，則粉飾造作，便非自然。而或者以率略放達爲自然，非也。」

其論陽明曰：『陽明之學，原自窮理讀書中來。不然，龍場一悟，安得六經皆湊泊。但其言朱子格物之非，謂嘗以庭前竹子試之，七日而病，是則禪家「參竹篦」之法，元非朱子格物之説，陽明自誤會耳。蓋陽明少時實嘗從事於禪宗，而正學工夫尚寡。初官京師，雖與甘泉講道，非有深造。居南中三載，始覺有得，而才氣過高，遽爲致良知之説，自樹一幟。是後畢生鞅掌軍旅之中，雖到處講學，然終〔校〕楊本作『總』。屬聰明用事，而少時之熟處難忘，亦不免逗漏出來，是則陽明之定論也。要之，致良知固可入聖，然切莫打破敬字，乃是壞良知也。其致之亦豈能廢窮理讀書。然陽明之意主於簡易直捷，以救支離之失。故聰明者喜從之，而一聞簡易直捷之説，則每厭窮理讀書之繁，動云一切放下，直下承當，心粗膽大，祇爲斷送一敬字，不知即此簡易直捷之一念，便已放鬆脚根也。故陽明在聖門，狂者之流，門人昧其苦心，以負之耳。』

其論整菴曰：『陽明〔校〕楊本下有『之』字。講學，在正德甲戌、乙亥之間。整菴困知記一書，作於嘉靖戊子、己丑之際。整菴自謂年垂四十始志學，正陽明講學之時也。其後致良知之説遍天下，而整菴之書始出。然則非陽明講學，則整菴將以善人終其身，而是書且不作，朋友切磋之功，其可少哉。整菴四十志道，年踰八十而卒，四十餘年，體認深切，故其造詣精粹。然其論理氣也，不識理先於氣之旨，而反以朱子爲猶隔一膜，則是其未達也。陽明工夫不及整菴十分之五，整菴才氣不及陽明十分之五，〔校〕楊本作『二』。于整菴，吾恨其聰明少；於陽明，吾恨其聰明多。』

其論白沙弟子曰：『甘泉隨處體認天理，即所謂隨事精察也。而陽明以爲求之於外，此是陽明之誤也。然讀甘泉之集，未見其體認得力處也，〔嚴評〕即甘泉鈐山堂集一序觀之，其生平底藴盡見矣，尚何學之可云。須知鈐山一序，白沙、陽明爲之，必不至如甘泉之醜。而門户之盛，則實始於甘泉。前此儒者，大都質過於文，行過於言，其氣象相似。敬軒而後，如二泉，如虚齋、涇野、莊渠，無不然者。甘泉始有書院生徒之盛，游談奔走，廢棄詩書，遂開陽明一派。東林繼統，欲救其弊，而終不能不循書院生徒之習，以致賈禍。此有明一代學術升降之關。莊渠之學粹矣，而不聞其替人者，以不立門户耳。然以視夫書院生徒之盛，而反以敗壞其師傳，則不若務其實不務其名者之勝也。故觀於方山之不肯附於講學，可以見當時講學之風之日下矣。』

其論陽明弟子曰：『姚江弟子，吾必以緒山爲巨擘，其序傳習録曰：「吾師以致知之旨，開示來學。學者躬修嘿悟，不敢以知解承，而惟以實體得。今師亡未及三紀，而格言微旨，日以淪晦，豈非吾黨身踐之不力，而多言有以病之耶？」〔校〕楊本作『歟』。此蓋〔校〕楊本作『論』。爲龍谿而發，而救正王學末流之功甚大。緒山當日，雖以天泉之會，壓於龍谿，然不負陽明者，緒山也。終背陽明之教者，龍谿也。』

又嘗謂學者曰：『世有大儒，決不別立宗旨。辟之大醫國手，無科不精，無方不備，無藥不用。豈有執一海上方，而沾沾語人曰：「舍此，更無科，無方，無藥」也？近之談宗旨者，皆海上方也。』

凡先生思辨録所述，上自周、漢諸儒，以迄於今，仰而象緯、律曆，下而禮樂、政事異同，旁及異端，其所疏證剖晰，蓋數百萬言，無不粹且醇，予不能盡舉也。其最足以廢諸家紛争之説，而百世俟之而不易者，在論明儒。顧明史儒林傳中，未嘗採也，予故撮其大略於此篇。

桴亭先生，姓陸氏，諱世儀，字道威，明南直隸蘇州府太倉人也。少嘗從事於養生之説而喜之，有所得矣，既而翻然曰：『是其於思慮動作皆有禁，甚者涕唾言笑皆有禁，凡皆以秘惜此精神也。如此則一廢人耳，縱長年〔校〕楊本作『生』。何用？〔校〕楊本下有『焉』字。』乃亟棄之，作格致編以自考，曰：『敬天者，敬吾之心也。敬吾之心如敬天，則天人可合一矣。故敬天爲入德之門。』及讀薛敬軒語録云：『敬天當自敬心始。』嘆曰：『先得我心哉！』自言於性學久而始融，初見大意於丙子、丁丑間，而了然於丙午、丁未後，蓋三折肱矣。世之略見者，恐言之太易也。初，四明錢忠介公牧太倉，一見即奇之，曰：『他日必以魁儒著。』張受先〔嚴注〕采。謂之曰：『講學諸公寥寥矣，蕺山其今日之碩果乎？曷與我往叩之。』先生擔簦從之，受先不果而止，終身以爲恨，因與同志之士陳言夏反覆致精。〔校〕楊本作『詳』。

流寇之患日甚，先生謂『平賊在良將，尤在良有司。宜大破成格，凡進士、舉、貢、監諸生，不拘資地，但有文武幹〔校〕楊本作『才』。略者，輒與便宜，委以治兵積粟守城之事，有功即以爲其地之牧令。如此，則將兵者所至，皆有呼應。今拘以吏部之法，重以賄賂，隨人充數，是賣封疆也。』時不能用。國亡，嘗上書南都不用。又嘗參人軍。事既解，鑿池寬可十畝，築亭其中，不通賓客，桴亭之名以此。

風波既定，至四明哭忠介，歸家始應諸生之請，庚子講於東林，已而講於毗陵，復歸講於里中。當事者累欲薦之，力辭不出。諸生嘗問知行先後之序，曰：『有知及之而行不逮者，知者是也。有行及之而知不逮者，賢者是也。故未可以概而論之。及其至也，真知即是行，真行始是知，又未可以歧而言之。』聞者無不嘆服。浙之西安葉靜遠，蕺山高弟也，千里貽書討論。先生喜曰：『證人尚有緒言，吾得慰未見之憾矣。』

予惟國初儒者，曰孫夏峯，曰黃梨洲，曰李二曲，最有名，而桴亭先生少知者。及讀其書，而嘆其學之邃也，乃仿温公所作文中子傳之例，采其粹〔校〕楊本作『緒』。言，爲傳一篇，以爲他日國史底本。

萬貞文先生傳

貞文先生萬斯同，字季野，學者稱爲石園先生，鄞人也，户部郎〔校〕楊本無此字。泰第八子。少不馴，弗肯帖帖隨諸兄，所過多殘滅，〔嚴評〕五字欠通。諸兄亦忽之。户部思寄之僧舍，已而以其頑，閉之空室中。先生竊視架上有明史料數十册，讀之甚喜，數日而畢。又見有經學諸書，皆盡之。既出，因時時隨諸兄後，聽其議論。一日伯兄斯年家課，先生欲豫焉。伯兄笑曰：『汝何知。』先生答曰：『觀諸兄所造，亦易與耳。』伯兄驟聞而駴之，曰：『然則吾將試汝。』因雜出經義目試之，汗漫千言，俄頃而就。伯兄大驚，持之而泣，以告户部曰：『幾失吾弟。』户部亦愕然曰：『幾失吾子。』是日，始爲先生新衣履，送入塾讀書。逾年，遣請業於梨洲先生，則置之絳帳中高坐。

先生讀書，五行並下，如決海堤，然嘗守先儒之戒，以爲無益之書不必觀，無益之文不必爲也，故於書無所不讀，而識其大者。

康熙戊午，詔徵博學鴻儒，浙江巡道許鴻勳以先生薦，力辭得免。明年開局修明史，崑山徐學士元文延先生往。時史局中徵士，許以七品俸稱翰林院纂修官，學士欲援其例以授之。先生請以布衣參史局，不署銜，不受俸，總裁許之。諸纂修官以稿至，皆送先生覆審，先生閲畢，謂侍者曰：取某書，某卷某葉有某事，當補入；取某書，某卷某葉，〔校〕楊本有『有』字。某事當參校。侍者如言而至，無爽者。明史稿五百卷皆〔校〕楊本下有『多』字。先生手定，雖其後不盡仍先生之舊，而要其底本足以自爲一書者也。

先生之初至京也，時議意其專長在史，及崑山徐侍郎乾學居憂，先生與之語喪禮，侍郎因請先生纂讀禮通考一書，上自國卹，以訖家禮，十四經之箋疏，廿一史之志傳，漢、唐、宋諸儒之文集、説部，無或遺者；又以其〔校〕楊本無此字。餘爲喪禮辨疑四卷，廟制折衷二卷，乃知先生之深於經。侍郎因請先生遍〔校〕楊本作編。成五禮之書，二百餘卷。當時京師才彦霧會，各以所長自見，而先生最闇淡，然自王公以至下士，無不呼曰萬先生。而先生與人還往，其自署祇曰『布衣萬斯同』，未嘗有他稱也。安溪李厚菴最少許可，曰：『吾生平所見不過數子，顧寧人、萬季野、閻百詩，斯真足以備石渠顧問之選者也。』

先生爲人和平大雅，而其中介然。故督師〔嚴注〕楊嗣昌耶？之姻人，方居要津，乞史館於督師少爲寬假，先生歷數其罪以告之；有運餉官以棄運走，道死，其孫以賂乞入死事之列，先生斥而退之。錢忠介公嗣子困甚，先生爲之營一衿者累矣，卒不能得，而先生未嘗倦也。父友馮侍郎躋仲諸子没入勳衛家，先生贖而歸之。不矜意氣，不事聲援，尤喜奬引後進，惟恐失之，於講會中，惓惓三致意焉，蓋躬行君子也。卒後，門人私謚曰貞文。

所著有：補歷代史表六十四卷，〔楊校〕作『六十卷』。紀元會考四卷，宋季忠義録十六卷，南宋六陵遺事二卷，庚申君遺事一卷，河源考四卷，儒林宗派八卷，石鼓文考四卷，文集八卷，而明史稿五百卷，讀禮通考一百六十〔校〕楊本無『六十』二字。卷，别爲書。今其後人式微，多散佚不存者〔一〕。先生在京邸，擕書數十萬卷，及卒，旁無親屬，錢翰林名世以弟子故，衰絰爲喪主，〔校〕楊本有『事畢』二字。取其書去，論者薄之。予入京師，方侍郎靈皋謂予曰：『萬先生真古人，予所見前輩諄諄教人爲有用之學者，惟萬先生耳。』自〔校〕楊本無此字。先生之卒，蕺山、證人之緒，不可復振，而吾鄉五百餘年攻媿、厚齋文獻之傳，亦復中絶，是則可爲太息者矣。

先生之志，姚人黄百家、閩人劉坊、吴人楊无咎皆爲之，〔嚴注〕鄭禹梅有跋翁傳。黄志最覈。其後方侍郎爲之表，則尤失考據，至謂先生卒於浙東。斯言不見本表，而見於梅定九墓文中。則是〔校〕楊本有『時』字。侍郎身在京師，乃不知先生之卒于王尚書史局中，而曰『欲弔之而無由』，其言大可怪。侍郎生平於人之里居、世系，多不留心，〔嚴評〕謝山於人之世系，亦復疏忽，何乃不自知耶？自以爲史遷、退之適傳皆如此，

〔一〕〔楊注〕温睿臨紀元彙考序云：季野著書，已刊者，史表及石經考二卷。未刊者，尚有廟制圖考四卷、周正彙考八卷、歷代宰輔彙考八卷、羣書疑辨十六卷、書學彙編二十二卷、（今本十卷。）河渠考十二卷、（浙江采集書目作明代河渠考四册。）讀禮附論一卷、（見經義考。）聲韻源流考二册、（見浙江采集書目。）石園詩文集二十卷，（見温序。）六陵遺事一卷、（見温序。）河源考二卷。（温序作崑崙河源序。又按四庫全書作一卷。）

乃大疏忽處也〔二〕。又謂先生與梅定九同時，而惜先生不如定九得邀日月之光，以爲泯没，則尤〔校〕楊本作『又』。大謬。先生辭徵者再，東海徐尚書亦具啟〔校〕楊本下有『事』字。欲令以翰林院纂修官領史局，而以死辭之。蓋先生欲以遺民自居，而即以任故國之史事報故國，較之遺山，其意相同，而所以潔其身者，則非遺山所及，況定九乎？侍郎自謂知先生，而爲此言，何其疏也。先生嘗言遺山入元不能堅持苦節爲可惜。

劉繼莊傳

劉繼莊者，名獻廷，字君賢，順天大興縣人也，先世本吴人，以官太醫，遂家順天。繼莊年十九，復

〔二〕〔楊注〕案望溪集萬季野墓表云：『丙子之秋，余將南歸，要余信宿其寓齋，曰：「吾老矣，子東西促促，吾身後之事，預以屬子。」及余歸踰年，而季野客死。戊戌夏六月，卧疾塞上，始表而志，距其殁，蓋二十有一年也。』考季野卒于康熙二十七年戊寅，至戊戌恰二十一年矣。又望溪隸漢軍，北徙塞外在五十二年癸巳。而梅徵君墓表云：『丙子之秋，余與季野别于京師，即預以志銘屬余。及余北徙，而季野卒于浙東。過時乃聞其喪，爲文將以歸其子姓，叩之鄉人，莫有知者。』審其文義，似季野之卒，在癸巳以後，則錯誤之甚，尤可怪也。又案温序紀元彙考云『壬寅正月，先生誕辰，余與諸友醵金往壽。先生曰：「余不敢當也，雖然，諸君厚意不可卻，余有歷代紀元彙考一書，以是爲剞劂資，子且爲我序之。」時先生已患脚氣，余諾之，而不暇爲。及四月，工未竣，而先生殁。陳子素堂竟其事，余乃序之以行世。』據此，季野蓋後戊寅四年卒，康熙四十一年也。則墓表所云：『余歸踰年而季野客死』亦謬。〔嚴（？）注〕案望溪集中有墓表，專記其作明史稿之旨，他皆不具。此傳始末燦然，足補其缺。錢竹汀氏合爲一編，阮文達國史儒林傳稿之底本也。

寓吳中，其後居吳江者三十年〔一〕，晚更遊楚，尋復至吳，垂老始北歸，竟反吳卒焉。崑山徐尚書善下士，又多藏書，大江南北宿老爭赴之。繼莊遊其間，別有心得，不與人同。萬隱君

〔一〕《楊注》案廣陽雜記云：『予年十九歲去鄉井，寓吳下三十年，飲食起居與吳習，亦自忘其爲北產矣。丙辰之秋，大病幾死，少愈，所思者皆北味，夢寐中所見境界，無非北方幼時熟遊之地。以此知漢高之思豐沛，太公之樂新豐，非誣也。』傳云『繼莊年十九，復居吳中，其後居吳江者三十年』，即本諸此也。雜記又云：『乙亥同諸子游鬱弇，弇本汪氏園亭也。歲在辛亥，予年二十三歲，偕顧小謝初游臨安。時予鄉達盧瑞臣分司嘉興鹽鹺，予友李虎文贅于其家，往訪焉。虎文設席于此，款小謝及予，爲竟日歡，宛如昨日，屈指計之，二十六年矣。瑞臣、虎文皆作古人，予與小謝亦頭童齒豁，而鬱弇積敗零落，盡換當年風景矣。自非金鐵爲懷，能不愴然淚下也。』按辛亥乃康熙十年，繼莊年二十有三，計其生，在順治六年己丑也。乙亥康熙三十四年，繼莊年四十有七矣。考繼莊游歷所至，雜記中有記其年者有六：『甲子（康熙二十三年。）在包山，丁卯（二十六年。）余將北上。』又云：『丁卯入都，辛未（三十年。）之春，余至玉峯。』又云：『辛未春寓薦嚴寺。』又云：『辛未八月朔，舟泊大通。』又云：『辛未予寓漢上，壬申（三十一年）之春，與梁質人遇于星沙。』又云：『壬申之春，始登衡山。』又云：『壬申之夏于衡州署中。癸酉（三十二年。）四月望後二日，舟泊昭陵。甲戌（三十三年。）元宵前一日于彬陽旅邸。』又云：『甲戌四月十六日于郴州。』按繼莊于康熙六年丁未來吳，至二十六年丁卯入都，恰二十年。記云『寓吳下三十年』，疑譌二爲三也。在都寓東海尚書京邸。尚書戊辰解部務，仍領史志各館總裁。庚午春，始帶書局歸里。繼莊亦于是時還吳矣。辛未爲楚游，至甲戌仍返吳下。明年乙亥，年四十有七，而雜記中甲子，無有後于乙亥者。則杲堂傳云『卒年四十八』，殊得其實。謝山疑其爲明之遺民，故云『其年長矣』。并誤會『丙辰之秋』四字，竟不知其生於順治己丑也。繼莊先之燕，後之楚。傳云『晚更游楚，尋復至吳，垂老始北歸，竟返吳卒焉』，亦非也。

季野於書無所不讀，乃最心折於繼莊，引參明史館事。顧隱君景范、黃隱君子鴻長於輿地，亦引繼莊參一統志事。繼莊謂諸公考古有餘，而未切實用。及其歸也，萬先生尤惜之，予獨疑繼莊出於改步之後，遭遇崑山兄弟，而卒老死於布衣，又其栖栖吴頭楚尾間，漠不爲枌榆之念，將無近於避人〔校〕楊本作『世』。亡命者之所爲，是不可以無稽也，而竟莫之能稽。且諸公著述皆流布海内，而繼莊之書獨不甚傳，因求之幾二十年〔校〕楊本下有『而』字。不可得。近始得見其廣陽雜記於杭之趙氏，蓋薛季宣、王道甫一流。嗚呼！如此人才，而姓氏將淪於狐貉之口，可不懼哉！

繼莊之學，主於經世，自象緯、律曆，以及邊塞、關要、財賦、軍器之屬，旁而岐黃者流以及釋道之言，無不留心；深惡雕蟲之技，其生平自謂於聲音之道，別有所窺，足窮造化之奥，百世而不惑。嘗作新韻譜，其悟自華嚴字母入，而參之以天竺陀羅尼、泰西蠟頂話，小西天梵書，暨天方、蒙古、女真等音，又證之以遼人林益長之説〔二〕，而益自信。同時吴修齡自謂蒼頡以後第一人，繼莊則曰：『是其於天竺

〔二〕〔楊注〕林益長（名本裕，遼左人，滇撫林天擎第四子。）著聲位左編一册。其學得之馬盤什，以開、承、轉、縱合宫、商、角、徵、羽，即陰、陽、上、去、入也。豎，照華嚴字母十二位，別立閏位，一共十三攝。横，開二十五聲。華嚴字母二合、三合皆具一焉。別有有音無字一位，爲號識之；有字音者，亦止二十二位耳。以一入聲收六平、三上去入，如『公○鞏貢穀』、『孤○古故穀』、『句○狗彀穀』是也。餘不異人，意惟六平收一入聲，爲創獲耳。馬盤什，馬三寶第二子，形貌丰偉，聰慧絶人，不假師授，自悟等韻字母之非，更爲新韻，雄視宇宙。嘗謂人曰：『假我數年，以盡聲音之變，雖鴉鳴鵲噪，吾有以通其語言矣。』滇黔平，盤什亦就僇。廣陵散于今絶矣。見廣陽雜記。

以下書皆未得通，而但略〔校〕楊本無此字。見華嚴之旨者也。』繼莊之法，先立鼻音二，以鼻音爲韻本；有開有合，各轉陰陽上去入之五音。陰陽即上下二平共十聲，而不歷喉腭舌齒脣之七位，故有横轉無直送，則等韻重疊之失去矣。次定喉音四，爲諸韻之宗；而後知泰西蠟頂話，女直國書，梵音尚有未精者。以四者爲正喉音，而從此得半音、轉音、伏音、送音、變喉音；又以二鼻音分配之，一爲東北韻宗，一爲西南韻宗。八韻立，而四海之音可齊。於是以喉音互相合，凡得音十七；喉音與鼻音互相合，凡得音十；又以有餘不盡者三，合之，凡得音五，共三十二音爲韻父；而韻歷二十二位爲韻母；横轉各有五子，而萬有不齊之聲，攝於此矣〔一〕。嘗聞康甲夫家有紅毛文字，惜不得觀之，以合泰西蠟頂語〔校〕楊本作『話』。之異同。又欲譜四方土音，以窮宇宙元音之變，乃〔校〕楊本作『即』。取新韻譜爲主，而以四方土音填之，逢人便可印正。蓋繼莊是書，多得之大荒以外者，囊括浩博，學者驟見，而或未能通也。

〔一〕〔楊注〕繼莊之子，小名阿燮。廣陽雜記云：『兒子阿燮因林益長本著音譜一册，不分五音，以入聲爲門，每門收三韻，如穀字一門，收公句孤三，餘放此。界畫精工，字亦端楷。宗夏在秦中，與之深論此事，互有發明。然二子皆以五聲爲非，謂上、去皆有陰陽，則大愚也。普天之下皆不知有四聲，而此竅發之于沈約，沈氏四聲，平聲初二，已伏五聲之根矣，但未確分陰陽耳。周德清、蕭尺木等確知有五聲，而世之言音韻者尚多未悟。予幼未見諸家韻書，已確見此理，所定韻譜，悉五聲。馬盤什、林益長之説，後聖復起，不異同也。而何燮毅然著書？宗夏作書與龍友辨論。宿見習聞封錮聰明，如此哉！』據此其子亦志於學者，惜也無年。

其論向來方輿之書，大抵詳于人事，而天地之故，概未有聞。當於疆域之前，別添數則：先以諸方之北極出地爲主，定簡平儀之度，制爲正切線表，而節氣之後先，日蝕之分杪，五星之陵犯占驗，皆可推矣。諸方七十二候，各各不同，如嶺南之梅，十月已開，〔校〕楊本有『湖南』二字。桃李臘月已開，而吴下梅開於驚蟄，桃李開於清明，相去若此之殊。今世所傳七十二候，本諸月令，乃七國時中原之氣候。今之中原，已與七國之中原不合，則歷差爲之。今於南北諸方，細考其氣候，取其核者，詳載之爲一則，傳之後世，則天地相應之變遷，可以求其微矣。燕京、吴下，水皆東南流，故必東南風而後雨；衡、湘水北流，故必北風而後雨。諸方山水之向背分合，皆當按籍而列之，而風土之剛柔，暨陰陽燥濕之徵，又可次第而求矣。諸方有土音，又有俚音，蓋五行氣運所宣之不同，各譜之爲一則，合之土産，則諸方人民性情風俗之微，〔校〕楊本作『徵』。皆可推而見矣。此固非一人所能爲，但發其凡，而分觀其成，良亦古今未有之奇也。

其論水利，謂『西北乃二帝三王之舊都，二千餘年未聞仰給於東南，何則？溝洫通而水利修也。自劉、石雲擾，以訖金、元，千有餘年，人皆草草偷生，不暇遠慮，相習成風，不知水利爲何事。故西北非無水也，有水而不能用也。不爲民利，乃爲民害，旱則赤地千里，潦則漂没民居，無地可瀦，無道可行，人固無如水何，水亦無如人何。虞學士始奮然言之，郭太史始毅然行之，未幾竟廢，〔校〕楊本有『有明』二字。三百年無過而問者。有聖人者出，經理天下，必自西北水利始。水利興，而後足食，教化可施也。西北水利，莫詳於水經酈注，雖時移勢易，十猶可得其六七。酈氏略於東南，人以此少之，不知水道之當詳，正在西北。』欲取二十一史關於水利、農田、戰守者，各詳考其所以，附以諸家之説，以爲之疏，以爲異日施行者之考證。

又言朱子綱目非其親筆，故多迂而不切，而關係甚重者反遺之，當别作紀年一書。

凡繼莊所撰著，其運量皆非一人一時所能成，故雖言之甚殷，而難於畢業，是亦其好大之疵也。

又言聖王之治天下，自宗法始。無宗法，天下不可得治，宜特爲一書以發明之。是則儒者之至言，而惜其書亦未就。

予之知繼莊也以先君，先君之知繼莊也以萬氏。及余出遊於世，而繼莊同志，如梁質人、〔楊注〕份。王崑繩〔楊注〕源。皆前死，不得見，即其高弟黄宗夏〔楊注〕瑚。亦不得見。故不特繼莊之書無從蹤跡，而逢人問其生平顛末，杳無知者。因思當是時，安溪李閣學最留心音韻之學，自謂窮幽探微，而絶口不道繼莊與修齡，咄咄怪事，絶不可曉。何况今日，去之六七十年以後，□□□〔校〕楊本作『而繼莊』。〔嚴校〕乙去三字。并其出處本末而莫之詳，益可傷矣。

近者吴江徵士沈彤獨爲繼莊立傳，〔嚴注〕今果堂集中無此文。蓋繼莊僑居吴江之壽聖院最久，諸沈皆從之遊。及其子死無後，即以沈氏子爲後，然其所後子，今亦亡矣，故彤所爲傳，亦不甚詳。若其謂繼莊卒年四十八，亦恐非也。繼莊弱冠居吴歷三十年，又之楚之燕，卒死於吴，在壬申以後，則其年多矣。蓋其人蹤跡非尋常遊士所閱歷，故似有所諱而不令人知。彤蓋得之家庭諸老之傳，以爲博物者流，而未知其人。予則雖揣其人之不凡，而終未能悉其生平行事，乃即據廣陽雜記出於宗夏所輯者〔一〕，略求得其讀書、著書之概，因爲撮拾而傳之，以俟異日更有所聞而續序之。

予又嘗聞之：萬先生與繼莊共在徐尚書邸中，萬先生終朝危坐觀書，或瞑目静坐。而繼莊好遊，每日必出，或兼旬不返，歸而以其所歷告之萬先生，萬先生亦以其所讀書證之，語畢復出。故都下求見此二人者，得侍萬先生爲多，而繼莊以遊罕所接。時萬先生與繼莊，各以館脯所入抄史館秘書，連甍接架。尚書既去官，繼莊亦返吴，而萬先生爲明史館所留。繼莊謂曰：『不如與我歸，共成所欲著之書。』萬先生諾之，然不果。繼莊返吴，不久而卒，其書星散。及萬先生卒於京，

〔一〕《楊注》廣陽雜記五卷，歸安徐明府元禧手鈔本，陳生購得之，出以示余。余讀之，見其汲古甚疏，如詩有五際，翼奉之言，蓋本諸詩緯含神霧紀歷樞，而郎顗、孟康皆主之，齊詩之學也，乃不知自出何耶？其他詁訓，尤爲陋略。然繼莊固經世之士也，雖拙于考證，亦無害耳。其曰：『管子雖不純乎一家言，自是經世奇書。三代而後，經綸天下者，俱不能出其範圍。諸葛孔明千古一人，其學術全從此書出。儒者過信孟軻氏之言，束之高閣，不思仲尼以仁許之是何意指。』此繼莊之特識也。自宋人抗言高論，動云天德王道，及其設施，求爲黄老申韓之治，亦不可得，何況管仲。世之志藝文者，列管子商、韓、鄧析之間，其猶拾腐儒之餘唾歟？余謂當補書其論管子一則于傳中，以見繼莊學術之所自來。

其書亦無存者。繼莊平生講學之友，嚴事者曰梁谿顧畇滋、衡山王而農，而尤心服者曰彭躬菴。以予觀之，躬菴尚平實，而繼莊之恢張殆有過之。惜乎不得盡見其書以知其人，更二三十年，直泯没矣。世有如晁子止、陳直卿者，倘附存其新韻譜之目，而以予所述其書之大意，志於其後，猶可慰繼莊於身後也。繼莊書中所述大兵征俄羅斯及王輔臣反平涼文，俱極可喜。

繼莊之才極矣，顧有一大不可解者，其生平極口許可金聖嘆，〔楊注〕余見繼莊評左傳及漢樂府，議論頗與聖歎相近，故傾倒若此。是謝山殆未之見也。故吴人不甚知繼莊，間有知之者，則以繼莊與聖嘆並稱，又咄咄怪事也。聖嘆小才耳，學無根柢，〔校〕楊本作「株」。繼莊何所取而許可之？乃以萬季野尚有未滿，而心折於聖嘆，則吾無以知之。〔校〕楊本下有「矣」字。然繼莊終非聖嘆一流，吾不得不爲别白也。〔嚴評〕聖歎於經史根柢之學，固未敢輕許，至其才識，實有絶人之處，繼莊之歎賞，殆非苟而已也。

蓬萊王孝子傳 〔校〕楊本無「蓬萊」二字。〔楊注〕辛亥，年二十七。

山左學使者羅君竹園〔楊注〕名鳳彩，字苞儀，雲南石屏人，雍正元年癸卯進士，九年任山東學政時，爲户科給事中。示予蓬萊王孝子事跡，士〔校〕楊本作「奇」。之甚，大之甚。君曰：『先生曷以文發之。』作王孝子傳。

王恩榮者，字仁菴，山東登州府蓬萊縣人也。爲人原款而深挺，貌修骨聳，造次不能以文自達。

蓬萊縣小吏尹奇强，性險猾，頗以巫醫之術有寵於官。恩榮父永泰因置産與角口，被毆中要害，立死。時恩榮甫九歲，祖母劉氏年高，門户軟弱，訟之官，不得直，僅給埋葬銀十兩，祖母内傷自縊。恩榮母劉氏，健婦也，瘞其姑，藁厝永泰棺于市，僦屋其旁居之，大書曰：『豎子！殺爾父者誰也？』泣血三年，病甚，呼恩榮至榻前，授以官所給銀曰：『汝家以三喪易此，海枯石爛，存此志恨，不可忘也。豎子識之。』

恩榮既洊罹大事，家盡落，依舅以居，厲志讀書。稍長，補諸生，誓於父柩前尋仇，以斧自隨。其舅患之，誘居長山島中，禁勿令出，因諭之曰：『豎子之志固當，但殺人者死，是國法也，爾父之鬼餒矣。』恩榮流涕聽命。恩榮晝取史記伍子胥、白公列傳朗讀，讀已痛哭，夜静焚香，長跪告天，絮語達旦；時或困倦假寐，輒連聲魘厭，〔嚴評〕『魘』，俗字，只當作『厭』。此二字可連用耶？大呼怨家在此。

年二十八，舉子，辭于舅曰：『可矣。』遂行，踰月忽遇奇强于道，揮斧急擊，稍遠不中，乃投以石，仆地，道旁人争抱持之，得免。奇强諱不言，裹足不出。一日，偶獨立門首，又爲恩榮所見，直前斫中其首，帽厚，偏引至耳，扶傷脱走。其家奔訴于官，時已年遠，吏胥案牘，概無可證。恩榮出母故所弆〔校〕楊本作『畀』。銀陳之訟庭，硃批爛然，旁以血書鈐之。縣令歎曰：『至性人也，何不幸而遇此！吾欲尼爾，則傷終天之恨；吾欲聽爾，則違累赦之條。周禮調人之法具在，各爲趨避已耳。』恩榮于是噭然而哭，縣令亦哭，堂廡内外觀者盡哭。恩榮既再舉不得，奇强亦遠遁棲霞。相隔八年，適蓬萊縣人有患病者，力延奇强禱治，奇强亦以事久稍安，入城過一小巷，四顧無人，方裴回間，俄而恩榮突出扼之。奇强皇窘，伏地乞哀，恩荣謂之曰：『吾父遲爾久矣。』遽劈其腦，腦裂，以足連蹴其心而絶。於時見者驚出不意，相率前擁恩榮。恩榮笑曰：『豈有白日殺人，乃畏死者？』遂自繫赴縣。會奇强家訟當日永泰故自縊，非毆死，縣令欲開棺驗視。恩榮請曰：『小人已有子矣。寧抵死，不忍再暴父骸，以受毀折。』叩頭出血，縣令惻然，乃爲博問于介衆，皆曰：『恩榮言是。』遂逕詳法司。法司議曰：『古律無復仇之文，然查今律有：「〔殺擅〕〔擅殺〕行凶人者，予杖六十；其即時殺死者不論。」是未嘗不教人復仇也。恩榮父死之年，尚未成童。其後疊殺不遂，雖非「即」，猶「即」矣。况其視死如飴，激烈之氣有足嘉者，相應特予開釋，復其諸生。』即以原貯埋葬銀還給尹氏，以章其孝，且將具題旌禮。恩榮之舅聞之，見有司曰：『豎子求見其父母耳。夫人遭奇禍，以要旌門式閭之榮，又何忍矣。』法司嘆曰：『汝亦賢者也。』遂止，而祀其母於祠，時康熙四十八年也。其時涖恩榮事者，撫軍則中吴蔣〔校〕楊本下有『侍郎』二字。陳錫，〔楊注〕字文孫，常熟人，副使伊之長子，大學士文肅公廷錫之兄也。康熙乙丑進士，除富平知縣，擢禮部主事，累官山東巡撫，雲貴總督。提學則北平黄侍講叔琳，與滇南李觀察發甲云。

全子曰：恩榮年六十餘，猶爲諸生，以目眚乞休于竹園，蓋故泣血時所成疾也。東人所作恩榮詩文劇多，類拉雜難上口，翻不如法司讞語，歷落可喜。予因别撰一通以貽之。

董永昌傳

董永昌雱，字山雲，一字復齋，諸生應遵孫也，由太學生知房縣，累官知永昌府，致仕。子弦，嘗請予表其墓，竊嘆其歷官所至，有古循吏風，然不特進取未遂，且以此罷官，不特天下之人莫有知之者，并吾鄉之人亦不知。世無孫可之，彼何易于輩固應沉屈。兹録隱學書屋詩，乃撮其大節于左：

永昌之知房縣也，房在鄖之萬山中，『十三家』餘孽，安集未久，井竈蕭然。先是房之田分三等，其賦以是爲差。及亂後，阡陌荒蕪，有司招民以墾。其時民所墾者上中二等之田，而所報者下等之賦，牧守志在勞來，不加詰也。至是有詔令〔校〕楊本作『命』。長吏募民墾荒，其能盡地力者，得書上考。荆、襄、鄖、鄖之間，有司各踊躍從事，而房縣獨闃然。牧守疑之，以問永昌，則對曰：『小民貪一時之利，不顧後來之患。今房之所未墾者，下等磽瘠石田耳。墾之，所入甚少，而其賦額之在藩司者，皆上等課也，且將不償所出。下官已召耆老，戒無妄動矣。孟子以闢草萊爲有罪者，此類是也。』牧守不以爲然，笑曰：『吾儕居官，傳舍耳，但得書上考以去，何鰓鰓過慮爲！』而永昌終力持之，得止。嗚呼！由此後三十年持節開府大臣河東王士俊、廣西金鉷所爲觀之，耰鋤遍于境内之沙礫，其强民以田也，如驅之出兵者然，卒爲中州、南土之大患。一民報墾，竭其故田之所入，以充其新田之賦，尚爲不足，而新田終于不毛。然後知永昌之所見者早，惜其僅持之彈丸之地，不得以此論聞之當宁也。

荆門大盗誣房民以與謀，及密訪之，則荆門之吏役私令其多所連染，以爲羅織計，而房民實不豫。然已聞之憲司，非所能抗，乃遣房吏衛之行；既出境，醉荆門之吏而遣之，其人遂挈家十餘口入蜀避之。其仁心惠政，有出於成例之外多如此。

其同知永昌也，遮放、猛卯二土司争界，制府檄往訊之。瘴氣方盛，雖本土吏胥皆請稍緩之，土官亦意使者之必不遽至也。永昌謂事久或成變，王陽爲孝子，王尊爲忠臣，勢難畏縮，遂慨然而行，卒亦無恙，前此所未有也。

其同知萊州也，昌邑素困大水，乃濬其河，捐資築長堤于縣南以捍之，遂絶水患。及去，萊人老幼祖送不絶于道。

其知永昌也，僅七月而解組。是時制府議開孟迺銀山，下其檄于府。永昌謂孟迺乃土司，若開山則勢必遣大衆，既遣大衆，勢必凌蠻户，而金刀所在，漢人與蠻户必有互相攘竊之事，且成亂階，以書力争。制府頗不喜。會六月市中米價驟涌，民多死者，金齒〔校〕楊本無此二字，作『君念若』。文移至行省，往返需六旬，嘆曰：『吾不能待請而行矣。』乃以便宜發倉平糶，并借施甸之穀以給之，而飛騎請擅行之罪於制府，果遭嚴譴。然無過可指，乃以年近七十，年老不及，去官，蓋猶以前議也。既而制府亦頗知孟迺之不可輕入，稍悔之，得中止，且深嘆〔校〕楊本無此字。歉仄，而天子亦有原官致仕之命。論者謂其時制府固賢者，非竟屬時風衆勢齷齪之徒也。開礦爲明神廟時厲政，不可行于中土者，何況番部。至於便宜施賑，乃汲長孺所以見知于武皇，而〔校〕楊本作『乃』。今以之罹咎，不亦可爲太息乎？然永昌雖以此去官，而卒能感悟制府，遏其議而不行，是則身雖去而言得用，亦可以無恨矣。

永昌少隨萬徵君季野遊，得聞證人之教，所謂儒者之得力，蓋在此〔校〕楊本作『斯』。乎？其詩不事修飾，稱情而出。仲子弦，季子宿，皆與予善。〔楊注〕弦，字樂窩，能擘窠書，兼習繪事。宿，字守素，工隸書。兄弟皆能詩，相唱和。永昌之歿，〔校〕楊本作『卒』。去今不十餘年，諸子貧甚，其清操又可知也。

李元仲別傳 〔校〕本篇原缺，從龍尾本補。

李世熊，字元仲，福建之寧化縣人也，學者稱檀河先生。明崇禎間，稱古文者：東鄉艾南英、晉江曾異撰、番禺黎遂球、南昌徐世溥暨世熊，而歸德侯方域輩尚稍後。國難以還，枯槁蕉萃，從事于故國之音塵，乃卒得保其首領以終，固其智略，然亦有天幸焉。近人爲作傳者，頗不能發明其志概，予得從南雷書庫中，見其所傳狗馬史記而異之，三復之餘，爲之泫然出涕，嘆曰：『其文之音節雖非離騷，其立言之旨則與之争光可也。』乃仿舊史之例，删節其諸序，而即以爲其傳。嗚呼！此足以盡其志概矣。

其第一序曰：

紀治亂，必審其正傾；定正傾，必測其表晷。晷正，則南北陰陽俱正也。地晷于天，聖人晷于天地，物晷于人，彝晷于夏。比其傾也，天晷移而聖晷匿，罔兩樹梟而試陰陽之器。罔兩之樹梟，則必于夜也，不則酸雨毒霧也，不則萬目皆盲也。何也？晷不可見也。羲和未揚，若華未光，雖馳走强陽，影固無所屯也。不可見而猶稱曰表者，則罔兩之微睇，自爲燿燿，而意北意南也。非獨掩日，而意南北之方必將倒梟而易聖人之位，聖人則死矣。有其類裔焉耳，有其六經焉耳，是皆聖人之晷也。梟之倒也，必以文王晷于豝豵，姒妃晷于厖吠，太保晷于狼疐，仲尼晷于纍狗，管仲晷于嚾囓。此數聖賢者，皆天之表晷哉。天梟盡〔校〕章式之鈔本作『燼』。則聖晷絶，世皆蘊火而晝息，然猶有障面而行，避日而趨，索蔭穿竇而馳且嬉者，是尚知有日威之赫也哉。梟未燼而晷未絶也。何也？今使周公血口而植圭，仲尼反衽而修策，曾、閔毁髪而御親，游、夏刲豕而操戟，子華弛章而相賓，仲由斷纓而降北，雖甚鷙猛，必贊其不可也。鷙猛以爲不可，而周、孔之類裔，誦法六經，多莫不可者，是則天地爲敗竈，而人爲濕薪；天地爲市釜，而人爲臛肉矣。不然，則皆冥與盲矣，皆霧與雨矣。冥盲霧雨之事，則雉求牡也，鴻離魚也，鴟取子也，犬豕交于宮，妖馬騰于禁，而野狐升于座也。亦豈有南簡、董狐者，揚燎秉炬，泚筆而書瞢闇者乎？南、董所不書，而我則書之，且疊書之，我則許世之爲冥盲霧雨也。晷則圖影而像之云爾，景則不見𤇆火而燭之云爾。夜之人，不能撲我燭而滅厥景也，〔校〕上句，楊本作『其能撲我燭而滅厥景不也』。罔兩之晷〔校〕章鈔本作『梟』。仆之哉。

然則將不旦乎？何哉？其不旦也，曜靈升而爝熄，爝熄〔校〕楊本無上二字。而晷正，南北陰陽，童子緩步而量其修短矣。夏首有人見髮景而疑鬼也，嫉之而反走。走愈疾，而髮景逾逼，蹶然喪氣，而薾然〔校〕章鈔本無此字。死。夜之人，其以我書爲髮景哉？其以我書爲陽燧哉？

其第二序曰：

日晷匿而萬景熄，我圖影而醜之，得無以我爲秦政之繪工，圖海神之獰，而自爲厲哉？我則有大悲焉，大恥焉，大憤焉。日之入于虞淵也，懸十鑑而不見鬚眉，則以天下之人皆無景矣。在月中則指爲鬼，在日中則以爲老人之子。老人之子，生而不識父母。鬼之惡明也，則于墟墓慨嘯焉。天下皆失父母而入墟墓，慘哉！隋有妖人焉，將蠱衆而用之，則懸鏡令照之，或影爲侯王將相，或影爲犬馬蛇豕。于是惶駭而服之，〔校〕章鈔本有『服之』二字。而畜影乃更爲侯王，天下晝炫于妖鏡矣。是面有莩，而病有忘也。海濱有犀焉，自醜其影，〔校〕章本作『形』。不忍鑑也。覩清淵焉，必憤而淈濁之，請淵之陷，〔陷〕從楊本補。惡景也，無算矣。曾無揚泥而湮其瀦者，是目〔校〕章鈔本作『日』。有翳而中有瘀也。悲夫！天下睢睢，而我則涕且喜；天下莫莫，而我則濊且怍；是何爲哉？春羽如簧，而鼈靈之鳥獨愴愴啼血，血盡而悲極，卒不知所悲者爲何也。屋穀比鄰，鮑豬交薦，人不相羞也。風貍獨見人而掩面，必以其可羞者人也，卒不知所羞者何事也。勾踐失國，越之人未怒也，而鼃獨怒之。越之人未喻也，而勾踐獨式之，卒不知鼃所發憤者，誰賈之氣也。嗚呼！

以上帝之蕩，而日月之皜，使我而獨爲鼈靈之鳥，使我而獨爲羞貍與怒鼉也，我則細且危哉！乃尚圖其影而彼之醜耶？

其第三序曰：

史之有例也，自釋春秋者始也。名士、畸人有傳，哲謀、排難、報怨有傳，前乎史者未聞也。是亦例乎？曰變也。世變則例變，以義起也，以悲起也，以恥起也，〔校〕楊本上三句皆無「也」字。以憤起也。昔之亡主〔校〕章鈔本作「王」。屛棄耇老，剷刈謀臣，則有抉目懸闉，憤發背死，眼光淪地，自墮長城者。令盈廷倀倀，黔默淪胥，〔校〕楊本作「倀默淪胥」。有瞻言百里，謀臧其違者乎？故傳哲謀，悲鄙闇也。崇、弘〔校〕楊本無此二字。甲乙之間，浙、閩蕩析之日，其蒙面而竊糈者，皆掇巍科，獵〔校〕章鈔本作「歷」。古文，口談忠孝，筆搖華岱者也。無望矢靡他矣，曾有賁鴆封刃，迫脅從起者乎？非當世所謂名士乎？故傳之，恥之，悲之也。昔之興王，多有瀕危而免，幾敗獲全者：康王以泥馬渡河，昭烈以的盧出險，孫權飛越于津橋，克用禁嘶于林木，蹄鬣有靈，而鬼神致順。今者螻蟻緣于龍鱗，魚服制于豫且，漢祖竟厄丁公，齊侯不值丑公。嗟夫嗟夫！〔校〕楊本作「悲哉」。可憤憤者此也。故傳排難也。孔子曰「以直報怨」，今屠邦族而酧以僕隸，剁髮膚而致于肝腦，辱子女而侑以玉帛，是報怨不啻以德也。故傳報怨，憤之、恥之也。昔之誤天下者，多以威權震主，神姦蠹國。今則患得失、貪生怖死之鄙夫耳，遂使温飽而破山河，壇社而陪璧襯，亦可悲哉！故整頓斯世者，必非斯世之人；洗沐舊汙者，斷非舊汙之士。傳畸人，思不世之人才也，凡皆以義起也。紀、志、列傳爲目二十有七，始于乙酉，符諸二百七十七年而縮也。附四裔于地志，閏之也。起于鼎燕，迄于破吳，裁其三十四年，取春秋之數也。是亦例乎？曰非也，以義起也，以天起也。

其序弄臣傳曰：

禍敗相尋，治日常少者，本于弄臣之多乎？世所指爲弄臣者，泣魚斷袂耳，黄頭郎、紫宫雄耳，梨園弟子、鬭雞小兒耳，侏儒諧笑、北門供奉耳。不然則鴻都文學，宣陵孝子，與夫墨敕斜封諸續貂者耳。之數臣者，世亂則增亂，非由此而亂也。自吾之意，以爲天子而豢畜其臣下，人臣而自治以傭隸，險詖化遷，情類賈販，何詎非弄臣乎？天子之意，以爲富貴、貧賤、生死者，可任顛倒其臣；人臣之意，亦不過以富貴、貧賤、生死者，詭隨其君。如是則志汙，志汙則慮邪，慮邪則智爽，智爽則神摇，神摇則形喪。貿身以與人，貿君以與敵，叢垢集穢，靦顔而不知，則弄臣之究竟矣。然而申屠嘉幾殺鄧通，東方朔直斥董優，〔校〕楊本作『偃』。光武顧〔校〕楊本作『欲』。以繁聲弄桓譚，而宋弘力詆其鄭、衛，玄宗欲以女樂弄元德秀，獨進以于蔿，天下亦有不可弄之臣。而天子常有弄人臣之意：謝相，故事也，而疑其涕泣。命相，亦故事也，而瞰其庖廚。以美醖悦妻孥，而王旦不復諫天書。是殆以富貴、生死者，爲賢愚所同絡之網也。可以網之，殆于弄之矣。史彌遠以爵禄縻天下，真德秀拂衣不肯爲從官；蔡京牢籠士大夫者二十年，超然遠跡者惟胡安國。夫以彼盜竊阿柄，變置中邊，負養虎之能，時飢時飽，假虎怒以作威；負賦狙之智，或三或四，變狙怒而爲歡；〔校〕楊本作「相勸」。方且見弄于君者，反弄其君，而因以遍弄朝廷之士。迨乎釁積流堙，事窮勢過，身禍既酷，而國祚亦隨之。其初之以富貴、貧賤、生死，上下鈎餌，次且畢勒者，不至破裂銷亡不止，君臣交爲所弄而不自知。嗚呼！人臣其無以傭隸自治，人主其無以豢畜與臣哉！

其序直報傳曰：

夫準吉凶于陰騭，定章癉以王鈇，則枉者直矣。天王之職廢，而後玄黄藴爲鬱火，血氣壅爲激湍。屯烟荒瞀，〔校〕楊本作「屯烟昏霧」。何知昭闇，涕洟而已，及其揚也，亦可燎原。湍之洄也，攬萑斂腐，不可摶散。及其決也，亦遂滔天。故吴人新破，譆譆而致水淫；晉人新勝，嘻嘻而來燥暵。愁暢相傾，火水相勝，天爲象其仇矣。仇不必復，而有復之形。有是形者，即有是情。雷霆不盡誅惡逆，而衷慝者憚其嚴威；忠義不必襲甲兵，而忌者隱然指爲敵國：是其形也。雷霆或加于木石蟲畜，暴者不敢訶其無靈；忠義或夷爲原草埃塵，後世比諸金玉：是其情也。斯則不可知者，天之事也；無所不直者，人之氣也。人不自直，而天即直之，可必使日南日北，夜旦如環；分春分秋，暑寒正等；則人爲肥蠹，而天亦愿夫矣。今夫恭人集木，則饗託于羿矢；而淫夫萃棘，乃展席于璜臺。澠林〔校〕楊本作「繩琳」。之瀝，必浸及痔癰；而蕭斧之膏，多酎夫藥石：貞回畸享倍蓰無算，蓋天之失直久矣。譬則萇弘責周，自以爲桃瓜，而首離血碧，天以爲瑶玖也。正則攀轅，自以爲傾蓋，而懷沙沉石，天以爲束帛也。介推封股，自以爲一飯，而烈山燼骨，天以爲千金也。天之報人，則不于乾餱稰酒之細，旅酬算爵之等也，亦傾倒于人情所極至者而已。是故胥濤未能蕩越也，巡厲未能殄胡也，而天下後世，婦人孺子莫不直之者，氣之所至而情〔校〕楊本作『性』。至，情之所至而形至，天亦至。嗚呼！九頓乞師則已慉，三躍斬衣則已細，載羓馳北，納矢還廟，事會之極則，天人交起，何必尋九世之仇于小侯，問百年之怨於水濱哉！

其序畸人傳曰：

嗚呼！誤天下者其庸人乎？庸人者，屈原所謂黨人也。原之言曰：『黨人之鄙固兮，不知余之所臧。任重載盛兮，陷滯而不濟。』又曰：『誹俊疑傑兮，固庸態也。始于誹疑，卒于鄙固。始于鄙固，卒于陷滯。』嗚呼！黨人之庸至此乎？方其毛舉鷙擊，樹幟護籬，自不謂鄙也。脱手營官，身勢迅猾如彈丸，自不謂固也。一旦海波蕩嶽，坐失千金之壺，盡罹滅頂之兇，有拔足奔流，掉萬石之載而厝安瀾者乎？身尾既濡，神魂拓落，于是則藏身狗竇，抱頤雞栖，輸金緩死，媒女進身，破族屠家，賣交刃主，無不可爲，所謂庸人者，遂爲大逆窮兇極險之人。究其蹠矢負塗，澣濯無策，雖續殘喘，故行尸耳，不謂之庸可哉？鑪敗則滅而更鑄，厦傾則撤而更新。新莽之簒，世盡淪汙，德己而歌，則歌以千百萬；罪〔校〕楊本無此字。己而哭，則哭以千百萬。人心狂酲，天心幾晦，而鄧、馮、寇、賈有隕自天。漢室之衰，羣豪並起，未有挾天子以令諸侯之説也，未有保長江而據之之説也，未有跨荆、益，撫戎夷，據荆州以向宛、洛，出秦川以向長安之説也，倏而文若、子敬、孔明發矇振聾；禄山之叛，海内風偃，倏而顔、張、郭、李爲海峯，爲天柱，亦奇矣哉！殆天啓其聰，而非人所與慮也，是之謂畸人也。畸人者，畸于人而侔于天。反之，則庸人者，畸于天而侔于人。天所不許，而欲黨釁俘囚，任爲蕭、管；奬誘兇逆，委諸廓清；收羅豺虺，寄以民社，是以脂濯垢而鴆解醒，眇相眇而跛相跛也。覆前車者庸人，而推後轂者又庸人，輾轉陷滯，哀斯人之出坎無時矣。今夫纖餌畢命者，罶魚也；一隈待弋者，洲鶩也；覆粟而呼者，雀侣也；悦草而鳴者，麋羣也。庸人之唼汙謀粱，呼羣圖活，則亦雀鶩魚麋之習矣。是披羊之客所以癡唾乎菜傭，而墜驢之叟仍假寐而不願醒也。

其序排難傳曰：

有不解之環，引椎而碎之，解矣。有不理之絲，操刀而斷之，理矣。此濟亂之一喻也。有大軱之綮焉，技不可嘗也；刃無厚而節有間，則游刃恢然矣。范蠡曰：『天時不作勿爲客，人事不起勿爲始。』此又有一喻也。古之出險定傾，率取乎於是。當其有間也，則少伯然灰於石室，厮卒亦探肉于狼牙。當其游刃也，則子謙義取〔校〕楊本作『杖』。于鄭申，揚善抗謨于瑕吕。于是墜烏挽于下春，岱、華〔校〕楊本作『筆』。拔諸平地。當其天時之合也，則險如鴻門，而有項伯；僨如蕪亭，而有馮異；曹操之阸蒲津，而有許褚、丁斐；孫權之阸津橋，而有凌統、谷利；朱泚之襲奉公，而有倒印追騎之段秀實；甚者紀信誑楚而漢以興，韓成誑漢而明以熾。當其天時之墜也，即魯昭之奔，而有子家；衛成之俘，而有寧俞。故天下無不解之環，不理之絲。甲申之變，遠不窘於奉天，近未厄于土木，十省金甌，關門未鑰，假令廷益秉樞，郭登保塞，併日蒐乘，繕守九門，武庫且充，内帑且溢，擐甲堵禦，尚可氣奪小醜也。而樞輔離心，文武失魄，奄人送款，卜世金湯，累朝積蓄，三日之内，揖么麽而奉之，自書册〔校〕楊本作『策』。以來所無有也。而南中，而浙東，而閩中，不迫于蕪蔞、蒲津也，不窘于津橋、鄱湖也，公侯抱首，突如驚㲋，至尊孤露，孑類郭君，有負羈紲而從，持糗糒而進者乎？千金之子，必有從亡之僕；萬乘之主，顧無一殉危之臣，書册〔校〕楊本作『策』。以來所無有也。榭枋得云：『江南人才未有如今日之可恥者，欲求一瑕吕飴甥、程嬰、杵臼厮養不可得也。』今即欲伸眉吐氣，慨然能爲枋得之言者，亦不可得，所爲感憤漣洏，傷人之無良，而又怨天之疾威也。

其序妖祥志曰：

今使星辰〔校〕楊本作『文』。静章，山海澄峙，斯〔校〕楊本無此字。世飲食而〔校〕楊本無此字。已矣。倏見惡焉，倮毛紛沓，非人非魅，必震膽失魄，曰：『妖其興乎？』古之賢者，正容告世曰：『妖繇人興也。』繹若言也，必將震疊于臟腑，肅戒其枝節，因而廣志定心，銷落芽蘖。于是玄黄晏清，靈蠢靖列，則賢者之論定矣。然而，妖竟興矣。不知誰爲之矣。吾嘗見兩日晨摩，太白午暉；纖鬼晝言，火星爆衣。吾嘗見星徙市沉，山鳴城泣，草如兜鍪，戴之高鼻。吾嘗見萬里傾瀉，大茀曳帛，伏中雨雪，日中雨麥。吾嘗見王侯剔爲羊豕，矛刃藉爲枕席；靳拇鬬纖，桀孺競戲，孤鬼暱于伉儷，髑髏多于螻蟻。吾嘗見奪室而役其夫，屠父而子其子；僚官易室而栖，人畜同苦而處。吾嘗見羅刹夜叉，奉禰祖父；乳虎饑蛟，職爲牧宇。吾嘗見路絶蘋莎，淵竭沙礫；攬蔓者人猿，竄穴者人蟄。吾嘗見孔墻孟岩，詛牲塗口；蛇豕升歌乎鹿苹，梟獍訓誨乎羞者。吾嘗見房駟文昌。〔校〕楊本作『奎婁』。同壇泮壁；忠烈降俘，並祠血食；壯繆父子，孔堂通籍。吾嘗見倮毯厥毛，尾被其頂；舉衣廢裳，振裘失領。嗚呼！良眸未眊，人皆見之，豈非妖哉！豈非妖哉！人則興〔校〕楊本作『與』。之，天得不從之；天實爲之，人謂之何哉！

其序藝文志曰：

天〔校〕楊本『天』作『矢』，上有『嗚呼』二字。文洽獸，猶造符攝魅歟？人無測符之靈，而魅有喻符之智，則倮蠱〔校〕楊本作『蟲』。或同視肉，而毛鬣當〔校〕楊本作『皆』。可說鈐也。夫運日巫步，而虵噤其喉；啄木咮符，而蠹獻其命。鸛祝遂擬于靈文，虎卜亦疑于耆〔校〕楊本作『著』。策，羽毛紛綸，何以觀玩，非圖籍乎？和苑總〔校〕上二字楊本作『菀綜』。書爲鳥鳴，〔校〕楊本作『名』。王喬解經爲鳥語。周禮鳥言掌于夷隸，獸言掌于貉隸。有是官，必有是籍，而乃今爲曠談，蓋藝文之無傳者，亦夥哉。且如蛇言喻于神姑速，馬詈譯于楊翁偉，既無師訓，寧有音義乎？即雀〔校〕楊本注一作『翟』。言覆粟，〔校〕楊本注一作『巢』。不載廩人之編；牛子爲曦，非記椴巫之史。古之神明，以文字酬答禽獸也，有矣。倘執六籍以蠢狗馬，狗馬亦執橫臆以蠢六籍，彼此易觀，終古猶冥盲也。且吾聞之，禹鑿龍門，青犬導之，而得金版之圖。馬圖乍出，旋演歸連；象彖續披，乃翻騷史；天地大文，豈犬馬萌之，而後神聖蕃之，縉紳先生服食之與？則是神聖揚犬馬之氛，而學士又承其唾也，文字豈爲犬馬設哉？使謂探博雅于瑯嬛，誦甲文之帝瑞，勢必羣奉犬馬爲教主，家塾黨庠，將盡講介盧、公冶之業，日月其慆，胥趨魑魅。于是玄黃合沓，罔象皆迷，鳥跡蟲書，易而魚鳴狐嘯矣。豈更有陽翟賈子，怙威勢，燔册籍，而愚黔首者乎？嗚呼！夷隸司鐸，亦有譽髦；貉隸鼓徵，亦有俊秀；藝文之雜于毛〔校〕楊本注一作『馬』。鬣也，蓋聖人爲之俑哉。

其序外教傳曰：

世稱詬辱者，類于狗〔校〕楊本作『犬』。馬，至矣；所幾幸不可階及者，期于仙佛，至矣。佛自言曰：『吾于過去五百世，作忍辱仙人。』仙佛殊名，忍辱一也。辱可忍矣，又復何物足爲詬乎？嗚呼！天下亦何〔校〕楊本作孰。能不忍辱者：滅而君親，裂而裳冕，亂而匹耦，攘而廬疇，鞭箠使之，穢惡飼之，辱豈猶未至歟！忍辱而仙佛者，是奚啻仙佛與？卒不仙也，不佛也，胡取忍辱爲也？所以然者，生死之說存，而富貴貧賤之撼，雖仙佛未免也。佛言無生，是厭苦生也，則不得不修生。仙言不死，蓋厭苦死也，則不得不救死。于是而委蛇塵劫，文之曰忍，是率天下離人而入匪人之徑也。何者？沉漻失志之人，托情于〔校〕楊本作『迂』。怪，以拔其衰；濡戀長饕之人，滅頂醇膏，以需于盡。而戰争于亨困之衢，吐茹于存亡之際，以此鉗心而棒欲，甲面而逐波，勢不得不忍辱；忍辱，不得不至於甘嗾蹴，受屠刲。悲夫！以登仙作佛之階，忽墮爲犬馬勿覺者，生死、富貴、貧賤之説撼之也。慆其淫慝，没其靈神，餐溷而以爲鼎鍾，被毛而以爲文繡，圈牢而以爲瑶圃蓮臺，安知蠢然甘嗾蹴者，不洒然自命爲仙佛乎？此周、孔所以涕洟不欲道也。

其序名士傳曰：

孟氏問楊朱曰：人而奚以名爲？曰：以名者，爲富貴，爲長生，爲子孫。夫子孫于名，奚藉乎？曰：名乃苦其身，憔其心，而得之者也。乘〔校〕楊本作『垂』。其名者，潤兼宗黨，況子孫乎？凡爲名者必廉，廉斯貧；必讓，讓斯賤；必身爲的，的斯射。三者何利哉？曰：此實副其名者也。吾以僞乘之，則富矣，貴矣，長生矣。故凡名者，僞而已矣。名實散亂，于是公孫龍疾而思正之，謂白〔校〕楊本無此字。馬非馬也。白取色，馬取形，言色則形不與，言形則色不與，合以爲物，則非也。同時好辨者，桓團、惠施之流，又演其説曰：狗非犬，犬可爲羊也。狗馬之説，駘蕩益怪，而名實愈亂，則迴犬似人，轉白爲黑矣。指犬似人，不類也。謂犬似玃，玃似狙，狙似人，則犬似人矣。吾爲正其説曰：狗亦馬，馬亦狗，狗馬亦人。此其形之背也，無算矣。合以爲物，而無疑者，名實眩也。梟名曰鸞，莎名曰芝，跖名曰夷，嫫名曰施。嗚呼！以是名名之，可不以是士士之乎？華歆、王衍、諸淵、沈約皆名士也，皆狗馬也。漢士争名，騈首争死，縻身湛族而不辭。輓士修名，首鼠偷生，獻室屠親而不憤。以此爲富貴，即富貴矣。以此爲不死，即不死矣。以此爲非狗馬，即非狗馬矣。〔校〕楊本有『故』字。天下之至眩者，莫甚於狗馬與名士也。此公孫龍、桓團、惠施之流所不及辨也。其序忠義狗馬傳曰：

公孫述封刃而劫王浩，浩曰：『犬馬猶識主，而況于人乎？』遂伏劍而死，以爲人之報主甚於犬馬也。今翻然反之，則曰：『人猶不識主，而況犬馬乎？』此一悖也。況物性近于人者，人必憐愛之。談反哺、跪乳，蜂臣蟻國之事于昏暴之前，未嘗不温肅以聽之也。〔校〕楊本作『未嘗不肅以聽也』。至有談馬能殉節，犬能復仇者，雖莽、操、懿、温，猶交口而贊其善也。今指士大夫而曰：爾爲龍、比，爾爲夷、齊，則逡巡而頩〔校〕楊本作『額』。濕，莫或敢任者，是以懿德奉犬馬，而以兇德自居也，此一悖也。或見怪也，秦犬逃而守齊門，魏馬遁而負燕客，則共恨爲妖矣。甚且言飼犬而噬其翁，修廐而齧其主者，雖非同室，猶痛其不祥而協力磔裂之也。今馳人〔校〕楊本有『之』字。車而反銜以攻其城，食人〔校〕楊本有『之』字。禄而藉粮以攘其土，則又以惠迪戒犬馬，而以逆惡自蔽也，此一悖也。之三悖者，茹不潔以爲薌，攫腥血以爲旨也；毁膚髮以爲修，易家室以爲禮也。摧城之哭以爲笑，湧濤之怒以爲喜，聲罪之檄以爲戲，齧舌噴血之駡以爲蠅聲之過耳，貞臣、恭子、義友、烈婦以爲醒狂而晝鬼也。于是舍人而陳忠義於犬馬，豈謂狗馬亦可談忠義哉？吾以爲無忠義則亦不可爲狗馬，何也？無忠義，則如豺狼之不可嚮邇，而虺蜴之不可暱就。夫人防豺狼虺蜴，而不虞狗馬，則以其猶有忠義足恃之也。假令犬馬而爲吕文焕、劉整、蒲壽庚者，連率異族而覆主人之廟社，逼孤幼于滄波，則主人之邦族，靡有孑遺矣。然而家相戒而户屠之，犬馬亦寧有噍類哉？故曰無忠義不可以爲犬馬也。我故揚犬馬于人而比言之，含辛包垢而言之也。嗚呼！此故子慶所不能哭，士龍所不能笑，劉四、法秀所不能罵，而談天炙轂〔校〕楊本作『輠』。所不能謔者也。

此世熊之文之大旨也。嗚呼！世熊之旨悲夫，〔校〕楊本作『矣』。其文亦奇矣！其言或近似于激，所謂亡國大夫之旨〔校〕楊本作『音』。者，是耶，非耶？雖〔校〕楊本無此字。然，其謂斯世弄臣之多，則當世之公輔各置一通于座右可也。其致歎于名士者，則當世詩文之徒各以爲箴警可也。是不第爲當時之身世言也。吾以是益傷之。

鮚埼亭集卷第二十九

〔楊注〕此卷論十一首。

論

孫武子論

眉山蘇子謂孫武用兵，不能必克，與書所言遠甚。吴起言兵，輕法制，草略無所統紀，不若武書詞約意盡。然起用於魯破齊，用於魏制秦，入楚則楚霸，而武之所爲乃如此，書之不足信固矣。

全子曰：蘇子之言，可謂獨具論世之識者，然吾尚惜其言之未盡。夫孫子亦安知兵。今世人之所共稱，莫如以軍令斬吴王寵姬一事。不知此乃七國人所傳聞，而太史公誤信之者。夫吾亦何以知其斬寵姬之誣，蓋即於入郢之師知之。當吴人之大舉也，楚之來相拒者爲子常，斯其人如沐猴而冠，而又罷於奔命之餘，以遇常勝之師，〔校〕楊本作『敵』。兵未交而膽已落，其可以賀戰勝也，〔校〕楊本作『者』。固以盡人知之。若孫子之師律，則未見其有可恃也。方夫概王之獨出也，大類晉河曲之趙穿，使其一擲，則事且未可知。然雖幸而得捷，而師律已紊，寡君之貴介弟，遂有翹然自喜之心，卒之首債於秦者亦夫概，而竊歸自立之禍起焉。夫始則擅發，而武不能禁；繼則竊歸，而武不及知。古所謂大將之師，其進如風，其止如山者，不如是矣。雞澤之會，不過以玉帛相見者也。揚干亂于曲梁，則魏絳戮其僕，雖嬰悼公之怒，弗之恤也，晉是以能繼霸。況當兩軍對壘，而軍法乃爾，吾不知孫子斬姬之刃，果安在也。

且夫掃境以出，不虞於越之乘于虛，貪前進而忘後患也。決漳水以灌紀，南決赤湖水以灌郢，棄生靈以博一日之勝，是豨突之徒也。唐侯在軍，國已爲秦所滅，何策應之疏也。子期焚其營而不能避，可以見營壘之無法也。子蒲、子虎在當時非名將，孫子之遇之也，輒累北焉，然則前此五戰之威，特以子常之故耳。從來成敗之難言也，其敗者未必無嘉謀，而或坐失其機；成者未必皆廟〔嚴校〕作『妙』。算，而或會逢其適。彼左司馬之請首尾夾擊，真兵法也。向使當其前者，或有子期兄弟一人在焉，吳其殆哉。

左氏春秋内外傳紀吳事亦頗詳，然絶不一及孫子；即越絶諸書，出於漢世，然亦不甚及孫子。故水心疑吳原未嘗有此人，而其書其事，皆縱横家之所僞爲者，可以補七略之遺，破千古之惑。至若十三篇之言，自應〔校〕楊本作『當』。出於知兵者之手，不可按之以責孫子之不售也。

平原君論

平原君受馮亭之邑，致喪師於長平，太史公以爲利令智昏，不覩大體。全子曰：此成敗論人之言也。從來地有所必争，興王定霸，必先據（刑）〔形〕從嚴校改。勝之區。太行天下之脊，而上黨最爲要害，勁兵出焉。杜牧之謂其肘京洛，而履蒲津；倚太原而跨河朔；以秦、晉而相争，乃王不得不王，霸不得不霸之地也。而不百里而至邯鄲，於趙尤密。故蘇厲嘗謂上黨入秦，則勾注之南，羊腸之西，皆非趙有；而樊餘謂韓挾上黨以臨趙，即羊腸以上危。方韓之急也，信陵嘗極言於魏，謂宜通上黨於共、甯，以爲三晉計。然則魏尚知之，而況其近於魏者。秦之所以必得此而甘心者，亦以囊括三晉，機關全係乎此，非徒以争一日之勝也。夫以脣齒之區，適當存亡之會，敵空國而争之，吾拱手而讓之，雖至愚者不甘。且秦之爲虎狼也，亦復何厭之有，即使趙人閉關不出，坐聽收十七城市之邑，秦人瞰知其無能爲，鼓戰勝之餘威，以恣其席卷之全勢，朝發上黨，暮臨邯鄲，當此之時，何必不爲馮亭所笑也。況是時趙以藺相如、廉頗中振之餘，兵力未孱，海内之望，猶在乎趙，仗大順以撫來歸之民，此霸者之事也。

趙之所以幾於亡國而不復振者，不在受馮亭，而在用趙括，然固非平原之過也。平原君於澠池之會，因白起小頭而面鋭，以卜其斷；瞳子白黑分明，以卜其明；視瞻不轉，以卜其强；可與持久，難與争鋒，何知白起之深也。又謂廉頗爲人勇鷙而愛士，知難而忍恥，野戰非其所長，持久足以當之，何知廉頗之深也。然則應侯反間之計，蓋探知平原之言而撓之者。使孝成王能塞讒慝之口，終始勿貳，四十餘萬節制之師，堅壁清野，以逸待勞，雖有輸攻，其何能以破墨守乎？頓兵深入，乃軍家之所深忌，欲進不能，欲退不得，情見勢屈，釁隙形焉。是役勝而秦人詘，六國之從，一時響應，可以復見主父之雄風矣。

馮亭以下邑之守，力所不支，猶且義不降秦，及其敗也，以身殉之，斯其人亦志士也。説者以爲嫁禍，彼亦復何憾於趙而必誤之。且使趙不易將，則亦何禍之有哉？

平原洞然見兩將之才，如寘諸掌，斯其知人不在信陵之下，未可以失于毛公、薛公而遽議之。至於兼金既施，反間遂成，其於用趙括也，不特大違其意，亦必力争之而不得也。彼平陽之徒，惴惴焉但以退縮爲事，而豈知規橅天下，固非懦夫之所知。今反以其言爲中，是所謂耳視而目聽者也。後世之人，亦或知長平之敗由於易將，而至於上黨之必不可棄，則未有見及之者。不觀唐末乎，并、汴虎視，無歲不榷鬭于山東者，争澤潞耳。故存孝叛而晉陽孤，丁會降而河中阻〔一〕。

〔一〕《嚴注》三源居業堂集中趙勝論已有此議論，而責平原以不知禦秦之術，不能專任廉頗爲罪。近人袁宬趙納韓上黨論云：『納之之計非失也，守之之道則失。』蓋即本之或庵。

四皓論

温公修通鑑，其於四皓僅取説建成侯呂澤之〔嚴校〕作『釋之』。之語，而謂其餘見於史記者爲誣。朱子以爲不然。全子曰：温公之見是也。高祖之在位也，日不暇給，其求賢之詔，不過曰『天下賢士大夫，有能從吾遊者，吾能尊顯之』而已。斯其言甚陋，且無求賢之真意，而謂『吾求公數歲，公避逃我』，其爲處士張大之詞，固不必問，且留侯既知四人之足以安太子，則當高祖擊黥布時，謂『子房雖病，爲我彊卧傅太子。』是時四人已在東宫，留侯何不竟言於上曰：太子尊賢禮士，天下歸仁，如陛下所不能致之四人，且來從之。陛下委以保傅之任，必能調護元良，奠安闕輔。如是，則太子自安，又寧待高祖破布還，愈欲易太子，而始見此四人者，何其遲而拙也。四人既爲太子出也，商山之芝，比諸小草。不一年而高祖崩，太后酖趙王，瘖戚姬，惠帝遂爲淫樂，不視政事，漢業以衰，其時四人安在耶？四人而非賢人則可，四人而賢人也，安有國事至此，而無一言匡之者。倘謂惠帝定位，四人遽去，亦何所見而去耶？四人欲終守介石，則惠帝非不世出之君，即不必來；既來矣，惠帝非不可事之君，即不必去；然則其進退皆無所據也。故曰此四人者，不過東宫旅進旅退之客，偶有説建成侯之一節，而後人從而張大之者也〔一〕。

吾聞是時也，有淮陽應曜者，被徵獨不出，時人爲之語曰：『南山四皓，不如淮陽一老。』〔校〕蔣本作商山。按惠棟後漢書補注卷十二應奉傳引孫恤曰：『漢有應曜，隱於淮陽山中，與四皓俱徵，曜獨不至。時人語之曰：「南山四皓，不如淮陽一老。」』則作南山爲是。其言諒哉。且即其説建成也，亦中智以下之見。四人之不敢使太子監〔校〕楊本作『撫』。軍者，鑒申生之禍也。是時太子情事，固與申生不同。申生在晉，酈姬之毒已成，無功固死，有功亦死。高祖之欲易儲，固牽於母愛子抱之私，而亦頗以太子柔弱，恐其難任大事，故有取於趙王之類已。〔校〕楊本作『我』。戚氏之妖，不如驪姬；高祖之明，豈比晉獻。四人果有不世之材，輔太子而東，隸以灌嬰、樊噲之徒，一戰而收黥布，則太子安有失位之恐。乃心怵於諸將之不受節度，或至僨軍，必欲高祖之扶疾親將，是明示之以懦不堪任也，四人之才亦僅矣。

總之，高祖雄主也，區區呂后服淡攻苦之舊，不足以梶〔校〕楊本作泥。其心，而無如大臣自留侯而下，輸心太子，是則真所謂羽翼者也。故其使周昌相趙王，則大計已定矣。舉漢廷之將相不足以羽翼太子，而必待此四人者，何其愚也。

〔一〕〔嚴注〕明有史記短長説一書，凡四十則。王世貞題辭云：『其稱嬴、項，薄炎德，誕而不經。至謂四皓爲建成侯僞飾，淮陰侯無反狀，乃庶幾矣。』蓋世貞僞撰。

楊維楨曰：『四人安得出山之易，殆留侯以其雁〔校〕楊本作『贋』。者詭高祖』，〔校〕楊本有『斯其説，早發之温庭筠』九字。則徒重視此四人者，而謂留侯與太子敢於此而欺其君父，留侯可誅，太子亦良可易也。

劉揚優劣論

晉史范喬列傳：『其與人論劉向、揚雄才學優劣，以爲向定一代之書，正羣編之籍，使雄當之，故非所長。』予謂向之優於雄固也，喬之所以定其優則非。方雄待詔承明、未央之廷，未嘗有校定秘書之命，固未可懸揣其不能。況向之優於雄者，在其忠貞大節，而不在區區著述之間。若喬所言，非特向能之，即歆亦能之也，可謂向優於雄，是亦可謂歆優於雄也。夫譙周之通知五經，何如王平之僅識數字。使向僅以讎正羣籍畢其生平，則其優於雄者亦僅矣。

凡後世之議向者有三，其實皆不足以累向。謂其嘗以淮南鴻寶之術得罪耶？此特向少年信道未篤之過。後世大儒亦有泛濫於異端，而其後翻然知所轉移者，何得於向獨以此概其終身也。其以洪範傳五行也，尚書大傳五行之説固多駱〔嚴校〕作『踳』。駁，然漢大儒如董仲舒亦時言之。蓋伏氏之説雖不醇，而其意則欲人君建皇極以撫辰，使愆伏不聞，而禨祥可泯，借此以爲廟堂監戒，其與緯候之言天道，正懸殊也。夏侯勝以洪範諫海昏，則霍光爲之動色，是固格君者所不棄也。向仕於成、哀昏亂之世，文母之孽已成，高廟衣冠殆將不守，三朝宗室，心切於維城之寄，而力不能扶，欲以傳經之學感悟其君，良亦苦矣。生其後者，執成説以律之，何其固也。故予嘗謂洪範之説，因事進規，其志存乎彌縫匡救，其視孟子與齊王説詩，斷章取義，將順而掖之於善者實同。又或謂其所著新序、説苑，記事多不足據，則誠有之。〔嚴評〕周、秦諸子，紀事大半不可信，此不足爲病也。此乃秦火之後，舊籍無稽，據傳聞之異詞而筆之書，非學術之疵也。夫是三者既皆不足以累向，則向之所學甚正，所操甚偉，西京儒者，自董仲舒外，莫之逮也。其閎通博雅，特餘事耳。且向以新都之禍，作五行傳；以王、趙、丁、傅之禍，作列女傳；是皆所謂以經術經世務者也。

雄以艱深文其淺陋，且自比於周公、孔子，而實則摹擬相如而未能，可謂妄矣。乃世之論者，反推雄爲大醇；其甚者，擬之箕子之明夷，而反於向嘵嘵焉，果何説與？喬能知向之優，而不知其所以優，則甚矣論定九等人物，而是非不謬於聖人之難也。

龔壯論

晉巴西處士龔壯，父叔皆爲李特所害，壯誓不除服以期報讐，卒令李壽盡殺特支屬，勸壽稱藩於晉，壽初許之，既而負約不從；遂自稱耳聾，手不能制物，終身不至成都。

全子曰：偉哉，壯之行也！從來忠孝難以兩備，壯之盡孝而兼盡忠，是難能也。雖然，吾竊惜之。君子遭人倫之厄，不可以亂濟亂。特、驤兄弟擾亂西土，盜竊岷、峨之險，以稱大號，天厭其毒，使其一門自相屠薙。但壯之所以行其志者，不當假手於壽。夫壯欲報父叔之讐，而使壽滅絶倫紀，盡屠薙其世父之骨肉以成之，是壯獨有其父叔之讐，〔校〕楊本無上二字。而人不必有也。壯欲爲晉復岷、峨之地，而使壽簒奪其君以成之，是壯獨有其君，而人不必有也。如此，則天下之亂將無已時。雖事會之來，不無行權濟變之日，然陷人於惡，以成吾志則不可。

壯爲晉室之忠臣，龔氏之孝子，俱無媿矣，其於李氏，則雖不仕於壽，而已豫其簒弑之謀，揆以聖賢之義，終有所不安也。當是時，班、期、越、壽、漢之世業如弈棋，略陽廟社，於是衰替。而晉之庾亮兄弟，方擁强兵在荆、襄，有志恢復。涼州張氏，乃心王室。以壯之才，何圖不就，曷不連結國中豪傑，以爲内主，逕詣建康，具陳李氏蕭牆崩析之狀，願得一旅以當前驅，别遣人約西涼，刻日大舉，則漢之亡，不待桓温之行也。然後盡取特、驤之子孫，手刃之以復讎，功成辭爵，歸老三巴，豈不堂堂乎丈夫哉。

且徼一時之天幸，以成不測之功，此危道也。設當日壽之事不就，則必死，死而或連染於壯，則且負逆黨之名，不可復湔，後世誰更諒是〔校〕楊本作『其』。心者，不特家國情事之不遂也。即曰壯之才足以置其身於神明莫〔校〕楊本作『不』。測之區，不患其不遂，而導人之不孝，以成吾孝，導人之不忠，以成吾忠，恐不可以爲後世法。嗟乎！六朝板蕩，其如壯者有幾人。而在蜀則譙登而後未之見也。吾言其亦責備賢者之意而已。

帝在房州史法論

唐沈既濟駁吴兢史，以爲中宗既廢之後，當每年書曰：『帝在房州。』范淳夫用〔校〕楊本作『援』。其例曰：『春秋公在乾侯之比也。』朱徽公謂淳夫受是説於伊川，不知孫之翰已先之矣。且不特之翰，宋元憲公紀年通譜又先之矣。顧程沙隨曰：『何不以敬王之例書「居」，而引諸侯之託於他國者，其諸考春秋而未熟者與？』沙隨與徽公同時，乃徽公未得聞其説，王厚齋是之，近人何義門〔校〕楊本下有『學士』二字。尤以爲精審。予則以爲既濟固非，沙隨亦未核也。敬王與子朝争位，敬王當立，不勝而居於翟泉耳，固非有廢敬王而錮之者也，非中宗所可比也。即昭公雖爲季氏所逐，然季氏未嘗敢頌言廢之也，亦非中宗所可比也。蓋敬王雖出，而依然王也；昭公雖逐，而猶然公也；春秋據其實而稱之。若中宗則降黜矣，諸公不過因其後來復位，而遂帝之，是以成敗論人也。

亦有不以成敗論者，宋元憲公以王莽十八年繫之孺子，〔以〕從楊本補。接更始。近人因祖其説，以爲是十八年中，每年當書曰：『帝在定安。』其議更奇，而不知有必不可者：既以王莽之年屬孺子矣，及更始立，而又屬之更始，是廢孺子者，非王莽也，乃元憲也；立更始者，非新市、平林諸將也，乃元憲也。

誤以爲春秋之旨，而取前古之帝王，而操其廢立之權，是大亂之道也。此義不明，故於夷羿篡夏，少康始生，而即以少康繫年，謂削去〔校〕楊本下有『夷』字。羿、奡之足快人意也。康節皇極經世之說。而不知史以紀實，非其實者〔校〕楊本無此字。非史也。

今夫亂臣賊子，棄〔嚴校〕作『乘』。時竊據，天地之所無〔校〕楊本下有『可』字。如何也。春秋之旨，能誅之，不能削之，惟據其實則可誅之；若削之，則是天地之所不能，而書生能之，無是理也。曰：然則當如何書？曰：吾惟從其實而書之耳。中宗之廢也，則書曰：皇太后廢皇帝爲廬陵王。於則天之稱制也，則書曰：皇太后自稱皇帝。是後每年則書曰：廬陵王居房州。隱以寓翟泉、乾侯之義，而仍不泯其降封之實，然後可以謂之信史〔一〕。

且中宗之爲人，吾亦恨其不早死於房陵耳。即位一月，垂頭束手，爲其母后所廢，是固唐之罪人

〔一〕〔嚴注〕按癸辛雜識續集上：『予聞林竹谿先生云：歐公修唐書，作武后紀，依前漢〔書〕例也。天授以後，唐雖改號爲周，而史不以周新之，蓋斥之也。晦翁病其唐経亂周，遂有嗣聖二十四年之號，年年首書曰帝在某，帝在某，蓋以春秋之法正名也。每年之下，又細書武氏所改年號，垂拱則曰武氏垂拱，天授則曰武氏天授，此意甚嚴。但武氏既革唐命，國號爲周，既有帝而又有周，有周則無唐矣，無唐則無帝矣。同一疆域也，而「帝」與「周」同書，則民有二王，天有二日矣，豈無窒礙。若春秋「公在乾侯」則魯固未嘗有他號。』先生此論似本之。其後竹汀錢氏春秋論二，又全本先生此論。

矣。廢錮房陵，私與其妻盟誓，許以復辟之後，惟其所爲，是真罪人之尤矣。五王之功，誅鋤殆盡，以至尸居帝位，死於鴆毒，是尤罪人之擢髮莫數者矣。特以其〔校〕楊本無此字。見廢之時，嗣統未久，大臣亦莫知其愚謬至此者，〔校〕楊本無『者』字。故惓惓爲之。若果知之，則狄仁傑、王方慶、朱敬則以及五王之徒，亦必不擁護之，其必相與竟立睿宗，以安唐社。睿宗雖中材，然非中宗比也。豈特此哉，中宗之所爲如此，即非武后，終當喪其天下。大臣有如霍光之徒，早當廢之，相與竟立睿宗，以安唐社。然則諸家於既廢之後，未復之前，從而帝之，以自附于春秋之旨，甚矣其昧也。義門有曰：『嗣聖統元僅一月，今自甲申以至甲辰凡二十年，皆冠以嗣聖，是采孫氏西齋之僻論，而以無爲有者。聖人脩春秋必不然。』此言是也。然則由此推之，其曰『帝在房州』固非，即曰『帝居房州』亦非，蓋皆非其實也。義門偶未之思耳。

李克用論 〔校〕楊本列陳同甫論之後。

李克用以蓋世材，虎峙并、汾，而卒困於朱全忠。論者皆咎其好勇輕戰，近則罷兵於河朔之三鎮，而使汴人坐并中原；遠則勞師以應鞭長不及之兗、鄆，而反與魏人爲敵國。誤用仁恭，而〔校〕楊本下有『致』字。失幽、燕；不善用存孝，而失邢、洺。遂使日蹙百里，幾於爲雲州之逃虜，聽虎狼之移唐祚，豈不惜哉？全子曰：是固然已。然克用有匡天下之心，而乏經營〔校〕楊本作『濟』，注一作『營』。天下之略。

故當其時，有可乘之機者三，而皆交臂而失之。

克用之初，莫善於取河陽以通伊、洛。伊、洛，唐之東都，而汴人居其卧榻之旁者也。伊、洛通，則東諸侯相臂指，而汴人之勢孤。〔校〕楊本下有『矣』字。夫李罕之之據河陽，張全義之據洛，皆嘗歸克用矣，克用何不以邊隅小鎮，分給二人領之，以飽其志；而由上黨以至東都，皆使親將屯重兵焉，則太行以東呼吸響應，而朱瑄兄弟、時溥之徒，皆不至爲汴所吞。豈惟不爲所吞，抑且足合從以困汴，而使之不敢動。計不出此，卒使罕之輩自相噬，而全忠收漁父之利，是一失也。

其繼則莫如由河中以通邠寧。河中，克用所由以通朝貢之道，而邠寧則三輔之捍也。克用之於王珂爲甥舅，其不肯奪其地明矣。然珂之變法如麻，一旦遇全忠而束手以降，斯其人真庸才也。克用欲保全之，則當善爲之計，爲珂計，即所以自爲計也。當克用破邠寧之日，力請蘇文建赴鎮，以見己無兼并之志，固自難能。若以長慮言之，則何不請於朝，以麾下良將如李嗣昭、周德威者，留守其地，內以衛京師，外以捍河中，相與爲率然首尾之勢，將李茂貞輩安敢跋扈？而全忠安得有劫遷之事？亦不至以愛女一門，陷仇人之手也。即令不取邠寧，而嗣昭戍河中之師，亦不當撤。今以珂乳臭兒，而漫然委之以國是，聽其亡矣。

過此二者，克用已有必不能抗全忠之勢。然汴人雖累挫晉，而其心猶畏晉。故吾謂尚有一奇策，可以出不意而扶唐室者，則鳳翔之役也。克用使諸將輕兵深入河中以應茂貞，然不足以退全忠之師者，其地遠也。太原之兵固不能越河中以趨鳳翔，而其間道，可由慈、隰以達鄜坊。克用若以鋭師濟河，由鄜州啣枚逕出興平、武功之間，因合李茂勳之衆，決戰城下。岐人知有沙陀之援，自必踴躍應之，雖全忠亦將以爲從天而下，其圍必解。然後奉天子反京師，傳檄天下，進討全忠。其時東有淄青，南有襄鄧，皆不附汴者，分道會集，可一舉而振累敗之氣也。而惜乎克用之所以勤王者，非惟不足以紓難，而且反至於受圍。

蓋用吾河陽之策，則汴人不能肆其蠶食之毒；用吾河中之策，則汴人雖大，而兵不得西；用吾鳳翔之策，則汴人垂成之業可墮。彼李匡威、王鎔之徒，嚴境内之備，以禦之而已。否則甘言重幣，以縻之而已。即劉仁恭之負恩，亦姑置之而已。何也，天下之大勢所不在也，吾既扼天下之吭，彼將何所往哉。

楊文公論

真廟一代名臣多矣，乃以寇萊公之雄視一時，獨惓惓欲引楊文公〔嚴注〕億。以共事。予初謂文公乃詞章之士，何以得此於萊公。及反覆其遺事，而後知文公之勁節，鮮有其倫。

文公當日回翔館閣之間，最受當宁寵眷，而卒不登二府，蓋其百折不回，岸然自立，故羣小竭力以排之也。真宗時之羣小，莫如王欽若、〔校〕楊本下有『及』字。丁謂。文公嘗與欽若同修册府元龜，每至館中，未嘗接席而坐。欽若去朝，百官皆以詩送，文公獨無有。欽若請之真廟，傳宣索詩，而文公竟不作。謂亦遣人求昏，拒之甚峻。可謂浩然之氣，直養無害者已。故其大者，如當草明肅后詔，而力辭之，曰：『如此富貴，不願也。』其小者，如草制偶遭〔校〕楊本作『遺』。『糞壤』之誚，而即辭官。蓋宋初詞臣，前之如王學士元之，同時如劉學士子儀，皆以風節自見，而文公尤爲錚錚。

乃若澶淵之役，百寮震慴，而萊公獨與文公飲博自如，其所養有素矣。朱子乃譏其溺於釋氏，故當萊公被禍之時，宣召文公至省，便液污地，以爲未嘗聞道之戒。是何其言之過歟。文公之佞佛，特其學術之疵，而不害其風節。至於便液污地之説，此當日小人謗之。五鬼之惡，不過貝錦；株連之禍，不過渡海；其視澶淵之危急，爲何如也。且以文公之倔强，其可以得罪者多矣。前此之風節何如，謂其垂老而喪之，百鍊之剛，忽成繞指，無是理也。

東坡謂人之所恃者氣，正氣所恃，非威武所能屈，故因太白之不禮高力士，而知其必〔不〕從嚴校補。見脅於永王，且信其爲王佐之才，可謂善論人者。吾於文公亦云。

陳同甫論

自同甫有『義利雙行，王霸雜用』之論，世之爲建安之徒者，無不大聲排之，吾以爲是尚未足以貶同甫。蓋如同甫之云，是其學有未醇，而尚不失爲漢以後人物。孔明有王佐之才，而學墮于刑名家，要之，固漢時一人豪也。若同甫，則當其壯時，原不過爲大言以動衆，苟用之亦未必有成。迨〔校〕楊本下有『至』字。一擲不中，而嗒焉〔校〕楊本作『然』，注一作『焉』。若喪，遂有不克自持之勢。嗟乎！同甫當上書時，敝屣一官，且有踰垣以拒曾覿之勇。而其暮年對策，遂阿光宗嫌忌重華之旨，〔嚴評〕張安國以對策媚秦檜而取大魁，同甫與安國如出一轍。謂不徒以一月四朝爲京邑之美觀，何其謬也。蓋當其累困之餘，急求一售，遂不惜詭遇而得之。

吾友長興王敬所嘗語予以同甫之才氣，何至以一大魁爲驚喜，至於對弟感泣，相約以命服共見先人於地下，是蓋其暮氣已見之證。豈有淺衷如此，而力能成事者。予應之曰：同甫之將死，自其對策已徵之矣，不特此數語也。故即令同甫不死，天子赫然用之，必不能揜其言。長洲何學士義門謂：『同甫之論多類唐之朱朴，使其見用，亦一朴耳。』可謂知言。

同甫論李贊皇之才，以爲『尚是積穀做米，把纜放船之人』，蓋尚有所未滿。同甫之失，正坐亟於求春，而不需穀；亟於求涉，而不需纜；卒之米固不得，并其船而失之。水心於同甫，惜其初之疾呼納説，以爲其自處者有憾，而又謂使其終不一遇，不免有狼疾之歎，可謂微而婉者也。

永嘉經制之學，其出入於漢、唐之間，大略與同甫等，然止齋進退出處之節，則渺不可及矣。即以争『過宫』言之，〔過宫謂朝重華也〕〔校〕此注從楊本補。同甫不能無媿心，可謂一龍而一蛇者矣。

吾故曰：論學之疏，不足以貶同甫也。至若反面事二姓之方回，亦深文以詆同甫，謂其登第後，以漁色死非命，是則不可信者。同甫雖可貶，然未許出方回之口，況摭流俗人之傳聞以周内之哉。

明莊烈帝論

莊烈自言「非亡國之君」，伏讀世祖御製碑文亦云然，而修史時，聖祖亦累〔校〕楊本作「屢」，注一作「累」。言之。是可以見愍亡之厚，辨亡之公，而莊烈蓋足以瞑目于重泉矣。雖然，莊烈之明察，濟以憂勤，其不可以謂之亡國之君固也；而性愎而自用，怙前一往，則亦有不能辭亡國之咎者。

凡莊烈之召禍，在内則退宦官而不終，在外吝於議和。伏讀太宗實録，其與明議和之書，不可指屈，與督撫言之，與鎮守太監言之，又與帝書親言之，又令朵顔三衛上疏言之，最後破濟南，執德王，即令王上疏言之，而帝皆岸然不許。其始欲我去大號，太宗亦降心從之，不稱「帝」而稱「汗」，且令明人製寶以給之，是殆可以行矣，而尚不可，乃泥於「龍虎將軍」之稱，欲仍以臣禮待我，則勢所必不能者，何其固也。考之宋、遼議和，不過敵體，曰南朝爲兄耳。今太宗于國書之禮，降明一格，推以爲中原一統之共主，其視遼人爲更謙。亦思是時之本朝，其〔嚴校〕作「亦」。何所畏於明而求和乎？明人於百戰百敗之後，而負氣若此，不量力若此，是則自求滅亡之道也。吾讀漢文帝與外蕃諸書，語和而氣謙，不難屈己之尊，以收保世滋大之益。而宋真宗之謂曹利用也，曰：『必不得已，歲幣雖百萬亦可。』凡以爲生靈也。倘謂東方本屬國，非漢、宋之比。夫使非屬國，〔校〕楊本有『則』字。何以降一等也。莊烈藐視唐文皇，其於二君何有，乃其究也，爲梁末帝，爲金哀宗，悲夫！

且夫明之所以亡者，非以流賊也，力屈於東，是以禍蔓於西。向使當日者東方修睦，得以專力于萑苻，盧象昇、洪承疇、孫傳庭三人者，皆平賊之已有成效者也，以之任（□□）〔東事〕從楊本補，下同。則不足，以之西征有餘，再假之數年，而西方晏然，李、張之首梟矣。計不出此，（□□）〔東事〕頻警，撤西藩以赴之，盧緣敗死，洪則敗降，孫以敗斥，熊羆之臣已盡，府庫又竭，即令流寇不陷京師，而王師再至，將何以應之，亦必亡而已矣。是非莊烈之過而誰歸也？然且南渡通使，高相國〔嚴注〕弘圖。欲居尊稱，而目我朝爲『可汗』，其亦迂而不達時務矣〔校〕楊本作『也』。夫。

或曰：然則楊嗣昌、陳新甲之議款是耶？曰：是又不然。議款原非得已，故在莊烈則可，在楊、陳則不可。楊、陳中樞也，樞臣不能舉邊防而議款，則將焉用彼樞。況楊、陳之議款也，殺盧九台，陷孫白谷，以求成其謀，則其罪通于天矣。是又不可以概論也。〔校〕楊本無此跋，從楊鈔補。

莊定山論

定山以行人歸，不復出山。瓊山閣學謂人曰：『率天下士夫背朝廷者，此輩是也。彼不讀祖訓乎？』蓋祖訓有不仕之刑也。定山不得已而入京補官。白沙聞之不喜，寄以詩曰：『欲歸不歸何遲遲，不是孤臣託疾時；此是定山最高處，江門漁父卻能知。』有諷語焉。又謂人曰：『定山豈以久病，昏其出處耶？平生大分，豈令兒女輩制其可否。』其後梨洲黃氏謂『定山二十年不出，乃爲利害所怵。定山殊不喜孤峯峭壁之人，不知此處卻用得此種人也。』二先生之言高矣。

然則定山之仕，竟爲晚節之玷乎？全子曰：殆非也。孝宗在位，非不可仕之時，定山非竟不篮仕之人。〔校〕楊本下有『也』字。必謂當以不仕爲高，聖賢中庸之道不然也。瓊山意在用之，而褊心過甚，故危言以怵之。定山委蛇出山，非必果畏不仕之刑，敦迫既甚，則亦一出以副君命可也。當此之時，雖聖人處此，吾知其必出；即或果無宦情，一出而即還，亦未始非兩全之道。此義不明，遂妄有夸不仕爲高者，流弊不可不知也。

瓊山爲宰相，不能容三原，則豈能容〔校〕楊本作『用』，注一作『容』。定山，其強人以必出，正驅人以去己，是則有愧于定山〔校〕以上三字楊本作『宰相』二字。者矣。

鮚埼亭集卷第三十

〔楊注〕此卷記十一首。

記

浦陽江記

浦陽江水發源義烏，分於諸暨，是爲曹娥、錢清二江。其自義烏山南而出者，道由蒿壩，所謂東小江者也，下流斯爲曹娥。其自山北而出者，道由義橋，所謂西小江者也，下流斯爲錢清。曹娥之水，由諸暨紆而東，至嵊，至餘姚，則已折而北，始至上虞，遂由會稽入海。錢清之水，由諸暨竟西下至蕭山，反東向山陰入海。一曲一直，源流不同。然六朝皆以浦陽之名概之。

蓋嘗考浦陽之名，漢時所未有，故班志不録。然班志于浦陽東道之水，則曰柯水，而系之上虞，即曹娥也。西道之水，則曰潘水，而系之餘暨，即錢清也。續志則有潘水，而失柯水。其以浦陽名江也，始見於韋昭，然續志出昭之後，尚未登其目，則不大著也。浦陽之名至宋、齊之間而大著，其時合曹娥、錢清二水，皆曰浦陽。〔校〕楊本有『然』字。謝康樂山居賦中所云『浦陽』，皆指曹娥，李善因之。而南史所載浦陽征戰之事，則皆指錢清。歷考唐人所作十道志、元和志，皆無此二江。〔楊校〕別本作『水』。之名。元豐九域志：曹娥以鎮屬會稽，錢清以鎮屬山陰，尚未有江名。其以江名也，自南宋始。

吾讀酈氏注水經，其所志浦陽之水，本皆屬曹娥，其末始引及蕭山之潘水，則是錢清之上流，而疏析不精，不知其已分而爲二，而反以爲合而爲一，故曰『上虞江水東至永興，與浙江合』，則是太康湖嶀浦〔校〕『嶀』楊本作『⿰山雩』。之水能至義橋麻谿以入海，移東就西，其謬已甚。蓋酈氏未嘗身至江南，以〔校〕楊本有『是』字。有此失也。抑或者六朝之世，隄堰未備，東小江之水尚能西出，則東道之水得至永興，亦未可定。是非爲酈氏回護也，考其時則然矣。乃施宿辨之而不審，近來越人遂謂浦陽非曹娥，但屬錢清，以此糾酈氏，雖黄氏今水經亦有此言，則又非也。夫酈氏以浦陽爲曹娥，本之康樂山居賦。康樂身居其地者也，豈有誤取〔校〕楊本作『收』。百里以外之江名，而加之所居之江者，此固不待辨而可明也。況南史浦陽江南北津，各有埭司以稽察。梂碉曰：『南津埭即今之梁湖堰也，北津埭即今之曹娥堰也，其與西陵埭、柳浦埭實於六朝稱「四埭」。』然則浦陽終以東道曹娥之水爲經流，而西道匯於錢清者爲支流，六朝官制，蓋班班足與水道相證明，安得反以之糾酈氏也。是所謂考古不詳，漫生疑〔校〕楊本作『議』。論者也。

蓋浦陽之水東行者，當〔隄〕〔棣〕從楊本改。堰未興之日，自餘姚達於句章之境，凡嶀浦、〔校〕楊本嶀作『崿』。姚浦、漁浦、剡谿、簟溪胥會焉，由柯水而東，直達於句章之渠水而止，非猶夫今日之曹娥，酈氏之言可考也，斯其所以爲吴越三江之一。若但以錢清爲纏絡，則狹矣，奈何反溝曹娥而絶之乎？酈氏以上虞江稱曹娥，而錢清則否，以是知曹娥之爲浦陽經流無疑也。乃若漢志上虞柯水即曹娥，而張元忭謂即山陰柯橋之水，則益謬之甚者。蓋使以錢清之尾言之，或可引之至柯橋，而又安得系之曹娥以東乎？

山陰令舒樹田同舟過梁湖，語及此，故記之。

東萊大小沽河記

漢志太山郡即〔校〕楊本無此字。楊云：『刊本有「即」字，非。』南武陽之冠石山，治水所出，南至下邳入泗，即應劭所云武水也。東萊郡曲成之陽丘山，治水所出，南至臨沂入海，今本漢書脱『臨』字。則又一治水也。説文有曲成之治水，而武陽則略焉，則似乎曲成之治水，其望較大於武陽者。善長於泗水篇之治水作泇水，以爲即武水，此是字義相近，不足〔校〕楊本下有『爲』字。怪，但並不言泇水所出。而于臨沂之治水，則不言其出於曲成之陽丘，而即以爲出於武陽之冠石。又不言其入海，而以爲入沂。則此臨沂之治水，其所出既與漢志戾，其所入又與漢志戾，而且又引應劭之言以爲即武水。則一武水也，俄而爲洳水則入泗，俄而爲治水則入沂，真不可曉。

顧宛溪曰：『洳河有二：東洳入沂，西洳入泗。』蓋泗、沂交會之處，故有此謬。然則并臨沂之治水，亦是洳水也。而出自曲成之治水究安屬？考西洳河出嶧縣之君山，即在嶧縣界中與東洳河合，遂南入宿遷境，今爲運道，其流甚盛。而東洳河源出費縣山中，或曰出榜山，蓋即今芙蓉湖稍短。若武水亦出嶧山入泗。然則西洳河即漢志冠石之水無疑。若東洳河則並不出冠石。今善長于西洳不著其源，而于東洳增多其源，自冠石，而東蒙，而顓臾，而後費縣，是其謬也。

若漢志暨説文則亦有誤者。東萊之治水，但當於膠、濰之間入海，不應間關一千里而至臨沂，歷河、濟、淮三瀆以入海。況自續志，晉、魏諸志，以及李氏元和、樂氏寰宇、王氏九域諸志皆無曲成治水之目，又深可疑。

予反覆考之，及親至〖嚴校〗作履。東萊訪諸古迹，方知漢志曲成之治水，是沽水，非治水。左氏不曰『姑、尤以西』乎？杜元凱曰：『姑，大沽水也；尤，小沽水也。』魏收地形志曰：『長廣郡長廣縣有沽水。』樂永言曰：『沽水，乃齊境也。』漢之曲成，在今掖縣，小沽水出焉；其東則黄縣，大沽水出焉，逕福山，而招遠，而萊陽，至于平度、即墨之間，而合其流，三百餘里，自東而南，直趨膠州之麻灣口，明世議海運者之道也。故其時有議東引沽河者。若漢志所云南至臨沂者，非臨沂也，乃計斤也。漢之計斤，在今膠州、即墨之境，蓋皆以字形相近而譌。

嘗考東萊之水，未有古於沽水者，亦未有大于沽水者也。次之，則清陽水耳，不應見遺于史，豈知其爲治水之譌也。二千年之結，爲之盡解，因歎説文尚不足信，何況其他。猶幸大小沽至今無恙，得以親履其地而得之，爰作大小沽河記。

宋樞密蔣文穆公端研記〔楊注〕戊辰，年四十四。

山陰蔡生紹基之父，遨遊諸幕府，得端研一區，細潤吐青花，其陰有鸜鵒眼十雙，雕之爲星，旁皆作雲氣護之，雕工之精，非後世所能也。其陽有眼二，其居中者作蕉葉色，其旁以小楷字志曰：『曾大父魏公在禁林日，以此研賜從〔校〕楊本下有『叔』字。祖待制。後六十有六年，芾蒙恩寓直，季父復以歸於芾，子子孫孫，其世寶之。乾道改元二月八日，芾書。』其陰志以草字曰：『玉堂揮翰，潁書。』而不知所謂芾者爲誰，所謂曾大父魏公爲誰，所謂潁者爲誰也。

予長蕺山，蔡生持是研來問於予，予曰：是元祐樞密蔣文穆公之奇物也。文穆封於魏，其曾孫則丞相芾也。文穆在熙寧、元祐、崇寧，推爲博聞强識之儒，曾〔校〕楊本作『嘗』。在禁林，記諸典章文物之舊曰逸史，至數百卷。兵火後盡失之，丞相爲捃摭遺稿，勵得二十卷，將以奏御，以其副上之太史，且板行之，已而不果。洪文敏公〔嚴注〕邁。記之，馬竹村通考尚載其目。是研也，正屬蔣氏禁林世直之物，當日花磚視景，如椽之筆，前光後輝，研其豫有力焉。靖康之變，汴都之球璧弓刀，已與文穆之書，不可復問，而硯尚存於其家。德祐之變，至今幾同於蓬萊之三淺，丞相之書不可復問，而研尚得留落人間，可不謂幸歟？其所謂穎者，殆工部尚書章公也，與丞相同時。文穆名在元祐黨籍，章公亦名在慶元黨籍，其人均足爲是研重也。

其旁别有志，曰：『天籟閣真賞』，曰『墨林家藏』，曰『項氏子京祕用』，乃知明時在禾中，蓋墨林之法物甲於天下，而今日亦寥寥，蔡生其寶之矣。

文穆於北宋時，固名臣也，惜其受歐公之知而好不終，竟至於劾之，薦禰之墨，射羿之弓，至今讀之，有餘恫焉，是則文穆平生〔校〕楊本下有『之』字。一大玷也。東坡謂褚文忠公之書以大節重，而惜其有劉洎一事，予於文穆亦以爲然。所幸者，晚節牴牾新法，卒得以風概見。七百餘年，摩挲故物，尚不免論及生平，君子可不慎歟。

吾友中吴寶研居士沈君李巖，其人雅有研癖，〔校〕楊本作『癖』。所酷嗜者尤在古研，其藏弆最富，〔校〕楊本作『甚』。惜不得與共〔校〕楊本作『同』，注一作『共』。賞之，乃以是記郵寄之。

宋婺女倅廳〔校〕楊本有『禊帖』二字。舊本記 有跋

宋人婺女蘭亭本有三，桑澤卿曰：其一在倅廳，自第十三行至末横裂而上，又自二十八行直裂處五行，詢之耆老，云其石碎已百年，王自牧家有未經刓闕時本，庶幾定武典刑也。其一在南澗家，南澗爲韓公无咎，東萊先生之婦翁。其一爲貞觀八年褚文忠公摹本，敘首無『永』字，雖古未善。去年余友仁和趙君谷林之子小林歸自京師，得婺女本，爲明故晉藩所藏，審其横裂、直裂之行，既與澤卿相符，而元跋云得之婺倅廷平趙健，則其爲本廳物無疑也。旁有趙孟林私印。予考宋理宗蘭亭十集，其丁集中亦有婺女一本，但係府治中物，蓋即文忠所摹者，非倅廳物。據澤卿言，則府治書法在倅廳下。倅廳之刻，當澤卿時，碎已百年，是元豐、元祐之間，即不完矣。又追溯其上石之年，雖無可稽，大略當在真、仁之際，即用定武初出本上石者，故澤卿以王自牧家完本爲庶幾。去〔校〕楊本作『云』字，屬上句。今又六百餘年，即孟林刓闕之遺，何可多覯，況又屬理宗十集中所未有乎？理宗蘭亭分十集，賈秋壑多至八百匣，而是匣亦分甲乙諸帖，想見當時自天子至諸臣，各以此夸其風雅。

考天水諸孟所藏，孟籲有王順伯本，後亦歸孟頫，孟堅落水本後歸秋壑，皆不損本也；孟頫後有陳直齋本，與此本皆損本也；而獨孟林〔校〕楊本下有『此』字。本得完於歷劫之餘，復歸小山，以爲天水宗

器，幸矣。婺本尚有東萊先生族弟祖志摹刻一通，乃定武肥本，亦損本，其前鈐以『中國後裔』私印，予曾見之，是又澤卿所未及也。谷林父子乞予爲記，因詮次之。

穆陵十集，有舊梅花本、新梅花本，又有婺州倅廳本，初以爲各是一種，今是帖元跋則即以倅廳本爲梅花本，故李太常輩皆疑之，予前此作記，亦未能有所證也。粤三年重繙劉潛夫集云：『婺州倅廳本，初裂爲三，後裂爲五，一名梅花本，乃悟舊梅花本者，初裂本也；新梅花本者，後裂本也。』其謂之『梅花』者，蓋以其裂文似之，疑竇一旦可釋矣。然是帖乃舊梅花本也。二十年前，潛夫之集二百卷，皆能舉其本末，未老而衰，以健忘致瞶瞶，其亦可慨也夫。

明孝宗御箑記

同里楊碧川〔嚴注〕守阯。太宰當明孝宗時，直廬燕見，嘗邀御箑之賜：其陽作空山老樹，其陰作文藻游魚，繪事極工，而疏落之中，居然函蓋一切。有明列代，莫若孝宗爲最賢。一時大臣，魁望碩德，如劉公健、韓公文、劉公大夏、戴公珊，密勿倚眷，同心一體，亦莫若是時爲最洽。相傳羣臣召見不時，奏對暇，即觀永樂大典，以資博聞，而丹青揮灑，則又其餘也。太平令主，翫物適情；侍從清班，燕閒倡和；宛然中天時氣象，三百年中所僅見。太宰身後，歸其甥陸少石督學，跋以古詩一首，至今其家寶藏之。

吾鄉前代著姓，並推楊、陸。楊氏自文懿公〔楊注〕守陳。後，父子兄弟登九列者四，居兩司者二。陸氏則以觀察〔楊注〕偁。爲父，中丞、〔楊注〕釴。方伯〔楊注〕銓。爲兄，而督學其季也。太宰之女歸〔校〕楊本作『嬪』。於觀察，實生三子，一如其外家之連枝接葉而出，斯爲衣冠中〔校〕楊本下有『之』字。盛事。而太宰以一甲第二成進士，入翰林，督學之科名，適與之符，〔楊注〕太宰，成化十四年進士。督學，正德十六年進士。宅相之美，更有非尋常可比者，則是箑之歸，□〔校〕楊本作『殆』。嚴云『誤空，是』。若有衣鉢之傳，默爲之兆，〔嚴校〕作『庇』。殆未可以忽視也。雖然，門第之甲乙，是猶其小焉者，太宰立朝，大節卓絶，嘗忤新都，近則爲同里冢臣所忌，〔嚴注〕指屠襄惠公滽。至于身後，尚遭摧挫，易名之典闕焉。而督學亦以爭『大禮』出爲外寮，其風規亦能無忝也。

是箑自太宰時至殘明百四十年，易代以來，又復百年，九閽之榮光，五雲之椽筆，渺然寄於一箑，而歷劫猶存，可不謂難與？吾鄉文獻，惟宋高宗嘗御題象山〔校〕楊本有『所進』二字。紅木犀扇以賜羣臣，可以與是箑並垂掌故。抑孝宗之丹青，世未有知之者，是又可以補畫苑之遺也。

先侍郎府君生辰記〔楊注〕癸亥，年三十九。

弘治十〔一〕從楊本補。年戊午閏十月三十日，先侍郎府君生辰也。閏既希逢於歲杪，而晦更多闕，故遇之甚難。〔嚴注〕近來閏月無晦，讀此始知前朝之有晦也。至五十八歲爲嘉靖乙卯，置閏于是月而無晦。又二年丁巳，六十，適以生辰下掌院學士之命，九卿同館，慶府君於柯亭，有詩二卷，曰玉堂倡和集。又八年己丑，〔嚴校〕作『乙丑』，是。六十八歲謝世。又九年爲隆慶〔校〕楊本作『萬曆』，是。甲戌，置閏於是月，亦無晦。長公宗正府君，次公贈宮詹府君，少公和州府君，追和柯亭元韻，以志桮棬之痛。又九年爲萬曆癸未，置閏于是月，亦無晦，宗正府君兄弟再和。〔校〕楊本下有『詩』字。又十年爲萬曆癸巳，置閏于是月，亦無晦，宗正府君兄弟三和詩。又十九年爲萬曆壬子，蓋一百一十五年，甲子幾再周，而始遇閏，又遇晦。時宗正府君家居，稱慶于影堂；和州府君在江上，稱慶于官舍；皆有追和詩。而贈宮詹府君先卒。宮詹府君在館，爲位于柯亭，亦有追和詩，羣從子孫家居者皆和之，曰續玉堂倡和集。又十九年爲崇禎辛未，〔楊注〕辛未爲清太宗天聰五年，西法是年不置閏。六年壬申置閏于二月。置閏于是月，亦無晦。時宗正、和州二老尚無恙，而玉牒之子都事府君，和州之子應山府君，□□□□〔校〕楊本無空格。宮詹〔校〕楊本下有『府君』二字。之子中翰府君俱逝，國運將衰，世卿〔校〕楊本作『臣』，注別本作『家』。之門户亦隨之。二老感傷今昔，悄然見於追和之章。又十一年則崇禎之壬午，〔楊注〕壬午，爲清太宗崇德七年，西法置閏于九月。順治庚寅，西法不置閏。八年辛卯，置閏于二月。謝山謂閏十一月者，據當時所行大統曆法也，乃魯監國所頒，非頒自清朝也。又八年則順治之庚寅，皆置閏於是月而無晦，然喪亂倥偬，篇什俱散佚，不可求矣。

和州府君嘗曰：『古禮不祭生辰，今世之祭之者非也。故吾家列祖之祀，皆不及焉。惟府君令節，生前尚難遇之，則後此若不期而值，子孫能無永慕？故苟遇閏而不遇晦，薦以特羊；若并遇晦，薦一豕爲少牢，世世無得有失，以準事生事存之義。』此和州之命也。乃自〔洪〕〔弘〕治戊午至順治庚寅一百五十三年，而九遇閏，再遇晦；自順治辛卯至今年，爲乾隆癸亥，九十三年，而竟寂然不一遇之，豈非置閏之失乎？〔楊注〕乾隆九年甲子，迄嘉慶八年癸亥，亦寂無置閏在十一月者。顧安得師曠諸公精于甲子者，推二首六身之考證，以正曆學之疏。夫曆既有失，則亦時而疏，時而密，後此必有數十年而頻遇之者，吾日望之。

錢忠介公降神記

〔楊注〕乙丑，年四十一。〔楊校〕別本畫像記列於前，降神記次於後。〔案〕本篇馮貞羣先生據全氏手跡校。

城隍之祀，始於六朝，而唐以後遍天下，其詳見於宋趙氏賓退録中。然必求實其人以實之，則吾終〔校〕手跡無此字。未之敢〔校〕手跡作『能』。信也。且相傳以爲神亦〔校〕手跡無此字。有代謝，如世上之遷更者，其果然與？〔校〕手跡無以上十一字。前代忠節諸公，如『靖難』時之周觀察，嘉靖間〔校〕楊本有『之』字。楊員外，魏奄所殺前後七子中，則李、黃兩御史，皆世所指名也。〔校〕手跡無『名也』二字，有『以爲確有可據者也』八字。嗚呼，日星在天，河嶽在地，忠節之魂魄，發揚昭明，何所不之，亦豈必以冕旒香火而重。〔校〕

手跡此句作『亦豈必以司城隍而重』，無以下至『説也』三十八字。惟是生爲明聖，殁爲明神，斯民愛敬之至，即成靈爽，〔校〕楊本有『斯』字。則至理所融結，而未可以爲愚夫愚婦之説也。

鄞江城隍之神，里黨莫稱其爲誰氏。予考之開慶四明志，則以爲漢初之紀將軍信。吾不曉紀將軍之何以得祀於吾鄉也，其殆如奉國軍譙樓祀唐睢陽六忠之例，蓋宋高宗航海時，崇祀以勵臣節者乎？〔校〕『其殆』至此，手跡作『其殆當宋高宗航海之役，如奉國軍譙樓祀唐睢陽六忠之例乎？』近忽傳故太保閣學忠介錢公嗣其任，一時遺民皆爲歌詩以記之。〔校〕手跡下有『曰騎箕集，其果有所徵與？雖然』十二字。吾聞江右建寧之城隍爲明故總督侍郎揭公重熙，廣右桂林之城隍爲明故總督侍郎張公同敞，亦此例也。

嗚呼！忠介初唱〔校〕手跡作『倡』。義時，『六狂生』擁之而出，〔校〕手跡作『至』，又無以下『布衣』至『集』字十三字。布衣戴少峯〔嚴注〕名爾惠。奮臂一呼，衆人雲集，在斯〔校〕楊本作『此』。廟也。予每徘徊神宇，旁皇追溯，當日力疾誓師，墨衰指麾光景，如或遇之，則其降神于斯也亦宜。〔校〕手跡末有『謝山承學全祖望』七字。

太保錢忠介公畫像記

〔楊注〕乙丑，年四十一。〔案〕本篇馮貞羣先生據手跡校。

錢忠介公之舉計吏也，出武進吳公稺山〔嚴注〕名鍾巒。之門。忠介官江南之太倉，有巨室公子坐罪，百方營救不能得，乃以重幣致吳公爲屬，而忠介卒不可。吳公歎曰：『吾觀錢止亭狀貌如處女耳，不料其剛如此，此太史公所以疑留侯也。』不十年而忠介以起兵從亡，死於海上，果與留侯之報韓，若合符節。

雖然求忠介於相，良不類其人，若求忠介於文，又不類其相。吾讀忠介集，其江上、海上諸封事，兩制代言諸詔敕，及和文山六歌、沁園春、唐多令諸詞，慷慨淋漓，風雷變色，如易水之濱，白衣冠而歌變徵；如鴻門之啗彘肩，目眥迸裂；可以想見其人矣。而瞻仰鬚眉，芒角渾然，則又龍德之潛，豹霧之隱，幾不可以一望而得者，古今來振奇之人物，容或在嵯峨劍佩之表耶？

忠介之自浙入閩也，福州亦不久而陷，遯迹龍峯，祝髮爲人外計，然非其志也。會監國至，則〔校〕楊本作『閩』，手跡同。翻然起從之，凡二年，竟以盡瘁而殞。一門六棺，停海上者六年，義士姚興公輩爲葬之黃蘗山，而置祀田以奉，其香火至今猶盛。故忠介畫像，存〔校〕楊本作『藏』。於黃蘗者尚有〔校〕手跡無此字。數幅，而不特甬東之〔校〕手跡無以上三字。影堂也。

忠介臨歿時，感懷國難，深以無成自咎，遺言仍以部郎章服入殮，畫像有用五品飾者，蓋以此也。亦有作披緇相者，龍峯時筆也。其在影堂者，乃吳中作牧時所繪一小軸留貽於相州〔校〕楊本無相字，手跡同。之盛氏，而令弟退山侍御得之以歸者也。匡山文、陸諸公，後世史臣未嘗不稱其爵，忠介之欲自降抑者，其實過也，然而彌可悲矣。軍持則偶寄之幻耳〔一〕。

予在京師，有福清李生者，郵致其家所有忠介像，乞予記之，即所云五品飾者也。予既嘗應其請矣。歸里後忠介嗣子濬恭摹影堂之本爲大軸，而以元本令予取前所應李生之記題之。予嫌舊文之失於繁也，乃重爲删節更定而録之。〔校〕手跡末有『時在乾隆壬戌五月中旬同里契家子全祖望再拜』二十字。

蕺山相韓舊塾記

予既主蕺山講席，諸生請爲署其齋，予以『相韓舊塾』題之。諸生曰：『何謂也？』曰：今蕺山之名於天下，以念臺少師也。然亦嘗知先河後海之義乎？是山之學統，自宋乾道間韓氏始也。建炎南渡，忠獻之裔，散之四方，而東來者則文定公忠彦子治之後。治知和州，其子爲兩浙提刑膚胄，次直祕閣膺胄，始居越。提刑之孫曰冠卿，知饒州，所謂貫道先生者也，受業清江劉公子澄之門。清江

〔一〕〔馮注〕忠介畫像，有盛敬、高宇泰、錢光繡題詞，謝山畫像、降神二記殿焉。予編止亭先生集曾假得之。忠介像左繪有一僧，故此文云『軍持則偶寄之幻耳』。

之學於晦翁、南軒、東萊如水乳，其教貫道也，以一實字，蓋即司馬公教元城以誠字之説也。饒州之子曰爕，字仲和，知滁州，能傳其學。祕閣之孫曰埜卿，瑞昌令，其子曰境，字仲容，史館祕閣，〔校〕楊本作『校閲』。亦能傳清江之學，與滁州稱『二仲』。而饒州弟宜卿有子曰度，字百洪，隱居講學，旁參慈湖之説，風節尤高，世以蕺山先生稱之。當是時，韓以后族貴盛，而四先生者，力以肩正學爲事。又一傳而爲翼甫，字恂齋，大理簿，慶源輔氏弟子，其子即莊節先生也。莊節與其兄忼，字義行，並有名，而莊節最著。〔嚴注〕莊節名性，字明善，其集曰五雲漫稿。忼官婺州學録，蓋安陽之後，講學於山中者五世，乃自文獻脱落，遺言盡喪，并慈湖所作饒州墓志，俱不可得。故饒州父子兄弟，僅一見於吴禮部師道集，義行僅一見於徐大年集，不特山中蘋藻不及，而其姓氏且將淪於狐貉之口，叩之其後人，亦茫然也。少師立尹和靖祠，以里中先正四人配之，祇及莊節而已。即莊節之集，予但從永樂大典中見之，而世上無有。予續南雷宋儒學案，旁搜不遺餘力，蓋有六百年來儒林所不及知，而予表而出之者，韓氏亦其一也。諸生雖不得見其遺書，然而蒼然者喬木，森然者帶草，豈可以莫之知乎？追而泝之，亦即少師以莊節配尹氏之意也。

諸生曰：然則何以謂之『相韓』也？曰：宋之二韓並盛：其一爲南陽桐木之韓，則持國父子兄弟是也；其一爲相韓，則忠獻父子是也。相以地稱，桐木以樹稱，各從其望言之也。桐木之韓，至南澗先生，亦以講學著于信州。

澗上徐先生祠堂記

俟齋先生丁國難，乙酉避地汾湖，已而遷蘆區。丁亥、戊子在金墅。癸巳以後來往靈巖、支硎間。己亥居積翠，及定卜澗上，遂老焉。先生故不入城，及老于澗上，并不入市，長年禁足，唯達官貴人訪之，則避去莫知所之。既卒，門人即以草堂爲祠。澗上居天平之麓，其地平遠清勝，靈巖一帶，俱在望中，吾友陸茶塢之水木明瑟園，僅隔一水。予過明瑟，未嘗不肅拜先生之祠，茶塢因屬予爲記。

先生風節之高，具見於諸家志傳，不待予之文而著。而予得一言以蔽之者，以爲昔人處此，雖陶公尚應拜先生之下風，非過也。今吳下好事賢者，方議哀資新此，并買祭田，以綿春蘭秋菊之澤，其意甚善。而予竊欲增置栗主，合食于先生者，得三人焉：其一曰南嶽大師儲公，其一曰山陰戴先生南枝，〔嚴注〕諱冠，字莪仲，一名昜，字南枝。其一曰嘉善吳先生稽田。〔嚴注〕稽田之父，吏部郎昌時也。蓋先生之得安於澗上也，皆儲〔公〕從嚴校補。之力，其身後則皆南枝之力也。〔校〕楊本無此字。是時以開府湯文正公之〔校〕楊本作『大』。賢，欲致一絲一粟于先生，且不可得，而儲公獨能飲之食之；以漫堂宋公之風雅，致賻襚于先生，其子以先生遺命不受，而南枝獨能殯之葬之：則二公之爲先生素心也，亦已篤矣。儲公之賢，先生集中，言之不一而足，而南枝未有及焉，吾故欲引而齊之，使並食於一堂，亦舊史之例也。

乃若稽田其生平蹤跡，頗與先生相反，而實爲同德，蓋二公故郎舅也。稽田抱劉琨、祖逖之志，而又欲雪其王褒之恥，故終身冥行，不返家園，而先生終身不出庭户，其道交相成也。是以先生之初避地于汾湖，于蘆區，以依稽田；及于金墅，則稽田依先生，因共往來靈巖、支硎間；已而又同居於積翠。及定居澗上，稽田每自北來，但過先生，而不入其家。先生集中呼遠公者，皆〔嚴校〕作『即』。稽田也。〔嚴注〕稽田字佩遠，故號遠公。稽田一生逐日，奔走中原，不得稍洩其志，死葬膠東，以明其蹈海之憤，以白不願首丘之恨，是非大招、廣招之所能致也。而吾以爲先生之祠，依然首陽一片淨土，可以歸其魂。使起先生而告之，必以爲然，且由是而知先生之高蹈，非石隱者流也。

茶塢曰：『善哉！子之言也。吾當偕同志諸君，舉而行之。』爰即詮次其語，而題之壁。

訪寒厓草堂記 〔楊注〕辛未，年四十七。

寒厓草堂在鄞南湖上，所謂小江里者，故職方駱先生精舍也，其地蓋已累易主。乾隆辛未，諸生盧鎬假館授徒于其地，予歎曰：『三十年以來，求職方之子孫，以訪其軼事，而不可得；則求其詩文，而

〔校〕楊本有『又』字。不可得；則求其丘墓而表之，而又不可得。年運而往，里中之知職方者希矣，今過其草堂，其安可嘿然而已。況其石闌花時，風流宛在，是固東籬之遺也。』乃爲之記。

職方諱國挺，字天植；寒厓，其五十字。故諸暨人也，居鄞甬二世，有殊材。當是時，其東鄰李氏方貴盛，忠毅公〔嚴注〕李櫄。鎮三藩，一門子弟多雋士，而職方以諸生崛起，名甚盛，里人引而齊之曰『李駱』，〔楊注〕續甬上耆舊傳：『天植嘗參錢忠介軍事，臨江督戰，礮火從頸上過，弗懾。其居在北郭，與李文纘齊名，里人稱曰「李駱」。』不以勢位甲乙也。鄞士尚節義，職方所與爲素心者，曰華公夏、王公家勤、陸公宇燝、高公宇泰，風格相伯仲。而東江事起，左右錢忠介公，破家輸餉，遂爲『六狂生』之亞，降紳夫己氏〔注〕指謝三賓。欲殺之，亦與『六狂生』等。忠介浮海，戊子，又有『五君子』之難，夫己氏欲株連先生，而帛書中無其名，乃散流言，謂待翻城之後，盡籍諸薦紳家以賞軍，蓋激衆怒以害之。華公聞而歎曰：『如此，則國人皆曰可殺矣。天植之肉其足食乎？』竟被逮訊，久之得脱，而家遂中落。于是柴門土室，不接一客，蕉萃三十餘年以卒。然每年五月初二日，必致祭于石傘山房，爲華公也，而配以楊、屠、董諸公；六月二十日，致祭于石雁山房，爲王公也，而配以施、杜諸公；西臺東臺嗚咽之聲相接，邏舟雖過，不怵也。嘗夜宿草堂，慟哭驚四鄰，門人皆起，先生尚未寤，旦而問之，則曰：『夢見蒼水，相語于荒亭木末之間。』不覺失聲，因作寒厓紀夢詩。所著有寒厓草堂集。駱氏本自諸暨來，無族屬，一子傳之一孫，祕其集不肯出，以多嫌諱也。乃未幾，而其子卒，其孫又卒，駱氏遂無後，其集竟不知所之。嗚呼！其可痛也。

職方之惓惓于華、王諸公如此，今孰爲職方念及者〔嚴校〕作「此」。乎？百年以來諸公之或死或生，不必盡同，而其趨〔校〕楊本作「趣」。則一，吾鄉遂以成鄒、魯之俗，其功大矣，是非世俗之所知也。此予之所以過草堂，低徊留連，〔校〕楊本有「而」字。不能自已〔校〕蔣本下有「者」字。也。

鮚埼亭集卷第三十一

〔楊注〕此卷題詞三，序七，計十首。

序一

古文篆韻題詞

夏英公集，予曾於永樂大典中見之，至其古文篆韻但見於晁子止讀書志，而後此著録家皆無有，意以爲亡矣。范氏天一閣有之，乃借抄焉。據晉陵許端夫所爲序，蓋紹興乙丑浮屠寶達重刊於齊安郡學，許爲郡守，因序之。寶達者，劉景文之孫也。景文與東坡善，而寶達精於古文篆，親爲摹寫，其亦南嶽夢英一流矣。至於北宋所雕本，當有前序，而今失之。

然予觀是書所引遺編八十八家，以校郭氏汗簡，未嘗多一種，其實即取汗簡而分韻録之，無他長也。蓋汗簡之部居一本説文，而是書則本廣韻，乃絶無增減異同于汗簡，則是書雖不作可也。

但〔楊校〕『但』字當删。考宋史經籍志〔校〕楊本作『藝文志』。及玉海，其時有宗室善繼者，豫于汴京石經之役，亦嘗進古文篆韻一書，不知其於英公所作如何，而惜乎今不可考。〔楊注〕『考』字當作『見』字。范氏又載有吾〔丘〕衍續古文篆韻一卷，予取視之，實不過周、秦古篆遺字，非續韻也。

永嘉張氏古禮序

古禮十七卷、釋文一卷、釋誤〔嚴校〕作『識誤』。三卷，永嘉張忠甫先生淳所校定也。朱子謂：『儀禮人所罕讀，故善本難得，而鄭注賈疏之外，先儒舊説〔校〕楊本作『記』。多不復見。陸氏釋文亦甚疏略，莫若忠甫之書爲精密，然其中亦不能無舛者，如謂高堂生所得乃士禮，而今此説兼有天子、諸侯、卿大夫之禮，則疑其非高堂生所傳，特篇數偶同耳。』不知所謂『士禮』者，特舉首篇以名之，其曰推而致之天子，蓋專指冠、昏、喪、祭而言，非朝聘、燕享亦屬之，所可推也。其於冠禮元端亦錯，然校之他本，終爲獨勝。其謂漢初未有儀禮之名，蓋後學者見十七篇中有儀有禮，遂合而名之，則先儒最取其説，目録一卷，詳載大小戴、劉向篇第異同，以古監本、巾箱本、杭細本、嚴本校定之。乾道中太守章貢曾逮仲躬刊而行之。

宋中興藝文志謂儀禮既廢，學者幾不復知有此書。忠甫始識其誤，則是經在宋當以忠甫爲功臣之首，所謂親揖讓進退於其間而如見之者，不在后蒼、大小戴、慶普之下，顧世無昌黎，誰其愛而讀之，宜其書之日以難遇也。

永嘉自九先生而後，伊川之學統在焉，其人才極盛。宋史不爲忠甫立傳，故其本末缺然，獨見於陳止齋所作墓志，乃知其與薛士龍、鄭景望齊名，固乾、淳間一大儒也。五試禮部不中，授特奏名官，棄去養母，或薦之朝，禄以監嶽，忠甫以爲徒費縣官俸，歷三任，不食禄，亦不書考。居母喪，無不與士喪禮合。間爲族姻治喪，亦齗齗持古制。時爲文章銘人墓，有諷有勸，〔校〕楊本作『有勸有諷』。皆不虛書。負其學，自刻苦，忍窮以死。爲人嚴重深博，善忍事鎮物，絶有材智，抑不使出。其爲止齋所述如此。攻媿亦嘗述其言曰：『今之仕者，皆非出于古之道。』或問之，曰：『始至，則朝拜；遇國忌，忌〔嚴校〕乙去一『忌』字。則引緇黄而薦在天之靈：古有之乎？是以雖貧不願禄也。』嗚呼！忠甫斯言，可謂得禮之精，而能以之自持，豈徒考度數之末文者哉？

是書抄之永樂大典中，乃更爲之序。

程氏春秋分記序

南軒先生講學湘中，蜀人多從之，而范文叔、宇文正甫最著。眉人程克齋兄弟並游於宇文之門，而克齋春秋之學最醇。〔校〕楊本作『粹』。克齋所著春秋分記九十卷、左氏始終三十六卷、通例二十卷、比事十卷，又纂輯諸儒説爲春秋精義，未成而卒；别有詩古文詞二十卷、語録二卷、士訓一卷、程氏大宗譜十二卷，弗盡傳也。獨分記則其弟滄洲〔嚴注〕名許，字季與。閣學曾上之祕府，而又開雕於宜春，故行于世。

予初求分記不得見，及讀草廬先生纂言，多引其説，益求之。踰二十年，而仁和趙兄谷林得之，蓋故明文淵閣藏本，其後入於蘭谿趙少師書庫者也。時予方自江都歸，大雪不克東渡，坐谷林西樓中，撥寒灰讀之，徹十日夜而畢。其爲例，倣太史公史記，有年表，有譜，有書，有世本，間附以諸儒之説，用功既核，取材又博。前此諸儒亦有倣史記以修是經者，鄧名世則爲年表、世譜之學，鄭漁仲則爲列傳之學，沈存中兼之，顧皆弗克〔校〕楊本無此字。若克齋之精。

克齋官邛州教授，方爲此書未卒業，聞吴曦以蜀叛，毁車馬，棄衣冠，抱經逃歸，奉其父入山。時其次弟仲遜亦掌教益昌，誓不屈賊，而克齋悒悒尤甚，遂病，病中急就其所著，幸得成編而卒，年尚未四十也。臨終謂其子曰：『吾爲是書，始於成周，終於肅慎；肅慎，(□)〔北〕從楊本補，下同。人所自(□)〔出〕也，讀是書者，其無忘之。』嗚呼！其可悲也。予讀宋史至吴曦時，蜀中士大夫忠義甚多，顧獨失去克齋姓氏不載，蓋其漏也。

克齋是書，游忠公之子毅堂及滄洲，皆爲之序。若劉文節公銘墓之文，謂克齋乃青城山人後身，臨死了了，其後見夢於從弟，則稍失之誕。克齋儒者，其棄官野死有大節，神爽不歿，〔校〕楊本作『昧』。固應有之，然不至如二氏所言，南軒門牆中無此學也。

卷首有云『大德十有一年，中書劄付行省，下浙江〔校〕楊本作『江浙』。〔儒學〕從楊本補。提舉印上國子監脩書籍者』，其後列官吏等名，因歎元時中書尚能留心搜訪，以佐成均文治如此。今是書在世間絶少矣，幸谷林父子百計購得之，安得有力者重雕之。

靜遠閣周禮解序

余嘗上下歷代藝文諸志，其以仗節死義之士，有著述於經苑者，不少概見：唐林慎思之〔續〕從嚴校補。孟子，流傳於今，然亦非卓然成家之作；宋有郭兼山、吕圭叔，元有鄭師山、余青陽，斯亦可謂忠節而兼經師者矣；有明之季，蕺山、鴻寶、石齋，尤其著也。夫當三辰晦蝕之日，文武之道墜地，而有不墜者存，不可謂非聖學之大幸矣。

吾鄉華職方默農、王評事石雁〔嚴注〕家勤。並以瑰瓌不羈之材，負氣概於啟、禎間，嘗登蕺山之門，生平蹤跡約略同趨。職方精於樂，嘗言得不傳之妙，其在難中，尚以所定操縵安弦譜致之高中丞元若，屬其傳之身後，中丞父子卒後，遺書盡散，〔校〕楊本作『散佚』。不可問矣。評事精于禮，其於三經俱有論輯，子孫式微，亦多佚不存者。而周禮歸于同里呂生書架中，予狂喜而讀之。評事之言曰：周禮五官非闕也，而不知者以爲闕。考工非補也，而不知者誤以爲補。五官之文直而正，考工之文曲而奇，似乎裁於兩手，而不知其一手也。出於一手，然各爲一書。五官固非聖人之作，而考工亦非漢人能爲，蓋六國時仿古而著之者，故其書頗似内政。其云周禮，非成周之『周』也，蓋以五德循環周流之旨言之。論六虚者，謂天西北傾，〔楊校〕別本作『天傾西北』。故爲不周之風，故是書以天始而虚冬，藏冬於地以象坎之鄰乾，而以不周爲周，故其五官之員已具足，而歸其奇零於考工，非以考工爲冬官也。考工之爲記，猶之儀禮喪服之有記也。何以知其爲六國時人之書？試以地官之員言之，其多至萬餘，此固必不可行。而大宗伯之官，言鬼者大半。秋官之爲職，至於草木蟲蟻之類，莫不有消磨厭勝之術。其非聖人之書明也。然其作者，亦非漢以後人所能及。朱子篤於好古，而不解心悟：解易則膚淺無當，說詩則輕改古序，其割周禮以附二禮，尤爲無謂。蓋其所言之大旨如此，爲自來經師所未有，雖未可奉爲定論，然亦奇矣。

書中累經竄定，多以片紙割裂牽粘，硃墨間雜，芒彩猶存，萇宏之血藏三年而化爲碧，況其畢生之精力所凝結而成耶？曾南豐序孔司户事，追溯其易學之貫穿，以徵其所立非一時之偶然。然則但謂書當以人重者，其所見尚未盡也。呂生其寶之矣。方今三館正修明史，搜羅典籍，不必盡皆四庫著録之書，則蕺山諸公所撰，例得同登甲部之志，因爲識其大略，或使廣七略之聞者，於余言有所稽也。

漢隸字原校本序

漢隸字原校本者，淮人張〔函〕〔亟〕從楊本改。齋先生〔楊注〕亟齋，張力臣弨之別號。所手定也。先生深於小學，其會通自篆而隸，自隸而楷，能得其所以遞變、遞省之故，而詳其譌誤之所由。故其言曰：『自隸變篆以就省，而碑版各家，可以隨意增減點畫，改易偏旁，好異尚奇，貽誤後學。今謹準之説文，於漢隸字原每字中取一正體，以朱筆標出之；或破體而不〔校〕楊本有『至』字。背正體者，亦標出之；其雖無當於正體而近是者，亦點出之；其全譌者，則據説文駁正之。庶可鑒別信從。其本碑不誤，而字原抄變致錯者，亦校正之。始於康熙甲子之冬，至庚午春乃畢。』春朝冬夜，字字考定，其用功亦勤矣哉。

予讀是書，而歎斯人識字之難也。凡先生之説，分列諸部中，一屈一曲皆有意，予不能悉述，試略舉其積溷而世人之所不曉者，乃知今本六經三史，皆爲漢人隸書所誤，不特碑版而已，而是書之所關者重也。漢隸之失，大都合數字以歸一字，間有分一字爲二字者，如『槃』之與『盤』，『咢』之與『噩』，『幹』之與『榦』是也。然分者少，不敵合者之多。又或舍本字而就他字，甚者竟代以俗字，沿襲既久，莫知其故。〔嚴評〕謝山於小學，蓋無所解者，所論甚淺，此文不作可也。先生之論『辭』字曰：『辭乃辭訟之辭，若辤受之辤，則從受，而文詞之詞又別焉。』論『懷』字曰：『懷乃懷想之懷，若褱抱之褱，則不從心，而褎袖之褎又別焉。溷用之者，誤也。』論『麟』字曰：『麟，大牝鹿也，非西狩所獲也。四靈之一乃麐字。』其論『氤氲』二字曰：『以篆法當作壹壺，而隸法無壹字，故借而爲烟煴，又借煴而爲緼。若氤氲乃俗字，而絪亦俗字也。』論『雕』字曰：『雕之爲鵰，猶雞之爲雞，本一字。而彫則琢也，今反歧雕與鵰而二之，而系雕于彫而一之，謬之尤也。』論『和』字曰：『唱咊當用咊，龢平當用龢。』其論『段』字曰：『段字得斷音，叚字得賈音，通用者譌。』論『華』字曰：『古作雩，通作蕚。宋、齊以前，絶無花字，北朝魏、齊之交始有之。』論『彊』字曰：『彊者，弓有力也。强則蚚也，非彊也。』論『憂』字曰：『憂者行之和〔校〕楊本作『始』。也。惪則愁也，非憂也。』論『累』字曰：『纍纍之纍省而爲累，非積絫之絫也。』論『序』字曰：『序者，庠序之序，是學名，非次敘之敘也。』論『艸』字曰：『艸字乃象形，於意亦合。若草則斗櫟實也，別爲一字。』論『寑』字曰：『寑乃寑廟之寑，而寢疾之寢又別焉，不可溷也。』論『气』字曰：『凡天气、地气之气，皆气也。加米是氣廩之氣，今妄以氣爲气，而加食字以爲餼，贅文也。』論『俊』字曰：『千人之材曰俊，若雋則肥肉也。凹乃弓之横體，引弓射隹，故曰得雋，非俊也。今加人於雋旁，通以爲俊，謬之尤也。』論『朢』字曰：『朔朢之朢，省而爲思望之望，不可溷也。』論『倡』字曰：『倡者樂也，唱者導也，後世反而用之。近且一之。』論『捄』字曰：『盛土於梩之謂捄，讀作鳩，亦作求。若其本音元作拘，非救也。』論『黺』字曰：『黺者黑與青相次之文，市則上古蔽前之皮，其字象形，市之重文曰韍，非黺也。後世加艸於市爲芾，非也。又改韋作糸爲紱，亦非也。但是皆韍之變，而非黺之變。漢人不曉妄用之，致宋之米元章名芾，而通書作歔，其〔校〕楊本作『皆』。誤也。』論『悳』字曰：『外得於人，内得於己之謂悳，是悳行之悳也。若德，則升也，非悳也。』先生之所正定者，大略如此。是書惟所校雝字、廱字、雍字異同，予尚有疑，詳別紙。世之聞之者，或以爲怪矣。豈知呼羣瞽以證大明，有非口舌所能曉者哉。

嗚呼！自古學既絶，考文之治不可復，唐家三百年，李陽冰〔嚴評〕陽冰不信説文。而外，無繼者，張參輩非其倫也。宋之將興，先有吴之徐鉉兄弟，蜀之林罕，楚之夢英，〔嚴評〕徐氏兄弟尚不得爲許氏功臣，何林罕、夢英之足云乎？中州之郭忠恕，其學雖有淺深之不同，而能從事於説文以正其本則同也。自是終宋之世，張謙仲、虞仲房、李巽巖輩，代興不絶。元人尚有吾〔丘〕衍。自漢以後説文之學爲盛，明世從事於帖括，士習益以陋劣，三百年來力足以紹諸先正者無聞焉。先生庶幾徐、郭、張、虞一輩，使得進於廟堂，考定石經，其亦足以光文明之盛，而隱約終身，自顧亭林没後，知之者亦希矣，可勝歎哉。

是書也，嘗歸於王吏部篛林，後歸於吾友施愼甫，今歸於予，爰序之，而使諸生分抄，以廣其傳。

北窗炙輠題詞

持正先生顛末，略見於竹垞檢討之跋，然未足以發是書之藴也。是書巵言叢語，若出自不經意所爲，乃其於伊、洛再傳弟子微言，多所收拾，讀者未可以説部目之也。

如周正夫者，謝上蔡之弟子，其人姓氏勵一見於橫浦之集，而是書載其言甚富，皆能發明正學。陳長方者，王信伯之弟子，所附見於信伯語録亦無多，而是書所引，堪相疏證。陸子正者，尹和靖之弟子，林艾軒之師，其學別傳於紅泉、雙井之間，百年以後，尚有薪火，乃宋史於艾軒傳中，但載其字，而失其名，求之和靖之集又無有，微是書，則吴下〔校〕楊本無此二字。嚴云『吴下』二字不可解，鈔本是。源流將安所遡乎？他如樊侍御光遠乃龜山弟子，施庭先者亦信伯弟子，皆於此稍得其緒論。

予續修宋儒學案，是書引用獨多，因歎持正若不以病廢，其所造不止此也。持正與橫浦爲心交，顧橫浦墮人妙喜之學，而持正獨否，則尤卓然不滓者矣〔一〕。

明故太僕斯菴沈公詩集序

〔嚴注〕諱光文，字文開，鄞人，集中有傳。又〔評〕只須曰沈太僕，何用如此。此類皆隨意填寫，全無義例。

太僕居海外者四十餘年，竟卒於島，吾里中知之者少矣，況有求其詩者乎？吾友張侍御柳漁持節東寧，其歸也，爲予言太僕之後人頗盛，其集完好無恙。予乃有意求之，適里中李生昌潮客於東寧，乃

〔一〕〔嚴注〕此書今顧氏讀畫齋叢書已刻，惜不載謝山此文。

以太僕詩集爲屬，則果鈔以來，予大喜，爲南向酹於太僕之靈。嗚呼！陳宜中、蔡子英之遺文，尚有歸於上國者乎？是不可謂非意外之寶也。

太僕之詩，稱情而出，不屑屑求工於詞句之間，而要之原本忠孝，其所重，原不袛在詩，即以詩言亦多關於舊史。

今明史魯王傳曰：『王不爲鄭成功所禮，漸不能平，會將之南澳，成功使人沉之海中。』是言也，如楊陸榮輩向嘗載之野史，而予竊疑之。蓋成功之卒也在壬寅。張蒼水有與盧牧舟〔嚴注〕若騰。書，以成功既卒，海上諸臣議復奉王監國，是成功卒於王之前也。成功既卒，二島爲大兵所取，則南澳道斷，王之不得薨於南澳明矣。阮夕陽集則謂王薨於金門，歲在庚子，尤屬傳聞之謬。庚子乃成功自江寧歸之次年，又一年始入東寧，又一年而成功始卒。以蒼水之集證之，庚子之謬，不待言也。及太僕之集至，而後了然。太僕有挽王之詩，其序曰：『王薨於壬寅冬十一月』，〔嚴注〕按監國紀年王殂于壬寅九月十七日，年四十五。成功卒于五月。是其在成功之後明矣。成功卒，諸臣欲奉王監國，而王亦遽薨。牧舟諸臣之舉所以不果也。詩言王之墓前有大湖，蓋王本與成功同入東寧，故即葬焉。是不特其薨有年有月，而且其葬有地，焉可誣也。予再證之蒼水集中，更有祭王之文，其中有『十九年旄節』之語，由乙酉起兵數之至癸卯，恰十九年。蓋王薨以壬寅之冬，蒼水在浙，至次年始遣祭，正合十九年之目也。考成功之於王，修唐、魯頒詔之隙，故不肯執臣禮，蓋信有之。其後蒼水與太僕諸公調停其間，言歸于好，故雖不稱臣，而修寓公之敬矣。〔嚴注〕按舟山紀略云：『辛卯十一月，王舟次嵩頭，成功朝見，行四拜三叩頭禮，稱曰主上，自稱罪臣，進千金爲贄，文端百端，供應甚備。王賜成功元玉帶一圍，玉章二方。隨迎王至廈門，轉送金門千户所駐紮，每月進銀米，遇節上啟。不及一年，爲參軍潘夢鍾、中軍張英所譖，供應漸薄。唯藉諸勛鎮并舊紳黄忠孝、郭貞一、盧若騰、沈荃期、紀石青等，相資度日而已。』讀太僕集中，王在東寧頗多唱和，宗藩則寧靖，遺臣則太僕，雖不復行監國之儀，而已可以安其身。中土傳聞，因成功前者有差池，而加以此事，不亦冤乎。

大兵入東寧，王之子隨衆出降，安置中州，若王以非命死，則覆巢無完卵，不得尚有遺胤也。然非太僕之集，何從而考得其詳，此詩史之所以可貴也。予既録太僕之詩入續甬上耆舊録中，復爲序之。

〔嚴評〕此文雪延平之冤，大有關係。延平亦李定國之亞也。

姜貞文先生集序〔嚴注〕先生名垓，埰之弟。〔楊注〕丙寅，年四十二。

萊陽二姜先生之集，貞毅所著，久已開雕行世，雖非足本，然即敬亭一集，亦見崖略；貞文所著，其家嘗鳩工矣，以嫌諱未果，沈埋且九十餘年。乾隆丙寅，予至姑蘇求之，其孫本渭欣然曰：『是先人未遂之志也。』盡出所藏，請爲論定。予詮次得詩七百餘首，釐爲八卷，附以文一卷，年譜、墓志之屬一卷，今本渭繕寫成編，予得副墨焉。

予於前輩之負大節者，樂觀〔校〕楊本作『覩』。其遺文，蓋欲從其語言，以想見其生平風格。以所聞二姜先生之爲人也，貞毅敦重樸誠，嚴凝不苟，交遊亦落落，所得北方剛毅之氣爲多；而貞文才調橫生，少年跌宕，文史遍於白下、吴下，嘗與孫武子、方密之諸公來往坊院間，傾筐倒皮，以爲娱樂。貞毅沉静淵嘿，泊〔校〕楊本作『湛』。然思深；而貞文劇喜事，其視閉眉合眼之徒，若將浼焉。蓋其性一静一動，其才一愿一敏，即其遺文，宛然如遇。是以貞毅自甲申而後，頹然不復與世事，江東嘗再以兵部侍郎手詔起之，竟不赴；而貞文應召而出，奔走姚江相公〔嚴注〕孫嘉績。幕中，幾爲方國安所殺。貞毅自戊子而後，沈冥尤甚；而貞文尚時時探五嶺消息，見之歌哭。要其根柢忠孝，造次顛沛，百折不撓，以歸潔其身者，是則同。貞毅文勝於詩，其所爲奏疏記序，筆力甚高，不從東京以後入手，尤愛其沈給事傳，雖班固無以過；貞文詩勝於文，其信手所之，如怒蛟，如渴驥，非復繩墨所可檢束，及其諧聲按律，又無不合昔人者。予嘗讀林都御史繭菴之哭貞文也，曰：『子犯歸黄土，重耳未還時。』嗚呼！讀是集者，能無泫然流涕也哉。

當貞文在世時，論定其詩者，曰杜茶村，曰張稚恭，曰余淡心，曰彭大賓，曰葉聖野，本渭頗以爲未盡，故更以屬予，且使爲之序。予維二姜先生避地吾鄉時，先太常公父子實昕夕過從，而東丹山有先生尊人忠肅公之祠，以是時哲昴作令於此，江東所敕建也。予方議爲重修，而以先生兄弟配享，且勒其在吾鄉詩於石，爰附記於序末。

西漢節義傳題詞

〔楊注〕甲子，年四十。

往者吾鄉宋大儒深寧王公，嘗以班史不敍殺身成仁之美，欲補撰西漢節義傳而不果，但發其略于困學紀聞。近世長洲何氏義門，頗爲班史佞臣，反言史臣表節義，亦不在立傳與否。果爾，則史臣所當立傳者，是何等人也？

吾鄉杲堂李丈，取其中四十二人爲一十五傳，又附以二十二人爲五傳，每傳爲一論，淋漓悲慟，足令百世而下張目，赤符殘燄，不覺爲之生色。其論龔勝傳末載父老語，是不知志士夭年，自足千古，非木石輩之壽；翟義傳末載黄鵠詞，以昭天道，是豈史筆所忍書，今易之以『黄犢』之謡；於孔子建傳大書先聖累世子孫高節，不使見辱於褒成；於郭欽蔣詡傳必以其倫，不使見辱於紀、唐一輩。此等正議，即令班史復生，無所申其三尺之喙。〔校〕楊本下有『何況佞臣』四字。若其于東郡同義諸公，幸其潛竄，不盡遭虎口；期門同義諸公，惜其姓氏之不傳，而尤喟然於公孫禄之晚節；斯僅爲西漢人言之耶？〔校〕楊本下有『抑亦不僅爲西漢人言之耶？』十一字。嗚呼！論其世，以逆其志，斯其可爲太息流涕者也。

先生仲孫世法開雕是書，予爲之題詞。顧尚有爲是書請益者：夫既以王章爲首，而附以力訟章冤之梅福爲一傳；又次之以劉向，又次之以朱雲，各爲一傳。則次之者，尚有棄三公以避莽之彭宣、王崇應爲一傳，然後次之以不附莽被殺之何武、鮑宣、王安、辛氏兄弟父子族屬，附之以彭偉、杜公子、許紺，而尚有漁陽太守彭宏同死是難，見其子彭寵傳，應合爲一傳。何、鮑、王、辛之禍，由于吴章，其欲以災異脅莽，事雖未善，志則忠矣，應次之以吴章，附之以吕寬爲一傳。然後次之以避莽死節之龔勝，而合之以龔舍、邴漢爲一傳。其時尚有少不附莽之毋將隆應爲一傳。又有不頌莽功德被斥之孫寶應爲一傳。然後次之以不獻莽祥瑞被殺之公孫閎，而附之以班穉爲一傳。然後次之以避莽之孔休爲一傳。然後次之以討莽避莽〔校〕楊本作『薦』。之安衆侯〔校〕楊本『衆』作『讓』。劉崇兄弟，而合之以張紹，而尚有宗室劉禮，見其子劉隆傳，應合爲一傳。然後次之以討莽之嚴鄉侯劉信兄弟父子，而合之以翟義，而附之以劉宇、陳豐、王孫慶、蘇隆、皋丹、王翁爲一傳。又次之以趙萌、霍鴻爲一傳。其時宗室討莽者，尚有陵鄉侯曾、扶恩侯貢，見莽詔書中，應與徐鄉侯快合爲一傳。然後次之以討莽之張充，而尚有劉都、馬適求應爲一傳。然後次之以不仕莽之郭欽、蔣詡、薛方、逄萌，附之以向平、禽慶、栗融、蘇章、曹竟、周黨，而尚有王君公、李子雲、徐房、譚賢、殷謨應爲一傳。然後次之以孔子建爲一傳。然後次之以陳咸、楊寶、蔡勛、戴遵，而尚有高容，見其子高詡傳，郭堅、郭游君見其孫郭賀傳，胡剛見其六世孫胡廣傳，應爲一傳。然後次之以避莽死節之李業、譙元、王嘉、王皓，而附之以任永、馮信、費貽爲一傳。於是以龍邱萇終焉。

不知先生何以於彭宣、王崇、孫寶、吴章、劉都之徒，有略而弗收者。夫是書固日月争光之文也，予以晚出，未得侍當日屨絇之末，以備商(確)〔榷〕，從嚴校改。斯爲恨事。爰牽連及之，并載諸困學紀聞注中，庶以成深寧之志也夫。

是書衹據班、范二史，不旁采，若更求之，如酈道元水經注，有豫章太守賈萌，討莽而死；陳留風俗傳有淮陽高固不附莽而死；令狐德棻北周書及唐史宰相世系表有建威將軍令狐邁，豫於東郡之難而死；均可附入者。

梨洲先生思舊録序

予嘗謂文章之事，不特藉山川之助，亦賴一時人物以玉成之。蔡侍郎梁村因數古人享此遇者，莫如歐陽兖公。蓋其當有宋極盛之時，揚歷真、仁、英、神四朝，〔校〕楊本作『廟』。一時名流皆極九等人表之最，而兖公盡收之於文字間，是不特昌黎、柳州所無，即東坡、南豐亦稍遜之。梨洲先生産于百六之際，其生平磨蝎之宫，野葛之餉，有爲世人所不堪者，而百年中閱歷人物，視兖公有過之而無不及，斯又一奇也。

先生以忠端公爲之父，以蕺山先生爲之師，當髫鬌時，所追隨稱父執者，莫非膺、滂、蕃、武之徒。稍長，遊證人書院，私淑者洛、閩之門庭，見知者楊、袁之宗派，或告〔校〕楊本下有『之』字。以中原文獻之傳，或語〔校〕楊本下有『之』字。以累朝經制之略，耳濡目染，總不入第二流品目。會廟堂興紹述之論，祭酒諸生，俱掛黨人之籍，父不肯帝，子不肯王，以禁錮之碑，爲通家之譜。苟有范温、陸棠之徒，隳家世而喪師傳者，望塵自遯，不敢復前。蓋先生之學問氣節，得於天者，固有不同，要其淵源之自，則相半焉。

至于三辰易運，從亡不遂如鄧光薦，從戎不遂如〔楊校〕别本無以上五字。王炎午，蠣灘鼇背，呼文、陸，謁張、陳，相與吞聲而泣血，又一時也。風波既定，家居奉母，則嘗以講經自給，東維以論文爲生，靈光巋然，長謝鶴書，河汾弟子多出而爲巖廊之器，而先生亦已老矣。

先生碑版、傳狀文字最多，其思舊録則其追懷〔校〕楊本作『憶』。朋好，雜録見聞，腸斷於甘陵之部，神傷于漳水之湄，纏綿惻愴，託之卮言小品以傳者也。以先生之譔述言之，學案、文案，如山如河，是録其渺焉者。然先生百年閲歷，取精多而用物宏，于此約略見之。在他人則分先生之一節，皆足以豪。究公當其盛，故哆兮者如春；先生當其衰，故噫兮者如秋。世有讀先生之書者，方信予言之非夸也。

〔校〕楊本有『矣』字，注一本無。

鮚埼亭集卷第三十二〔楊注〕此卷序九，題詞一，計十首。

序二

錢侍御東村集序〔楊注〕乙丑，年四十一。

錢子濬恭捧其本生父退山侍御東村全集，乞余銘墓及序。予於錢氏世德，望之如峨眉天半，嘗以相公麗牲之石，出於菊潭劉公〔嚴注〕名沂春。手者未能該備，爲作神道第二碑銘；又嘗編次相公前後諸集，而爲之序；又嘗記其畫像；又嘗作檢討〔校〕楊本作『簡討』。樞曹、推官三公墓文。百年來通家子弟，能言錢氏之文獻者，予不敢多讓，則侍御家國大節，寧可以嘿而已。惟是司馬温文正公未及作劉道原墓志，而即以十國紀年序令其家上石，則今即以東村集序納之墓中，大儒成例，未爲不可。爰參考野史，合之侍御所作自傳，爲序一通以歸之。

嗚呼！侍御甫爲諸生，即隨相公倡義，監國授以推官，而相公固辭不受。及入閩，庶寮乏職，乃以諸公之薦授臺員。風帆浪檝，悍帥秉成，侍御無所展其風裁，而拮据卒瘏，爲相公召募義勇，聯絡山海營寨。相公不禄，侍御尚與檢討〔校〕楊本作『簡討』。同入福安圍城中，久之始去。而檢討死，侍御與樞曹以下諸弟姪，同從亡翁洲。而相公之子尚賓又死，翁洲再失，樞曹、推官相繼死，侍御自此始爲宗祀之計。而家門蕩然，戒心未泯，消歲月於亡命之中。蓋此十年來，固不暇爲詩文之事，亦不忍爲詩文之事，即間有所作，要〔校〕楊本下有『皆』字。歸於波濤兵火之中，而不得存。迨驚魂稍定，葺草廬三楹，〔校〕楊本作『間』。爲東村農舍，欲謝絶人世，而以衣食之故，不得不出而索游，委蛇韜(斂)〔鈐〕從楊本改。之中，用晦而明，以全其不降不辱之面目。於是五十九歲(復)〔後〕從楊本改。舉三子，以長者承相公之祀，即濬恭也。乃濡筆作家傳，以補史闕。閒情所寄，或泣或歌，故侍御之生平，較之古來遺民爲最苦，而其神明所藴結，足以扶宇宙之元氣，而歷劫不可磨滅者，亦正於此得之。

嗚呼！相公忠義之盛，〔楊校〕别本作『氣』。萃於一門，諸弟鼎撑角立，前光後輝，生死殊途，而其趨則一，故國世臣，寧復有二。濬恭其以吾〔校〕楊本下有『斯』字。文納諸幽宫，微特侍御以爲足盡其生平，即相公諸昆季聞之，亦當笑而頷之矣。

董高士曉山墨陽集序〔楊注〕甲子，年四十。

吾鄉故國遺民之作，大率皆有内外二集，其内集，則秘不以示人者也。轉眄百年，消磨於鼠牙魚腹之中，雖外集亦什九不傳，况内集乎？董先生曉山，湖上七子之一也。〔嚴注〕余翥、范兆芝、宗誼、董劍鍔、葉謙、陸崑、陸宇燝。七子之後人，大率皆夷落，不復得列於清流，獨先生三〔校〕楊本作『二』。世以來，門户詩書之澤未絶。予求得其墨陽集而論〔校〕楊本作『編』。次之，然内集亦不可得見矣。

予讀周即墨證山〔嚴注〕斯盛。之序曰：『君子讀書，明於古今之故，遭時自斥，一無所表暴，以窮以老，所恃以見其意者，詩若文耳。而又祇此破帽芒屨、舟車風雨之際，一二蕉萃之士，往來贈答，覽山川之陳跡，風物之變幻，悄然以思，儻然以賦，而生平之意固不在焉，斯亦僅得其粗者矣。今世且無知之者，又安望他日讀其書而諒其不言之意邪？雖然，曉山亦自存其意耳，固未嘗蘄後世之知之也。使蘄後世之知之，則又曉山所不取也。』即墨之文，可謂善言先生之意者，予固無以益之。但就其言繹之，則知即墨雖與先生至契，顧當時亦似未得内集而讀之者。使其得見之，黍離麥秀之音，足以感天地而泣鬼神者，吾知非此序之所能盡也。

嗚呼！志士之精魂，終古不朽，而莫爲賓之，使冥行於太虚而人莫得見，則後死者之恨也。當是時，吾鄉詩人極盛，論者謂鄮山以才勝，其力雄；杲堂以學勝，其詞贍；而配之以巽子，〔嚴注〕名道權，户部主事守論之子。以爲諸家之魁。林都御史繭菴獨沉吟曰：『巽子尚踏省門，不在遺民之列，尚未足儕於二家。』良久曰：『曉山以韻勝，其格超。』時人以爲知言，而亦因見吾鄉前輩論人之嚴。先生大節，詳見於〔楊校〕刊本有『於』字，非。予志墓之文，故此不復備。世有以不得見先生之内集爲憾者乎？但觀予志墓之文，以及此序，其亦可以想像而大略得之矣。

愛日堂吟稿序

予與谷林〔嚴注〕趙昱。定交且二〔校〕楊本作『三』。十年，江湖之郵寄，京洛之追尋，家園之止宿，分題刻燭，良亦多矣。妄不自揣，以爲當在地醜德齊之間。及其下世，始盡取其集讀之，其氣穆然以清，其神油然以瑩，其取材浩乎莫窮其町〔校〕楊本下有『畦』字。其別裁蓋非一師一家之可名也。乃喟然自媿，以爲曩者特管中之窺，不料其所造一至於此。

昔人之論詩者：梅聖俞主於勤，吕居仁主於悟，楊廷秀主於變。夫不勤何以能悟，不悟何以能變，其歸一也，三家之言可包舉也。而予更有進於此者，詩固三百篇之遺也，苟其無豫於人倫之旨，則雖百計求工，要不過世俗之詩。谷林之爲人也，事親以孝，待兄弟以友恭，御下以慈，接友朋姻戚以厚，可謂有得於温柔敦厚之教者矣。時與命乖，徵車之役，不得待詔承明、未央之廷，臨川詹事，將處以三禮書局一席，谷林睠懷寢門，拂衣竟返。放翁有云『外物不移方是學』者，斯其人矣。晚年稍爲客所負，家事漸絀，顧怡然不以掛胸，日益聚書矻矻，可謂和平之極致矣。所居小山堂，池館之勝，甲於錢唐，竟日游息其間，巖壑之流止，花草之菀枯，澄觀嘿驗，不必遠窮屐齒，而化機已畢具於胸中。然則谷林之詩之日進而上，蓋有由，然而區區薈萃之富，澄汰之嚴，淵源之邃，與夫諸老先生之所誇爲秘傳者，猶其末焉者也。而予也何足以望之，乃爲之序其端。

寶甈集序

〔楊注〕丁卯，年四十三。

竹町居士陳授衣〔嚴注〕章。以詩名大江南北者，幾三十年，而不遇。其遇益蹇，其詩愈工。顧竹町之詩愈工，而其心愈歉然有所不足。余謂其心之歉然有所不足者，此其詩之所以工也。

請言竹町之爲人也，古心而篤行，方嚴醇雅，造次不苟，有儒者氣象。故其爲詩亦絶無險詖之習，夸誕靡曼之音，狹隘僻陋之腸，破碎之句，而一出之以和平温厚，取材自漢、魏以至宋、元無不到，而歸宿於中唐。年逾五十，手不停披，含毫渺〔校〕楊本作『邈』。然，會心自遠。吾疑其胸中所造，殆有得於學道者，故其詩之工如此。而竹町遜謝曰：『吾未能也。』

予每客揚州，館於馬嶰谷齋中，則與竹町晨夕。竹町居東頭，予居西頭，〔校〕楊本兩『頭』字皆作『軒』。余方修宋儒學案，而竹町終日苦吟，時各互呈其所得。因念世之操論者，每言學人不入詩派，詩人不入學派，吾友杭堇浦亦力主之。余獨以爲是言也蓋爲宋人發也，而殊不然。張芸叟之學出於横渠，晁景迂〔嚴注〕説之。之學出於涑水，汪青谿、謝無逸〔嚴注〕逸。之學，出於滎陽呂侍講，而山谷之學出於孫莘老〔嚴注〕覺。心折於范正獻公醇夫，此以詩人而入學派者也。楊尹之門而有呂紫薇〔嚴注〕本中。之詩，胡文定公〔嚴注〕安國。之門而有曾茶山〔嚴注〕幾。之詩，湍石之門而有尤遂初〔嚴注〕袤。之詩，清節先生之門而有楊誠齋之詩，此以學人而入詩派者也。章泉、澗泉之師爲清江，〔嚴注〕劉子澄。栗齋之師爲東萊，西麓之師爲慈湖，詩派之兼學派者也。〔嚴注〕章泉，趙蕃，字昌甫。澗泉，韓淲，字仲止，南澗之子。栗齋，鞏豐，字仲至。西麓，陳允平，字君衡。放翁、千巖得之茶山，永嘉四靈得之葉忠定公，〔嚴注〕適。水心學派之中，但分其〔校〕楊本下有『爲』字。詩派者也。〔嚴注〕劉後村、克莊之詩，亦真西山門人也。安得以後世之詩歧而二之，遂使三百篇之遺教，自外於儒林乎？『賦詩日工，去道日遠』，昔人所以箴後山者，謂其溺於詩也。非遂謂詩之有害於道也。

竹町之詩既工，而其胸中所造有近乎道，其歆然不自足也，殆將有更進而致精焉者。曾氏之瑟未希，而顏子之卓如有立矣。吾知其不僅僅以詩人終也。竹町屬余爲序者，且十年矣。今冬又話別於揚，江空歲晚，暮雲落葉，滿目皆詩材也。而余叨叨於道術之分合，得無笑其迂乎？

〔嚴評〕南宋時，如朱子之詩，亦工極矣，篇中旁搜博采，獨無片語及之，何耶？明儒如邵文莊寶，高忠憲攀龍，其詩皆工。白沙、定山之詩，亦有極工者。

修川小集題詞

〔案〕此文楊據杭大宗道古堂集校。

杭兄堇浦董志局於海昌，得絶句共百首，〔校〕杭集（下略）作『得詩如干首』。請予爲之引。〔校〕作『序』。堇浦之詩之工，不待余言，顧余甚〔校〕作『竊』。有念於海昌者，得因堇浦之詩，而一及之。海昌故〔校〕作『固』。文獻之窟也，堇浦拜無垢之祠，式持正之里，搜録查職方罪維諸篇，豈僅騷人之遊録哉。而樊侍御光遠者，楊文靖公高座弟子，乃無垢之畏友也，學録不傳，微言安在，尚有識〔校〕作『如』。其講堂，薦以谿毛者否？職方東江軼事，已澌澌滅〔校〕上兩句作『職方志節，寄託於緜竹，以抒悲憤』。而姚監軍曷菴棄家長往，以黄蘗爲西臺，化爲精衛，尚有道其姓名者否？抑又聞安陽許侍郎之令海昌也，延姚江黄先生〔校〕以上六字作『敦崇正學，招致姚江黄先生』。設皋比，招致高材生，〔校〕無以上五字。雅歌釋奠。中吴徐侍郎果亭扁舟涉江，來問證人之學，〔校〕以上六字作『遠來執經，反復叩證人之説』。安陽則傳三易洞璣之旨，豈無薪火之貽，足爲里社興起者乎？是皆羣雅之材所當及也。堇浦其更爲我訪之。〔校〕以上兩句，杭集倒轉。『皆』作『亦』，『及』作『備』。

鷺脰山房詩集序〔校〕楊本在外集卷二十六。

國朝諸老詩伯，阮亭以風調神韻擅場於北，竹垞以才藻魄力獨步於南，同岑異苔，屹然雙峙。而愚所心醉者，莫如宛陵施侍講之詩。宛陵至性深情，化才藻於何有，而孤行一往，無風調之可尋，所謂酸鹹之外，別有領會。説者以萊陽宋觀察同稱，非其倫也。在昔都官手筆，實使歐、蘇諸巨子低頭下拜，豈地氣所鍾，世有之歟？邇來瀨内之言詩者，不爲齊風，即爲浙調，兼兩專車，如相契約，而宛陵一唱三嘆之音，皮閣已久，予雖大聲言之，而世人莫之聽也。中吴王君梅沜，〔嚴注〕名藻，字載揚，居平望鎮。獨深以予言爲然。

梅沜之詩，其取材也精，其就律也細，清和温潤，匠心獨運，蓋兼前人之長，而別有閒情逸氣出於行墨之表，未嘗屑屑描橅之迹，震川所謂『得西子之神而不徒以其顰』者也。其爲人如其詩，清談潔供，蕭然絶俗。所至焚香烹茗，擁卷長唫，五月而披羊裘，三冬而衣皂褐，梅沜不以介意，猶且修飾牙籤，檢點研席，長箋短札，一簽題俱不苟，偶有傖父唐突其間，則蹙然如浼。然而鳳泊鸞飄，漫漶懷中之刺，東華冠冕之場，拓落牢愁，不知者以爲玄之尚白，其知者以爲瑟之非竽也。

予自庚戌之秋，讀鷺脰山房集而心契焉。去年再至白下，偶及宛陵之論，不覺促膝相近，賞音同調，而又轉嘆莒歜之嗜，無怪其爲時所外也。梅浒屬予爲序屢矣，荏苒緇塵，未及裁答。秋風伏雨，況味蕭寥，信筆書此，聊以申平日樽酒細論之旨云爾。

叢書樓書目序〔楊注〕癸亥，年三十九。

乾隆戊午，予爲韓江馬氏兄弟作叢書樓記，於今蓋六年矣。書目告成，屬予更爲之序。馬氏儲書之富，已具見於予記中。吳越好古君子，過此樓者，皆謂自明中葉以來，韓江葛氏聚書最盛，足以拚葛氏而過之者，其在斯乎？

予以爲此猶其淺焉者也。夫藏書必期於讀書，然所謂讀書者，將僅充漁獵之資耶？抑將以穿穴而自得耶？夫誠研精得所依歸，而後不負讀書，請即以韓江之先正言之。其在唐時，曹氏、李氏牢籠四部，稱爲博物之雄，選學之大宗也。選學大〔校〕楊本作『漸』。衰，士以經史之文相尚，逢原頡頏曾、王間，太虛豫於蘇門六學士之目，八家文統之功臣也。文章尚屬小技，若孫氏之春秋出自安定先生之傳；竹西王氏之周禮出自龜山先生之傳；力排異説，蔚乎大醇。而明世海陵格物之旨，羽翼新建，遺經之世冑也。韓江先正之箕裘，遠有端緒，固未可竟以聲利之場目之也。

馬氏兄弟服習高曾之舊德，沉酣深造，屏絶世俗剽賊〔校〕楊本作『竊』。之陋，而又旁搜遠紹，萃薈儒林文苑之部居，參之百家九流，如觀王會之圖，以求其斗杓之所向，進進不已，以文則爲雄文，以學則爲正學，是豈特閉〔校〕楊本作『庋』。閣不觀之藏書者所可比，抑亦非玩物喪志之讀書者所可倫也。韓江先正寔式憑之，而斸斸與葛氏争雄長乎哉？

今世有所謂書目之學者矣，記其撰人之時代，分帙之簿翻，以資口給。即其有得於此者，亦不過以爲掝撦獺祭之用。叢書樓書目之出也，必有以之爲鴻寶者矣。豈知主人已啜其醨而哺其糟乎？聞吾言者，其尚思所轉手也夫。

愚山施先生年譜序

年譜之學，别爲一家，要以巨公魁儒事跡繁多，大而國史，小而家傳墓文，容不能無舛繆，所藉年譜以正之。宣城施愚山先生曾孫念曾，詮次先生年譜二卷，屬予弁其首。先生之墓志，出於西河之筆，其文極工，然所序馬太宜人事，實在舉賢書時，而墓志以爲在歷仕得覃恩之後，西河依先生幕最久且密，不知何以有此誤也。此事有關人倫，異日國史必采入先生傳中，不可忽也。先生之分守江西，政聲藉甚，公議以爲不日當晋開府，忽遭束閣，蓋安邱相公當先生持節山左時，有所干請不遂，至是修怨焉。西河或有所諱而不書，然年譜不必復爲之巽詞，蓋是乃先生不畏强禦之大節，不可没也。

先生之家學，本於王父中明先生，〔楊注〕中明名弘猷，萬曆中與焦文端石城、鄒忠介南皋游。實爲新建、盱江之傳，而又嘗從沈公耕巖得聞漳浦之學，故其和齊斟酌，不名一家，是乃先生學術源流之所在，國史當采入傳，而墓志尚未盡其詳，年譜中所當悉也。

先生之造詣，其與蔚州魏敏果公、睢州〔校〕楊本作「陽」。湯文正公、平湖陸清獻公同道同德，不相上下。魏、湯二尚書雖未竟其用，然尚〔校〕楊本作「當」。揚歷槐棘，多所發舒，清獻則以遭摧挫而愈顯。先生於其中最爲闇淡，又以工於詩古文詞，世人反用是掩其學問之大原。倘有如李巽巖〔嚴校〕乙此三字，并云巽巖，即文簡也，名燾。李文簡公合作韓、范、文、富、歐、馬六公年譜者，其必班先生而齊之也夫。

贈趙東潛校水經序

安定〔校〕楊本下有「君」字。之注水經，雖其於禹貢之故道，不能一一追溯，而漢、晋以後，原委畢悉，尤詳於陂塘堤堰之屬，固有用之書也。乃以過於嗜奇，稱繁引博，反失之龐，讀者眩焉，要其纏絡，未嘗不釐然可按也。所苦唐以後無完書，據崇文總目，則館閣所儲本，亦祇三十五卷，據元祐無名氏跋，則蜀本且祇三十卷，是以歐陽兖公尚未見四十卷之著録。及何聖從本幸復其舊，然已云篇帙不無小失，而以太平寰宇記諸書校之，則逸文之不見於今本者，不下數百條。說者以謂原本當有弱、黑、涇、洛、虖沱諸篇，而今不可得見矣，是豈止小失乎哉。然即其所幸存者，脫文譌字，展轉沿（褫）〔襲〕從楊本改。蔡正甫所謂蜀板遷就之失，令人撫卷茫然，難以津逮，雖有好學如柳大（宗）〔中〕從楊本改。〔嚴注〕名僉。謝耳伯〔嚴注〕兆甲。趙清常〔嚴注〕琦美。朱鬱儀〔嚴注〕謀㙔。孫潛夫〔嚴注〕潛。之徒，再四讎定，不過正其十之三，如盤洲石柱之疑，而于其大者，未之能及也。

百年以來，乃有專門之學，顧亭林、顧宛谿、黃子鴻、胡東樵、閻百詩五君子，慨然於蔡正甫補亡之不可得見，合羣籍而〔校〕楊本作『以』。通之，購舊槧以校之，竭精思以審之，是書始漸見天日。同時劉繼莊自燕中來，亦地學之雄也，欲因酈澤之益，薈萃爲是書之疏，而惜其不果。

然而諸家所論定，或以洮水爲澆水，東樵。或以滎水爲濉水，宛谿。或以漯水有二，百詩。或以礫谿有南、北二渠，東樵。或指九江在洞庭，而託於許叔重之說，東樵，宛谿。斯其過皆不少，甚矣稽古之難也。

杭有趙君東潛者，吾友谷林徵士之子也，藏書數十萬卷，甲於東南，稟其家庭之密授，讀書從事於根柢之學，一時詞章之士莫能抗手，爰有箋釋之作，拾遺糾繆，旁推交通，裒然成編。五君子及繼莊之薪火，喜有代興，而諸家之毛舉屑屑者，俛首下風。安定至是始有功臣，而正甫之書，雖謂其不亡可也。

予家自先司空公、先宗伯公、先贈公三世皆於是書有校本，故予年二十以後，雅有志於是書，始也衣食奔走，近者衰病侵尋，雙韭山房手校之本，更是迭非，卒未得畢業，睠懷世學，不勝〔校〕楊本作『禁』。慚赧。而東潛奪纛而登，囊括一切，猶以予爲卑耳之馬，不棄其靮絆，豈知羽毛齒革，君之餘也。其聊舉先世之遺聞以益君，則庶幾焉。

浮山大禹廟山海經塑像詩序

〔楊注〕癸亥，年三十九。〔案〕楊據韓江雅集本校。

江都城南廂有浮山，蓋亦石紐之流也，旁爲大禹廟址，〔校〕韓江本無此字。其門首塑山海經諸相。乾隆癸亥孟冬，同人共往觀之，因相訂賦排句，以補志乘之闕，屬而和者如干首。

夫以是經果足信乎？則出自伯益之手，寧不足以附禹貢而豫於百篇之目。然但以所紀禹事考之，崇伯之父明有代系，而以爲白馬，則與世本不合；崇伯化於羽淵，而又化於墠渚，則與左傳不合；共工既放，而尚除惡未盡，有臣相繇爲害，則與孟子不合；帝啟之獻三嬪於天，而竊九辨、九歌、九招之樂以下，雖並見於天問，然與尚書之九歌不合；所紀禹事如此，而〔校〕韓江本作『則』。其餘概可見。又況上甲微殷〔校〕楊本作『微殷』。事，王亥之雜引也。〔校〕上兩句，韓江本作『又況上甲微、王亥之下引殷事也』。爲是。

謂是經竟無徵乎？則畢方、貳負諸證，歷見漢人之所述，郭氏已著之題詞中；而有明之季，鶡鳥見於南昌佛寺，朱中尉謀㙔志之；精衛遺種見於海上，林太常時對志之；鶡鳥見於杭城東，陳高士廷會志之；刑天之舞，則西方徼外多見之者，固不可以爲盡誣也。

嗟夫洪濛之世，地天蓋多混雜，而禹之明德最神，故其傳尤奇。以疇範爲不足，爰有宛委、龍威之籍，祝融、營丘之圖，遁甲之紀。以后稷、柏翳之徒爲不足，爰有狂章四子之分職。以玄龜爲不足，爰有黄牛、青犬、雙龍、九馬〔校〕以上四字韓江本無。之效靈。以禹貢爲不足，爰有禹本紀，有禹大傳。以有苗之征爲不足，爰有防風氏〔校〕韓江本無『氏』字。之埋。以八年三過爲不足，爰有石闕。以連山爲不足，爰有開筮。至於拆背而生，偶步而趨，中宫之弄，侯人之詩，〔校〕上兩句，韓江本倒轉。其旁見於他書者，〔校〕上七字韓江本作『其説』二字。皆出自三代之衰，而實不過是經之互文。其流遂爲穆滿之宴王母，祖龍之見神人，幾於不可究詰，太史公以爲『薦紳先生所難言』者也。若夫八荒之外，物類良〔校〕韓江本作『亦』。無所不有，是經尚未能盡之耳。而今同人乃欲一舉而收拾之於詩，取材則避其雷同，要旨則歸之雅正，牢籠鼓鑄，不已汰乎？乃序其大略如右。

贈錢公子二池展墓入閩中序〔楊注〕乙丑，年四十一。

前太保督相錢忠介公嗣子二池，〔嚴注〕濬恭。明年爲七秩，猶思裹糧躡屩度閩中，以展忠介之墓，請予爲作神道第二碑銘，將勒之黄蘖，蓋其孝也。二池之子懿蕖，乃謀以今年豫爲阿翁祝，而又懼非阿翁之意，亦乞言于予，以予苟有言，則二池必弗之拒，可謂克肖其父之孝者也。於是二池果來告曰：『古無慶年之禮，況孤孽如僕者，其尤不可以當此諗矣。〔嚴評〕諗，告也，當用『審』字。雖然若能爲僕寫孤孽之狀，以長歌當一慟，即以贈僕之行，則當拜而受之。』予曰：『諾。』

嗚呼！太保之殉於琅琦也，父子夫婦相繼并命，又一年而第五弟檢討殉於福建，又七年而第九弟推官殉於鄞，又一年而第七弟職方亡命佯狂，卒於崑山，一門先後死國，其可傷矣。〔楊注〕太保卒于戊子，簡討殉于己丑，推官殉于丙申，職方卒于己亥，此作『又一年』誤，當作『又三年』。按外集兼三墳銘，上云『又七年』，下云『明年』，其誤與此序同。而前此太保尚有一子尚賓，已短折於翁洲，四忠皆無後，尤可爲痛心者也。又二十餘年，而第三弟侍御始舉二池，亟行告祭之禮，以爲忠介後。天之延一綫於忠介，以篤遺澤於二池者，豈不重哉。

然而桑海波沉，家門蕩盡，侍御困守皋羽、所南之節，以舌耕教二池，三旬九食，十年一冠，〔校〕楊本有『以』字。故國公相家之子弟，豈敢望繡衣肉食，而零丁寒餓，出門輒碍，不得不委蛇於塵俗之中，寓清於濁，寓醒於醉，皇天后土，可以諒其艱貞之志。在昔竹垞先生之論獨漉山人也，以爲降志辱身，終當登之逸民之列，予嘗三復其言而傷之。獨漉之門資地望，與二池無不同，然獨漉之聲華氣力，非二池所能逮，故蒙難餘生，二池有校獨漉爲更困者。

二池年已老矣，猶日抄忠介遺集，校讎譌舛，向予家搜索野史中所載忠介事，以補家傳之所未及，每飯不忘其先人。予既作忠介神道第二碑銘，又屬撰忠介遺集序，并葺年譜、記畫像，又屬撰侍御墓文，與東村集序，又遍求檢討、職方、推官誄銘。從父蟄菴徵士遺集，流落他人，二池購而歸之。檢討以下，三公皆未置後，二池歲時修其祭祀，以一身兼承諸父焉，可不謂之孝歟？而懿蘽善養父志，醇心篤行，力耕供職，惟二池爲有子，惟忠介兄弟爲有孫，惟故國故家爲有光寵，一綫之延，遺澤其未有艾也。二池其行矣！七十孤兒，杖屨無恙，猶能千里唧哀，省松楸於墓下，亦足慰先公之望，其爲我問隱元、獨耀、碧居諸長老遺文，尚有存焉者否？

鮚埼亭集卷第三十三

〔楊注〕此卷議十首。

議

冬青義士祠祭議與紹守杜君

六陵之事，尚有所商；蓋唐、林故祠在攢宫旁，季彭山以爲尚應有王修竹，乃本之張孟兼，則多其一。黄梨洲以爲尚應有鄭樸翁、謝皋羽，則又多其二。萬季野續考之，以爲尚應有癸辛雜志之陵使羅銑，則又多其一。羅事雖似不與唐、林宿相謀，而其義則同，不可謂非一體也。況公謹言羅殮孟后時，一老翁得后釵，皋羽明有古釵歎以紀其事，則固非不相謀者矣，是固前人所未及之證佐也，故當合而稱之曰『六義士祠』。若章祖程引崖山志，以爲尚有余則亮，乃無稽之言。余則亮者，政和人余應也，明洪武中曾官留守司知事，即賦皇宋第十六飛龍以志庚申君遺事者也。其人在政和，蓋稱宿儒，圖經中有傳可考，而相去八十餘年，隔絶三朝，其時不與唐林接，則於六陵事，定無豫。且祖程引崖山志以爲據，是書予家有之，然並無此語，故益見其誣也。今執事但增修竹以下三人，而未及陵使，愚尚以爲闕〔校〕楊本下有『事』字。也。當時同事自尚多人，以趙東山之語，可想見也。今其幸傳於世者，不當失之。

若其祠址既不復在攢宫，愚以爲可移之天章，蓋天章冬青之跡，亦久湮没，寺僧甚陋，幾莫知爲鳳巢龍穴之所在矣。故宜立穹碑以表之，而祀六義士於寺中，以存其地，不當在城内也。聞執事欲移六陵祀典於天章，而大吏格之，是在黄未史固嘗早有此言，然大吏亦未爲非也，蓋國家命祀，祇據正史，不以稗野之言改移，是乃定例。况穆陵遺顱，明祖返之攢宫，則固未可改置矣。故不若移六義士之祠，則兩得之耳。

其中又有宜論定者，宋之蘭亭在天章，王厚齋之言可據也。今之蘭亭亦在天章，然而宋蘭亭非今蘭亭，相去幾二里，則今之天章亦非宋之天章也。蓋天章在元末爲火燬，明永樂六年，浮屠智謙始重建之，其遷地當在是時。然則前此唐、林之舉，其在舊址無疑也。故祠或不得已而寄〔校〕楊本下有『之』字。於今之天章，若碑則當立於舊址。姚江黄未史物色冬青於今之天章不得，而痛心於浮屠之剷其蹤跡，甬上萬西郭亦主其説，所謂刻舟而求劍者矣。

冬青義士祠祭議二與紹守杜君

冬青之役，王修竹、鄭樸翁確然同功者也，羅陵使亦必不可遺者也。獨謂皋羽有陰移冥運之功，此出自楊廉夫之臆説，愚初亦誤信之，而今始知其妄。

夫欲審皋羽之同功與否，先當定發陵之年。羅雲卿〔嚴校〕羅雲溪名靈卿，此誤。作唐雷門傳，以爲戊寅；周公謹志以爲乙酉；宋景濂從公謹，乃於其元史，又先一年，以爲甲申，則已自相矛盾；故續綱目從雲卿。若以皋羽之詩合之，『知君種年星在尾』，則雲卿之言是也。近人邵廷采疑以爲戊寅乃少帝元年，蒙古不應竟無顧忌若此，因以爲乙酉，而冬青引不可解，則姑闕之。不知南渡之初，汴陵已自不保，況崖山彈丸，豈爲敵之所懼，是真迂儒之言，不足辨也。發陵既在戊寅，則其時文丞相未死，皋羽甫從前一年辭而東歸，西臺慟哭記所云『別公章水湄』者是也。祥興初元，皋羽蓋尚徘徊嶺嶠，亦安得由閩而浙，深入東越，豫於冬青之役，此不辨而可知其非者也。蓋宋亡之後，據韶父所言，〔嚴注〕韶父應作韶卿，方鳳之字，又『言』應作『狀』。據晞髮集卷首，鄧牧謝皋父傳云：『中遭兵火，室家喪亡，購得一子軍伍中。』又云：『公子粗達世務，委而遊。』又云：『婦煢然無依，子遠在二千里外，存亡不相關。』而宋濂作傳，乃云『翱無子』。方鳳狀亦云：『早年無後。』吴謙壙志云：『無子。』殆皆以續娶劉氏無子而言。則皋羽避地甌、括間四年，其後以癸未始入吴，以丙戌始入越，即記中所云『哭文公夫差之臺與越臺』是也。是時始聞有冬青之事而感賦之，故讀其文，亦自是局外記事，又屬追溯之語，『知君種年星在尾』，則己之不豫可知矣，其爲追溯之又可知矣。是時霽山已歸東嘉，故皋羽頻有詩寄之，是則就皋羽之言以考皋羽，而可以了然者也。楊廉夫之言妄也。況皋羽以其子粗達世務，始棄家出遊，終身不返。癸未，皋羽年三十五，計其子可冠，始出遊耳，戊寅非其時也。以梨洲之精覈，且爲其所惑。野公爲皋羽作年譜，固知不能辨及此。

然則皋羽之配享當去乎？曰是又不然。皋羽之大節，宋末爲最，即白衣而拜靈禽之下，亦足千古，附之唐、林之後，未爲不可，但不當以爲共事者，以其年考之，有不合也。

〔校〕楊本作『者』。

天章古跡，既已澌没，〔校〕楊本作『滅』。則今日立碑之舉，尤不可緩，恐是亦雷門諸君之所深望也。

冬青義士祠祭議三與紹守杜君〔楊注〕以上三首俱戊辰，年四十四。

弟前作宋蘭亭石柱銘，其中言度宗曾以天章寺地賜吾家，易代之後始以爲書院，事在至元甲午，〔嚴注〕按癸辛雜識續集下云：『壬辰歲，全楚卿捨天章寺旁菴田三十畝爲蘭亭書院。』此斸見於吾家世譜，史志固未之載也。然剡源遊蘭亭，序其於書院之役，謂以全氏廬爲之，則其説非無徵者矣。

天章自宋時屬吾家，迨至元甲午乃輸官，則宋亡之次年，唐、林義舉，謂非吾家共任其事不可也。蓋先泉翁固遺民，其於修竹爲同志，故是役也，不於他所而於吾家。聞嘗謂修竹爲謀主，羅陵使則攢宫之地主，泉翁則山南之地主，唐、林、鄭則身主其事，而皋羽則特聞其事，而歌咏以發之者也。蓋攢宫無地主，則事且立洩；山南無地主，則亦無以妥七戰之驚魂也。是蓋必萃羣力而始成，而乃以各懷忌諱，故雖唐、林二君尚且彼此傳聞不合，況其餘乎。弟非敢爲先世强附此事，但考索所及，固不可得而晦〔校〕楊本作『没』。也。

然竊以爲六義士當崇祀，而泉翁則可以不必，是又何也？吾家固宋室之世戚也，三王四公，重圭疊組，先太尉位在二府矣，國亡事去不能救，是所疚心，豈敢以此爲功，而望後世之報哉。且是天章者，故先太師徐公之墓道所在也。其因〔校〕楊本下有『先』字。墓而以寺爲香火之院，固宋室之所賚予也，一（坏）〔抔〕之土，其又何辭。如或因畏禍而有難色，則厲之不如矣，故泉翁之共任此事，不足奇也，特其地之所屬，則不可不著明耳。

先泉翁，諱璧，字君復，太尉永堅之從父也，宋時曾官秘閣，晚年遷居於杭之城東，所稱孤山社遯初子者也，世亦稱爲城東處士，其詩見皋羽月泉吟社中，尤與剡源善。

嗚呼！故國之文獻消沉，羣言迭出，五百年來旁搜審覈〔校〕楊本作『覆審』。而後略具首尾，悲夫！

爲明故相膠州高公立祠議與紹守杜君 〔楊注〕戊辰，年四十四。

執事葺念臺之精舍，祀寓山之影堂，皆近世俗吏所無，其有功風教大矣。而越中有一典禮，百年以來未之舉者，則膠州高文忠公〔嚴注〕宏圖。之祠是也。

僕初至越，嘗向諸生問以膠州寓寮，而莫能對也。始寧倪生安世者，太保文正公後也，蹙然對曰：『相傳在野寺中，而今亦無確知其地者，蓋天下之平久矣。但膠州之未有祠祀於越，是下國之恥也。』〔楊注〕按南疆逸史云：『卒於會稽之竹園。』僕曰：善哉對也。是非文正之後不能爲此言，然而無可告者。今幸值執事守越，講明廢闕，振起忠孝，膠州之祠，當在斯〔校〕楊本作『此』。日。蓋膠州寓公，此間無有子孫能請之當路者，倘得之，是尤天理人心之公，有光文獻者也。

膠州乖迕貴陽，〔嚴注〕馬士英。其詳已載明史。據李公映碧三垣筆記，則當其未去時，貴陽尚有〔校〕楊本作『稍』。牽制，自其去而小人益無所忌。膠州家本素封，亂後一介不存，但攜一少子，欲居常熟不果，寄於長洲，久之入越。其居越也，日惟一餐，祈死於神，不見一客，及蕪湖敗問至，念臺尚與熊公雨殷匍匐赴杭，議奉潞王，發羅木營兵以拒〔校〕楊本作『扼』。守。而膠州不往，嘆曰：『天之喪明若穡夫，徒苦江東父老，亦復何益，吾籌之熟矣。』遂絶粒。貝勒以貂、參致書聘六公，膠州爲首，使者至門，家人使致命於殯宮，使者太息而去。時膠州已託其子於門客海寧談遷，挈之渡江，蓋逆知浙東將有事也。〔二〕會畫江之師起，詔贈太師，謚文忠。其制詞，吾鄉林評事時躍所草，有云『即避兵之浄土，爲薦酹之周垣』，則是時故〔校〕楊本作『固』。有賜祠之旨，而兵革匆匆，未施行耳。是皆明史及諸野乘所未及者。

赧王六相：大興〔嚴注〕史可法。死於邗上，膠州死於越中，最後而新建〔嚴注〕姜曰廣。死於金、王之難，不然則南都綸閣，真穢地矣。而膠州首山之薇，適在此間，箕尾寒芒，至今臨之，豈可使空山杜宇怨人也。謹即遣倪生持短牋商之執事，倘得俞允，不腆僕文，即可采入麗牲之石，亦未必無助也。

阿育王寺爲檗菴居士立祠議與住持畹荃

育王向有王、蘇二公祠。荆國〔校〕楊本作『公』。之祠，以其令鄞時〔校〕楊本作『爲鄞令』。累嘗至寺，賦

〔二〕〔楊注〕竹垞山陰客舍送高舍人還膠州（詩）云：『公子翩翩狐白裘，向予長揖返膠州。西陵松柏閶門柳，繫馬春風何處樓。』殆即文忠少子也。南渡時，以門蔭官舍人者，初從談遷渡江避兵，江東既定，復入越，是時始歸故里耶？近人注曝書亭集詩者，以爲閣老無子，舍人疑閣老之姪，謬也。

詩留連，見其集中，固有説也。坡翁則又何豫而祠之，將謂其作大覺宸奎碑文，竟足應祭法耶？可謂不學之甚矣。

猶有應祠而不祠者，爲李布衣檗菴。檗菴本江都人也，名璜，字德邵。〔校〕楊本作『劭』。少負才，塊奇誕放，於書無所不觀，〔校〕楊本作『讀』。不肯應進士舉，或遂譙之，則曰：『無他，恐奪汝曹魁耳。』聞者哂之，則曰：『不信，請爲汝曹試之。』一出果魁。建炎之難，寓居四明，太守仇愈、周綱、潘良貴皆重之，郡縣學校文字多出其手。時信安郡王者，昭慈孟太后之弟也，正貴盛，聞檗菴之才，〔校〕楊本作『名』。欲以女匹之。或告之曰：『是不特資送，且可得官。』檗菴笑曰：『老夫將逃人外，豈尚出此。』竟謝之，終身不娶。於是來育王，從宏智禪師者遊，大有省悟。其自題影曰：『分明便是龐居士，又卻無人賣罩籬。』當時以爲見道之語。

其於甬上諸公，最善王侍御伯庠，參政次翁之子也。檗菴病革，侍御過之，問以平日了達，今何所見。曰：『都無所見，但覺神氣漸散耳。』以其遺稿爲屬，尚諧之曰：『勿竊吾詩文爲君〔校〕楊本作『己』。有也。』尋卒。侍御令客戴權編之，則檗菴生前已多殘斷，乃得其可録者二百篇，釐爲十二卷。其白文公年譜，樓參政攻媿序而附之於長慶集。〔校〕楊本下有『中』字。

初，檗菴愛育王，施田百畝，以爲身後伊蒲作供之資，而留其影於祴堂，今歷年久，不可問矣。然當宋時，但有攻媿稱之，其後則王尚書厚齋亦嘗稱之，而清容、南山諸公志四明者，並不爲列之寓公，固已漏〔校〕楊本作『陋』。矣。乃育王志中亦不及之，豈非文獻之失。

予觀檗菴乃畸士，蓋非特以文學見長者，雖其終身不娶，未合於吾儒之道，而掉首信安之婚，非凡人也。然即以其文學言，亦雄矣。故欲於今寺中，或娑羅閣，或拾翠樓，營一席以祀之，未必非玉几金沙之佳話也。平生於釋門香火，不參末議，今破戒爲檗菴言之，以爲校昔人之妄祀坡翁〔校〕楊本作『東波』。者，則有别矣。一笑。

育王之當祀者有四：陶隱居也，張横浦也，檗菴暨楊孝子也。然陶、張不藉此寺之祠，孝子在甬上自有祠，惟檗菴爲不可少者。

錢忠介公夫人忌日議

忌日何以有議？蓋出於孝子慈孫之窮也。在昔明正統諫臣劉忠愍公、〔嚴注〕球。天啟黨人繆文貞公〔嚴注〕昌期。皆瘐死詔獄。凡詔獄之殺人也，例以第一日禁子報因病，次日廠官給醫藥，又次日以不起聞，其實則報病之日已登鬼録，〔校〕楊本下有『矣』字。所給醫藥，乃虚文耳。故忠愍家忌，以報病後三日三祭，而文貞家竟以報病之日爲忌。常熟錢尚書嘗曰：『同一忌也，劉則疑之，繆則意之，孰是而孰非，均可以痛哭矣。』

錢忠介公夫人董氏，卒於戊子之四月，而〔校〕楊本作『乃』。以喪亂，遂失其日。嗣子濬恭，傷祀典之莫舉也，詢於予。予曰：『忠介輓詩謂四月二十七日，夫人得異方，服之稍痊，然卒不能救，則忌在二十七日之後，明矣。且二十七日稍痊，則未必以次日遽卒，明矣。無已，參稽劉、繆二家之例，竟以晦日爲忌焉，可乎？』

嗚呼！桑海諸公不祀，忽諸者蓋十之九。忠介獨有後，惓惓先人如此，則亡於禮者之禮，其亦不幸中之幸也夫。

考正府主廣靈廟議

三禮之祀，其在地示，惟社稷爲明祀。後世有城隍，則社稷之屬也。社本五土之神，稷本五穀之神；而配，則社以勾龍及禹，稷以柱及后稷，蓋以人鬼通於地示。今城隍之祀，皆以人實之，是亦古禮之遺也。吾鄉所稱廣靈廟者，羣奉以爲府主，則亦地示者是矣。既有社稷，又有城隍，又有府主，不已複乎？且其所傳神乃鮑蓋，不聞有忠孝正直之節，而但傳其詭誕不經之爲不可解也。

且夫天神地示，列在三禮，而神仙則出於異端之說。故神示之列於壇廟，無可致疑，而神仙則但在宮觀之數，不聞壇廟之可雜以宮觀也。神仙之但在宮觀，猶古佛之但在伽藍，不可混也。斯乃不通經術，而後有此背禮之舉。顧前此大儒，如豐清敏公、〔嚴注〕稷。樓宣獻公、〔嚴注〕鑰。袁正肅公〔嚴注〕甫。皆爲之請加封加敕於朝，則已惑矣。聖人不語怪，如廣靈王，豈非怪之尤者與？

夫以累朝所奉，而吾一旦起而非之，吾固知其信從之難也。然而神示之不可證〔校〕楊本作『混』。以神仙，則亦夫人而知之，豈待吾之灌灌哉。或曰：『是則然已，然則鮑神果何考？』予曰：『吾竊疑所謂廣靈者，鮑全，非鮑蓋也。』四明丹山圖咏注稱鮑全有聖德，董黯有孝行，並以爲甬上之地仙。意鮑全者，必其隱居不曜，不言躬行，足以追蹤古之逸民舊德，而後世失載其詳者也。丹山圖咏中所紀，亦出於道家之口，吾不甚信，而其以鮑全與董黯齊稱，則儗人必於其倫，即董黯之足信，而鮑全亦可知也。吾故曰：『廣靈者，鮑全，非鮑蓋也。』鮑全之行既不甚傳，而圖咏固有地仙之説，因又訛而謂其配龍女，謂尸解，謂飛昇，皆由鮑全而影藉之，則知〔校〕楊本作『斯作』。庸妄人之愚，不足怪也。

夫神示而必求其人以實之，固鑿之甚者也。今不患〔校〕楊本作『悉』。其人之果足以當斯祀與否，而居然拾庸夫俗子之語，見之文章，如危素所作廣靈王傳，可爲發一大噱者矣。

廢奉化縣靈昌廟議示奉化令

奉化縣南五十里，有靈昌廟焉，以祀吴越内統軍胡進思。予初不解進思何以祀奉化，及閲舊志，則進思次子慶，由湖州遷居焉。嗚呼！進思也而祀之耶？作廢靈昌廟議。

進思當賤時，以屠牛出身，吴越建國，從軍得官。文穆王元瓘嘗以宣州之師，質於田氏，進思從行。文穆王嗣國，〔校〕楊本作『位』。以其爲舊從也，因爲大將。忠獻王宏佐立，上統軍闞璠强戾，而進思比之。王欲殺璠，令人謂進思曰：『今將除公與璠，各爲本州，使璠不疑，而徐留公。』進思許之。乃以璠爲明州，進思爲湖州。璠果怒，進思曰：『老兵得爲大州幸矣，不行何爲？』璠受命。卒留進思而殺璠。是時，國人以進思重厚寡言，謂其戇也，故存之。忠獻王亦待之厚。廢王宏倧立，稍不禮焉。進思恃迎立功，干豫政事。廢王斥之，欲授以州，進思益怨。〔校〕楊本作『怒』。一日問以殺牛事，進思謂其知而故辱之，不知廢王無心也。時時在家設忠獻王位，被髮痛哭。先嘗受福州將李達之賂，使歸藩，達歸而叛，廢王責之。進思〔校〕楊本下有『愈』字。恐。廢王謀逐之，事洩，進思作亂，囚王，立忠懿王宏俶。忠懿王既立，進思勸以殺廢王，不可。進思乃使人自害之，守者已受忠懿王密戒，擊殺之，廢王得無恙。於是進思憂懼。忠懿王陽任之，實不用，未幾疽發背死。其黨鈄滔謀反，詞連丞相宏億。王寢不治，而以宏億爲明州。

進思之本末如此，乃讀其廟碑，則曰：『宏倧暴戾荒淫，公迎其弟立之，嘆曰：「老臣〔校〕楊本作『功成』。不去，族將赤矣。」謝病不出。王數至第起之，不獲，分遣諸子渡江，而次子得奉化石樓蓬萊之勝。公歸，又以錢氏内自相圖，不得已復之杭，則已變作，發疽而殞。』其言全然無據。廟碑託於龔參政茂良。參政正人，不應通鑑俱未之見，而作此荒謬之筆。其所云『謝病不出』，即指謀弑廢王不克之後也。

其所云『内自相圖』，即指宏億。蓋皆失其實之辭，〔校〕楊本作『詞也』。殆胡氏子孫自作。〔校〕楊本有『顧』字。奉化亦多文獻，乃祀此弑逆之人而不知，而居然載是碑於志中，則可怪也。

考成化寧波府志，但列靈昌廟，〔校〕楊本下有『之名』二字。而不言所祀之人，其後始僞爲碑志以實之。淫祀有如此者乎？幸明府速斥而廢之，庶釐正典禮之大節也。

大滌山房祠石齋先生議與杭守杜君〔楊注〕辛未，年四十七。

執事守越，已新蕺山先生之祠，并其弟子。今守杭，而漳海講學之地，適在禹航，不可以無瓣香，天假之緣，足與蕺山俎豆稱佳對。往者漳海最愛大滌山川之勝，嘗曰：『大滌，吾墓田也。』斯其魂魄固應戀此，明矣。

竹垞但矜雜博，遍考宋時洞霄觀諸公，以爲此山之重。宋之宫觀，其人未嘗至山，於洞天無豫也。且竹垞所志亦不備，如求備，則章子厚嘗提舉斯〔校〕楊本作『是』。宫矣，何以黜之，而始于楊文靖公也？漳海大儒，其寒芒在日星之間，顧不之祀，而屑屑於提舉諸君，亦何爲者。翟參政以資政爲提舉，見於晁氏讀書志，而竹垞誤指爲顯謨，亦失考，餘尚多。斯其事，殆有待於執事也。

某嘗考大滌高弟曰何先生羲兆，名瑞圖，即禹航産也；曰吕先生漢憲，名叔倫，越産，故相吕文安後人也。漳海正命，門人星散，是二君者，抱其遺書居山房，終身不出，以遺民終，其節最高，而世之人罕有知者。若祀漳海，其配享必取其曾至大滌者，達人莫如陳公卧子，以大節也；經苑則朱公康流，以學術也；風節則即數二公，以能守遺書也；更配以金陵從殉之四公，亦足矣。大滌函書中所列弟子，蓋有本非弟子而竄名其中者，不可不察〔校〕楊本作『審』。也，故及之。

考正成仁祠祀典議示定海令

成仁祠之祀，在翁洲爲莫大掌故，其與明初祀余闕、福壽之禮同也。顧其事行於前令，意則善，而失之不學，妄採里巷誣誕之言，以録其人，故其事僞，其官爵僞，其姓名無一不僞，居然登之翁洲志中，而祠爲謬祠，志爲穢志，大決横水洋之清流，未足以洗其玷〔校〕楊本作『垢』。也。

其所以致此者，蓋由於黄斌卿之私人欲厠斌卿於祠，以毁定西。其時遺老且盡，讏言得而持之，故今祠中遂以斌卿爲首，巋然居張相國之上，而莫有先之者，冤矣。斌卿既入，於是翁之聞風而起者，妄以長平之國殤，相繼闌入，尸其事者不察，遂至盈庭冒濫，行之幾七八十年，後生年少雖有疑之者，而不敢言。予則謂斌卿之不當入祠也，博採諸野史之言，而可以了然；諸不知名者之妄入也，據天子所修明史以黜之，而無所置其喙矣。

爰爲議一通，以告明府，并聞〔校〕楊本作『問』。於定之君子。

附明史翁洲死難目録：

太傅大學士華亭張公肯堂。〔嚴注〕謚忠穆。

太子少保禮部尚書武進吴公鍾巒。〔嚴注〕謚忠烈。據舟山紀略，吴公於己丑年十一月廿六日加太傅。

兵部尚書鍾祥李公向中。

吏部侍郎上海朱公永佑。〔嚴注〕謚烈愍。

通政使會稽鄭公遵儉。〔嚴注〕謚節愍。

兵科都給事中鄞董公志寧。〔嚴注〕謚忠節。

禮科給事兵部郎中江陰朱公養時。明史但作兵部，今據吴少保海外遺集。〔嚴注〕謚節愍。據監國紀年則云河南道御史。

户部主事福建林公瑛。〔嚴注〕謚節愍。監國紀年作林之瑛。

吴縣江公用楫。〔嚴注〕謚節愍。

禮部主事會稽董公〔玄〕。從楊本補。〔嚴注〕謚節愍。舟山紀略云祠祭司主事。

吴江蘇公兆人。〔嚴注〕謚節愍。監國紀年云中書舍人。

兵部主事福建朱公萬年。〔嚴注〕謚節愍。

長洲顧公珍。〔嚴注〕謚節愍。

臨山李公開國。〔嚴注〕謚節愍。舟山紀略云職方司主事。又云：『先命妻子入井，自投井死。』

工部主事長洲顧公（中）〔宗〕堯。〔校〕『宗』字從嚴改。〔嚴注〕謚節愍。

工部所正鄞戴公仲明。〔嚴注〕謚節愍。監國紀年作明仲。

定西參謀順天顧公明楫。〔嚴注〕入祠。舟山紀略云：順天府學生員，爲定西幕賓，十年，辭職不受，以衣巾走入太祖享廟，對位大哭，題詩壁上，有『故國不堪重睇望，愁魂應傍孝陵歸』之句，扼吭死。

諸生福建林公世英。〔嚴注〕入祠。

錦衣〔衛〕從嚴校補。指揮王公朝相。〔嚴注〕謚烈愍。

內（宦）〔官〕從嚴校改。監太監劉公朝。

安洋將軍劉公世勛。〔嚴注〕謚烈愍。

左都督張公名揚。〔嚴注〕謚烈愍。監國紀年云：家屬五十餘人，俱焚死。

蕩（湖）〔胡〕伯阮公進。〔嚴注〕阮公於己丑十一月，加太子太保，見舟山紀略。

〔嚴注〕以上監國紀年皆有之，尚有數公，今補列於後：

監軍御史梁隆吉。手刃全家，自剄。

副使高世昌。

吏部主事楊鼎臣。舟山紀略云：文選司主事。

兵部主事劉午陽。

中書舍人顧玢。舟山紀略作「汾」。

陳所學。

顧行。以上四人，皆舟山人。

學録曾應選。

都督焦文玉。力戰自到，妻張氏縊死。

以上九人，據監國紀年補。

左鎮總兵馬泰。中軍倪元統。

副將單登公、夏霖、洪雲、曹維周、韓紹琦、解龍、任鳳亭、張聖治、薛之胄、姚舜裔、張洪、孔之昭。

錦衣指揮使李向榮、朱起元。以上皆從劉世勛巷戰死者。

張名甲。名振之弟，名揚之兄，與母李氏，名振妻馬氏，赴火死。馬氏之姪呈圖、貢圖自刎死。

河南道御史李喆。

太醫院醫副章有期。

御醫章廣生。

鴻臚寺序班王旭明。

御史監定西軍梁雋。手刃全家，自刎死。

工部虞衡司兼督捕主事朱應登。

監軍副使尹志美。

兵部車駕司郎中張三奇。

錦衣千户都督同知陸律。

總兵李國珍。

兵科加尚寶司卿李拱先。

大理寺丞張冰如。

定西監軍副使馬世昌。

兵科給事中謝龍友。

吏科周鼎臣。

兵部右侍郎吴明鍾。

宗室朱由榞。

鮚埼亭集卷第三十三

中書邱子章。

貢生張惠政、沈大成。

以上三十九人，據舟山紀略補。

鮚埼亭集卷第三十四

〔楊注〕此卷簡帖十二首

簡帖

移詰寧守魏某帖子

〔楊注〕乙丑，年四十一。

國家試士之例，責保結於廩生，既爲之挨保，又爲之認保，所以嚴其蹤跡者至備。夫以太守録送之士，而必寄耳目于廩生者，太守之去士遠，而廩生之相去近也。

昨所聞使君之處此，有可駴者。鄞之陸鏡、陸微者，奴子也，其大父曰陸駒，自鬻於里中范方伯家爲奴。已而被逐，又自鬻於象山周給事家爲奴。給事晚年居于鄞，遂葬于鄞之城北柏樹橋。陸駒今所居，即周氏之丙舍也。周氏既衰，陸駒踞其丙舍，并其圭田，日以富。周氏後人來展給事墓，陸駒不復與接，甚且伐其宰木以爲薪，城北之人惡之。然陸駒尚未敢與于衣冠之列，數年以來，其諸子始潛納粟爲監生，謀自洗雪。鄞之敗行廩生林宗鍔者，其生平最婞婟無恥，首與之交。今年陸鏡、陸微兄弟遂應試，宗鍔毅然爲認保，而所謂挨保者，乃故范方伯之族孫范永潤，見其名瞿然曰：「是吾家奴子耶？」不肯署名。同堂廩生四十餘人，無不以永潤爲是，即林宗諤雖袒二陸，亦不敢發聲。不知使君何以赫然震怒，盛陳夏楚於堂皇，哃喝永潤，勒令手押，謂陸氏子實係清流，謂拒之者爲多事，謂太守之力足以混一良賤。鄞之世家子弟，喪氣失魄，不特永潤一人也。使君何所昵于陸駒之後，而必欲扶〔校〕楊本下有「植」字。之。且此事一行，廩保可以不設，直以太守兼挨、認保之職足矣。不謂使君道廣，門牆桃李，兼收及于僕隸之門，是又薦紳士大夫淺見薄識，求其故而不可得者也。

倘謂其父已爲監生，其子何不可以應試，則其說又似是而不然。蓋監生者，固藏垢納污之一途也。大縣之中，歲入粟者不下千名，蒙蔽有司，賄屬胥吏，從而溷〔校〕楊本作「混」。厠其間，猝不能詰，蓋多有之。若果有激濁揚清之當道，則乘是獄之起，并其監生而黜之，是爲大快人心者矣。故判是獄者，但當問陸氏子之應爲監生與否，不當以其已爲監生，遂據以爲護符也。

某伏處菰蘆，于世事一切不問，區區一童子之試事，非所與知。然使君方挾盛怒以違清議，在陸駒或有結草之報，在甬上諸薦紳則有蒙面之羞。某如不言，誰復爲言之者，率白不既。

〔蔣注〕魏守名崞，其居官亦頗以廉明著，獨此事不滿清議。又魏守得書怒甚，欲裁答，以無可措辭而止。後借他事羅織，將面啓大府，適撫軍微聞其事，出其文集，命守持謁先生求序，守乃不敢言。

〔嚴評〕歐公與高司諫書，痛罵極詆，不留餘地，然行文仍復紆徐頓挫，由淺而深，不失雅人深致。若謝山此書，一瀉無遺，亦復何味。

心喪劄子答鄞令〔楊注〕壬戌，年三十八。

不孝孤于乾隆三年十二月廿六日遭先君變，罪大惡極，不一而足；續于四年十二月初三日接丁先太孺人憂，荼苦洊至，持服至乾隆七年三月不計閏，已滿喪期。然而二喪各應有二十七月之期，則未足也。不孝孤私心未安，又念禮制有所限，故行心喪至八年八月，以足五十四月之期，自謂可以無害，而執事過之，以爲律之所無。夫唯律之所無，故以心喪通其窮，不然則何以謂之心喪也。

蓋嘗聞明時有疊遭丁憂之例如此者，請於提學蔡文成公，而文成不以爲然，以爲三年之喪，本于心之至痛；該生後喪之至也，豈能抑其至痛之心，使待前喪之畢，而後以次相及，此必不能之事也。則至痛歷三年，不得不除，不必踰定制而過於厚也。文成之言固是矣，但不孝以爲是在人子自返其心，苟其心之痛已盡，則除之可也；如其未盡，雖引而申之，以至五十四月亦可也。

蓋嘗考舊史，已有先文成而折衷之者。宋史天禧四年，御史臺言：文武諸官并丁憂者，相承服五十四月，别無條例，乞下太常禮官議。于是太常議引喪服小記小喪除服，以及鄭康成、賀循、杜預之説，謂無通服五十四月者，宜隨其先後而除。是即文成之説也。乃寶元中，王恪以父母相繼不禄，乞持五十四月服，而仁宗特許之，則事固有可變通，不盡泥也。喪禮大事，古人成案最多，可以參考。

今執事驟聞不孝所行而駴之，懼爲大部所詰，不知不足懼也。大部果有申飭，亦詰不孝而罪之耳，于他人無與也。且不孝守律，于服則已除之，而心喪則未除。校之宋、明人所行，似已並全而無礙。〔校〕楊本作『害』。倘必以爲有犯定禮，〔校〕楊本作『律』。則即揭不孝之罪，〔校〕楊本作『言』。請秩宗諸公博議之。不孝已行之矣，寧有所諉咎乎？率爾奉復，不既。

論適孫嗣統帖子答姚薏田

與足下相别十有餘年，不知佳壻董生〔嚴注〕豐垣，納夫之子。所造一至于此，甚爲欣慰。來示經説數首，考索甚覈，獨其適孫嗣統一篇，愚以爲未當。董生謂『周制，適子死，則立適孫。但如周桓王之繼平王，太子洩未立而死，平、桓相繼，則祖昭孫穆不入廟數。況洩之死，平王已爲服斬，不應死不從祀。當援喪小記，殤與無後者，從祖祔食之例，祔于幽王之廟，祝曰：孝子某，致祭於皇考故太子某甫。如此則既不至如後世追尊〔校〕楊本作『稱』。之徒，陷于以子爵父之失，而其祭平王得仍稱孝孫，又不至如世之所云以孫禰祖者。』

愚思此一節禮文所關甚大，而古人未嘗及之，今一旦得爲講明，良足補遺經之軼。然天子諸侯之廟，所以觀德，豈可以未踐阼之人而闌入之。且其慮祖昭孫穆不入廟數，則即入〔楊校〕乙去「入」字，并云是衍文。令取太子洩而祔祀之，而平仍應以桓爲穆，不能使廟數之有所〔校〕楊本無此字。增也。七世之廟，親盡則祧，如謂可以祔祀，則當其入祧之日，〔校〕楊本作「時」，下有「彼」字。祔祭之主，寧亦牽連而入乎？吾恐祧廟之中，列祖以次而坐，必無可旁置一席者，如不入祧，則將安〔校〕楊本作「何」。所置之。故祔祀之説，不問而知其非也。〔適同里張生之祜在旁曰：『洩而祔幽廟，設令從祧，則將先其父而入世室矣。豈有此理。』愚深喜其言。〕從楊本補。天子、諸侯其所承者，專以嗣統爲重。所謂重者，社稷人民，而宗廟亦其一也。未承宗廟之重，安得享其祀，是不得因其父之服斬，而遂可援大夫家殤與無後之例也。故別立宫以祀之則可，祔廟則必不可也。

至於以孫禰祖之説，原出于朱子論衛輒之謬。古來嗣統之禮，不（時）〔特〕從嚴校改。適子死當立適孫，即適子廢疾亦立適孫，而皆不得謂之以孫禰祖。何也？嗣統，非嗣世也。故謂以孫禰祖固謬，即謂仍稱孝孫亦非。夫使嗣統者，必依其本稱，則苟有以庶叔嗣統，當自稱爲孝叔矣；有以庶兄嗣者，當自稱爲孝兄矣；此其必不可通者也。

若謂以叔禰姪，以兄禰弟，無所不可，而獨不可以孫禰父，〔嚴校〕作「祖」。則何説也？夫庶叔、庶兄，當其未嗣統之日，已曾爲臣，豈得尚有叔父兄弟之稱。故先儒以爲雖爲子，亦無害也。〔嚴注〕近段若膺論明世宗，不但不得爲興王子，并不當爲孝宗子，直當奉武宗爲父。其説與此書可互考。

然而天子、諸侯雖絶宗，究之，天定之族屬，亦不可泯。曲禮之文『内事曰孝王某』，不聞其加以『孝子』二字，此固以嗣統爲重，亦因其序之有時難通也。故『爲人後者爲之子』，愚以此爲昭穆相當者言之。而不然者，但持爲後之服，而不得竟稱子，此所謂嗣統非嗣世也。〔嚴評〕此説轉覺勉强，不稱子則不爲之後矣，何以持三年之服乎？不特天子諸侯之嗣統，即大夫之嗣爵，亦有昭穆，不能相當而以尊行繼之者矣。故爲後即爲子，亦不可以概言。喪禮本無天子諸侯之制，故難考耳。此愚之臆説也。若嗣統非嗣世，則西河嘗言之矣。敢以質之足下，其與董生更相討論以示我。

奉答臨川先生序三湯學統源流札子

陸文安公弟子，在江南西道〔嚴評〕宋時已無江南西道之名，國朝又無此名，只宜曰江西。中最大者，有鄱陽湯氏，此閣下鄉里文獻，而向來無知之者。

按鄱陽三湯子並起，至東澗先生文清公〔嚴注〕漢。而益著。東澗在宋史有傳，而不詳其學術師友，且誤志其世系。三湯子者，其長曰息菴先生千，官郡守；其次曰晦静先生申，官提領；其少曰存齋先生中，官司諫，乃東澗之從父也，而宋史以爲兄，謬矣。三湯子之學，並出於柴憲敏公中行，固朱學也，其後又並事真文忠公，亦〔校〕楊本下有『主』字。朱學，乃晚年則息、存二老仍主朱學，稱大小湯，而晦静陸二家之學並行，而湯氏一門四魁儒，中分朱、陸，各得其二。

〔校〕楊本下有『則』字。別主陸學。東澗之學，肩隨三從父而出，師友皆同，而晚亦獨得於晦静。是時，朱、陸二家之學並行，而湯氏一門四魁儒，中分朱、陸，各得其二。

方虛谷主張朱學，力詆東澗，以爲見包恢入政府，方守陸學，遂爲所脅，舍而從之。此乃門户黨伐入主出奴之説，不足信。晦静之以陸學名，乃在包氏未登宰執之時，不自東澗始也。按袁清容集亦言晦静始會同朱、陸之説，至東澗而益闡明之。是二湯之書，殆在趙東山之前，而先儒皆未之及，不可謂非一大罣漏也。

晦静之學，傳者其一爲東澗，其一爲三衢徐公徑畈，〔嚴注〕名霖。當咸淳之際開講，尤大有名，而宋史本傳亦不詳其師友。大抵宋史排陸學，凡爲陸學者皆不詳，故虛谷之力詆徑畈雖不足信，然非虛谷集亦莫知其所自出也。徑畈之弟子曰謝文節公疊山，乃忠臣；曰徐古爲，乃遺民，有詩，見天地間集。而謝、徐論學宗旨不可得而聞。其一曰曾子良，亦閣下鄉里前輩，所謂平山先生者也，著録及門者頗多。蓋三湯〔校〕楊本下有『子』字。之源流已滅没；而愚從五百年之後，爬梳而得其一二，稍足爲朱、陸門牆補亡拾佚，以正宋史之謬。楊、袁、舒、沈之外，湯氏固一大支也。閣下爲文安學譜竟失去未及序，則脱漏之大者。

嗟乎！東澗固季宋文章巨手〔校〕楊本作『子』。也，向使其集存，必有可以考見諸老之緒言者，而今并其學統幾無可溯，其亦慬矣。草廬弟子，尚有余公廷心，精忠大節，亦足爲師友生色者，皆願閣下補列之。

金史第三帖子與堇浦

〔校〕楊本無『子』字。黄本列於外編，作『與杭堇浦論金史第五帖子』。

完顏開國功臣，前推粘罕，〔嚴注〕即宗瀚。後則兀术，世宗之言不可易也。而粘罕之死不明，諸書皆言太宗之子〔校〕以上至此，黄本作『完顏開國功臣莫如粘罕、兀室，而皆不得其死。然粘罕之死更可疑，諸書皆言吴乞買之子』。宗磐〔校〕黄本作『盤』。惡粘罕，故先誣其黨高慶裔斬之。粘罕請爲庶人以贖其罪，不許，遂絶食縱飲而死，熙宗〔校〕黄本作『其後』。賜謚爲威〔校〕黄本作『成』。烈皇帝。是粘罕特以失志致死，而未有所決裂也。〔校〕黄本無『是』字至『也』字，作『則尚保要領以終也』。

三朝北盟會編載粘罕獄中上書自訴滅遼取宋之功，而繼之曰：『前日之罪，御林牙兵忽然猖獗。陛下用臣〔校〕楊本作『兵』。出師，臣以狂孽指日可定。不知〔校〕楊本、黄本皆作『期』。耶律潛伏，〔校〕楊本、黄本皆有『沙黨』二字。復反交攻，凡三晝夜，勝負未分，猶爲可戰，奈糧草已斷，人馬凍死。牙兵知我深入重地，前不樵蘇，後又食盡，〔校〕楊本、黄本作『糧斷』。所以失利。又副將外家，生心反背，知父母妻子並在牙軍中，兩軍發釁，臣不得施，此大敗之罪也。願陛下察臣有立國之功，貸臣螻蟻之命，以成五湖之游。』熙宗〔校〕黄本作『而東昏』。答詔曰：『國相輔佐先帝，曾立邊功。朕繼承丕祚，〔校〕黄本有『眷維元老』四字。俾董征誅。不謂持吾重權，陰懷異志。國人皆曰可殺，朕躬非敢私徇。奏對悖慢，理當并磔，以彰厥過。四皓出而造漢，二叔誅而造周，去惡用賢，其鑒如此。』讀此詔，則粘罕之〔校〕楊本有『以』字。不良死明矣。

或曰方太宗立儲時，粘罕、固倫、〔校〕楊本作『倫』。宗磐争立，時論以爲當屬〔校〕楊本作『立』。熙宗。〔校〕黄本自『讀』字至此，作『然則粘罕亦以凶死也。蓋吴乞買卜之儲粘罕、固倫、宗盤，議者以爲當立東昏。』粘罕意其幼易制，而固倫亦以娶熙宗〔校〕黄本作『東昏』。之母無異辭。及熙宗立，粘罕等專政見惡，故詔中有『四皓』、『二叔』之語。愚考金史熙宗本紀天會十三年，熙宗即位，粘罕以太保晉國王領三省，次年以宗磐、宗幹同領，而粘罕居其上。又次年六月，左丞高慶裔伏誅，七月，粘罕死，而無將兵討賊及下獄之事。粘罕本傳死後加封周宋國王，而無進賜帝號之事。不意何以脱略如此。唯是熙宗之立，則紀傳皆言出於粘罕之力，而宗輔、宗幹、希尹等助之，則詔書『四皓』、『二叔』之語，非無所指矣。金史乃茫然而莫載，不已疏乎？

粘罕在金乃疏屬，則謂其争立爲太子者，其説無稽。及其枋政，未聞其專權有所悮于國，則熙宗或以厭惡老臣而加以罪，豈可使之與宗磐輩一例也。粘罕之孫秉德，與于海陵弑逆，隳其家聲，或亦以粘

罕之故怨望乎？然粘罕既以罪死，秉德又何以遽登右相，位在海陵之上。是皆絶不可解也，幸考之。〔一〕

辨吾家啟東墓志世系與厲樊榭

志乃陳怡菴所作，其序世系曰：『太師和王昭孫之後：和王生太尉保信軍節度使永堅；太尉生養高處士柏壽；處士生綿竹令璧；綿竹生晟，字啟東。世家鄞厔，隨宋南遷，居會稽。養高處士始徒于蘇。』怡菴在洪、永間，以多學稱，文名亦東里之亞，其集至今尚傳。乃讀是志，頗類不學人所爲，可怪也。大家作人碑板，其於世系，必有考證，不肯妄信其家子弟所述，以其家子弟所述，或出附會也。吾

〔一〕【校】以上自『及熙宗立』至此，黄本作『然粘罕之見忌，亦由于詔中所言四皓事，暗有所指，而不盡出于宗磐之誣也。粘罕敗于牙兵之事，史亦不詳，當時蓋借此爲罪而誅之耳。斯在金史列傳，亦一大案。乞足下參考諸書以決之。嗚呼！粘罕以兵數萬横行，自絶塞以至中原，肆其荼毒。雖豎子之成名，以英雄之不用，而彼未嘗不自負爲一世之傑，觀其獄中所上書，何其哀也』。

家係宋兩朝戚畹，非聊爾氏族比。況去怡菴僅百年，人代不甚遠也，吴越又接壤也，何以荒誕一至于此。

吾家自西漢時出京兆，至東漢之季，已居錢塘。由是而三國，而六朝，史傳可考；而唐，而五代，稍隱約；然皆居錢唐，非盩厔也。先侍御公始由錢唐遷甬上，其弟始由甬上分居山陰，在太平興國間，非隨南渡也，亦非由錢塘竟遷會稽也。山陰之支，六世先太保唐公安民之長子曰儔，是生思正。思正之子曰璧，月泉〔咏〕〔吟〕社所稱泉翁者也。思正之弟曰思敬，是生太師和王昭孫。泉翁于和王，蓋同祖兄弟也，而以爲曾孫，舛矣。太保之次子曰太傅越王份，是生太師申王大中。申王無子，故和王爲之後。和王生太尉。太尉四子，其一曰壽老，所謂柏壽，殆因壽老而譌也。泉翁之於壽老乃族祖。且泉翁在宋直祕閣，其後自稱遯初子，與謝皋羽相唱和，亦何嘗仕元，而忽加以綿竹令之官乎？蓋自德祐丙子，太尉扈三宮入燕，見於元史，其子孫皆北徙，不聞南歸，安得遽有養高處士者居吴下乎？若泉翁自宋亡後還杭，剡源稱爲城東處士，是則確然可考者，又何嘗居吴也。

怡菴所述，無一是者。吾故疑吴下一支之冒託，未必出於和王也。若果出自和王，不應不知其世系矣。近來吾家越中譜已散失，猶幸甬上譜附志小宗，以質之劉後村集所撰制詞，無不合者。然所載僅十世而止，故自壽老以下不及焉。賴有此十世者，和王與泉翁之爲兄弟昭然也。

厲徵君樊榭方葺宋詩，已録泉翁于遺民矣，及讀怡菴集而深疑之，貽書于予，爰序次大略以答之。

董徵君祠堂志帖子答鈍軒 〔楊注〕甲子，年四十。

徵君祠右麗牲之石，出於先宗伯公之筆，今僕又得忝豫訂志事，盍勝幸〔校〕楊本作『欣』。忭。惟是祠志之所當摭拾者在文獻，此不過多繙前輩遺集，便足生色，而開卷可訝者，乃在東京二詔書。

徵君事，本不見於范、袁二史，但見之會稽典録。范、袁及典録未載之詔書，而忽出於家乘，已自可疑，然尚未有以指其依託之實也。僕校〔校〕楊本作『核』。其文，固不類東京人所作，而以司馬氏百官志質之，則其謬始大著。詔書云：『召爲諫議郎，不就。』按東京有諫議大夫，非郎也；有議郎，非諫官也。嬾堂、攻媿諸公，皆言和帝召拜郎中，本未嘗言其爲何郎，而東京郎署，大抵皆〔校〕楊本作『多』。爲光禄勳之所屬：曰五官中郎將，曰羽林中郎將，曰虎賁中郎將，其下皆有中郎、侍郎，以至郎中；曰謁者僕射，其下亦有郎中，皆轄於光禄勳者也。其尚書令之所屬，則初試者守尚書郎中，歲滿爲郎，又遷爲侍郎；其諫議大夫與議郎，雖亦皆轄於光禄勳，而並非郎中，不可以牽合也。造斯詔者，未嘗通漢家官制，妄意諫議之即爲議郎，議郎之即爲郎中，溷而一之，以追贈徵君，而不知世有原甫、貢甫其人者，尚欲上糾范、袁之謬，況其質之范、袁而絕無據者。其云『遣考功郎邱霖爲使者』，亦同此謬。『考功』二字，始見于京房傳，然非郎名也。選曹在西京，本名常侍，曹尚書，世祖改名吏曹，而郎署尚未有分職之名。郎之以『考功』等名也，自曹魏始也，而謂和帝時已有之，太鹵莽矣。以嬾堂之詩證之，則是時所遣者乃御史，非郎也。

若云『延光三年，安帝封爲孝子』，則又謬也。東京之制，孝子、貞士、節婦之倫，下詔風厲，甚而至於圖畫百城，此其例也。若孝子，非爵名也，何封之有。況舊志如乾道、開慶、延祐諸傳，亦並不言安帝有此舉，是皆不學之徒，妄有炫飾而爲之者。唯孝子之師表人倫，本不籍此種掌故以爲重，而因謁襲謬之志，則不可以不更正。但恐君家子弟驟聞僕言而未之信也，敬陳之。

寄謝副使石林札

〔楊注〕副使名濟世，字若霖，廣西金州人，康熙四十七年廣西解元，五十一年進士。

去冬殘臘得邸抄，始知執事横遭誣罔，讀其彈章，洶洶可畏，殆不殺執事不止。是日也，荆婦輩俱爲之廢食，奴子相聚累唏。然愚則以爲明有天地，幽有鬼神，小人蒙不韙以殺人，亦非易事。即謂隻手之障，力足辦之，而方今聖明在上，清議炳然，必非此術之所得施也。曾未幾時，而内外交章發露矣。今部議休復，諒薦紳學士誰不加額速駕，以執事之經綸幹力，前此未展一二，乃從霜雪風霾之中，神采愈出，從此發抒底藴，以報天子，固屬吾道之幸，然不可不審所以自處也。

執事之道甚高，非當世巨公所能盡知，宦轍所至，欲其相忘於勢分之相臨，而委己以聽則弗能，既弗能委己以聽，則即有掣執事之肘而不得自便者。夫執事之風裁整峻，而其胸次實和且平，倘以賢者相共事，其能乳水無惑也。悠悠之徒，聞執事之先聲而豫猜之，則先設成見以相待。而執事之於人，又以坦率不自持其形迹，故益危。當斯時也，執事委蛇其間，則上負九重湔洗録用之恩，而前此之故吾盡喪，此必非執事之所肯。若其崛强猶昔，則覆車之鑒，可爲寒心。執事涉風波者累矣，高堂白髮，以噩夢添其老淚，亦爲人子者所當念也。

今幸值解組之後，翩然奉太恭人返桂林，雖蕭條四壁，而魚菽之養，隨分可將，未必非吾道之幸，執事其〔校〕楊本下有『熟』字。圖之。

毛詩諸經解，已俱〔校〕楊本下有『經』字。收到。并訊近日興居不一。是書未達，石林已得差遣，其後竟如吾言，猶賴聖恩曲賜保全，深爲惜之。

答樊榭

宋詩紀事中謁舛，前已約略呈上數十條，昨又偶考及王亘始末。按王亘有二：其一爲北宋元祐間之王亘，乃四明十洲倡和詩之一也。但不知其何所人，亦不知其何官爵。蓋十洲倡和凡四家，一爲太守劉珵，一爲倅陳公了翁，一爲里人舒中丞信道，而一則亘也。四明圖經但紀其詩，而不詳其人。了翁大儒名德，信道亦詩中宿老，亘參其間，殆非聊爾人必矣，而竟泯然無可蹤跡，弟考之久矣，未有得也。其一爲南宋乾道間之王亘，乃閩人，嘗仕於粤之南恩州〔一〕，故粤中亦有其詩。其人猶及交胡公澹菴者。

足下所載王亘，其詩則元祐之詩，而系以乾道之世，誤矣。乾道之王亘，安得簪筆於陳、舒之間也。謂當兩存而疏晰之，敢告。

答山陰令舒樹田水道札

大江以南，『三江』之望不一。有禹貢之『三江』，郭氏以錢唐當其一；有春秋外傳之『三江』，韋氏以錢唐及浦陽當其二；其越中之『三江』，則以錢唐及曹娥及錢清列之爲三。春秋外傳之『三江』已不可當禹貢之『三江』矣，而況斸斸越中者乎？是不辨而明者也。蓋浦陽本錢唐之支水，曹娥與錢清又浦陽之支水。方浦陽既東出益大，越人以諸暨江目之，自是分爲二：其自南道出者，走嵩壩；其自北道

〔一〕《嚴注》日知録卷二十二云：『肇慶府志「宋王亘，淳熙中爲博羅令，築隨龍、蘇村二堤，民賴其利，後知南恩。」一統志誤作王旦，令博羅，名宦稱宋丞相文正公，前博羅令。而不知文正未嘗爲此官。淳熙，又孝宗年號也。

出者，走義橋。蒿壩而下，所謂東小江者也，下流斯爲曹娥。今越人斷東小江於曹娥，别爲一水，非古水道也。義橋而下，所謂西小江者也，下流斯爲錢清。然曹娥僅達乎會稽之境輒止，而錢清則深入山陰之域。

愚讀酈道元注水經，其云浦陽江者，本專指曹娥，而後又以蕭山之潘水當之，是又屬錢清。蓋其疏晰未精，不知曹娥、錢清之爲二，而但以浦陽㴱而舉之。嘉泰志辨之，而亦不了了，已見愚所呈浦陽江記中。然自三江分道，各有周防：錢唐水至，則蕭山捍以漁浦之隄；曹娥水至，則會稽捍以蒿口之壩；皆不爲厲，而錢清獨甚。蓋義橋之水，歷蕭山之尖山，入臨浦，合山陰之麻谿，承天樂諸鄉之浸，穿入錢清，江河互鬭，常時江水挾海潮，高出河水上，若淫雨積日，山洪驟漲，則河水又出江水上，不得不設壩。今越（水）〔人〕但知錢清不治，田禾皆受其殃，而不知舟楫之厄於洪濤，行旅俱不敢出其間，周益公思陵録可考也。

明天順中，太守東莞彭公誼乃鑿通磧堰山，引上流之水從漁浦入錢唐，而築壩於臨浦以斷其流。成化中，太守浮梁戴公琥又營麻溪壩，添扁、拖〔校〕楊本作『柁』。諸閘以濟之，水患稍息。然而磧堰驅水逆行，終非其自然之性。又臨浦之江塘未築，海潮尚隨江水入麻谿，且三十六支之水在内地者，扁、拖〔校〕楊本作『柁』。諸閘不能盡瀉。嘉靖中，湯公始有應宿之役。其地二山對峙，石脈中聯，正當三江所匯以入海之道，乃築二十八閘，護以塘四百餘丈，而尾閭之水，始得通行無阻。嗣是以後，錢清有江之名，而實則不復爲江，可以引江之利而不受其害，居民亦幾忘其爲『三江』之一也。然湯公之功良偉，而彭、戴二公之爲之先，亦豈可没。故愚嘗謂湯公二祠，其在三江者宜專祀，其在城中者宜合彭、戴二公祀之，則典禮當乎人心，而惜乎莫之舉也。

不特此也，考之尚書余公〔嚴注〕煌。之言曰：『湯公之後，增石捍拓，改其旁四洞爲常平以洩漲水者，太守涇縣蕭公良幹也，事在萬曆十有二年。其後又微有罅漏，灌之鉛錫，使無絲毫之隙者，太守光州黄公絅也，事在崇禎之六年。』是在三江祠中，皆當居配享之列者，不可以泯然而已。而蕭公又别建山西閘以輔應宿之所不足，功尤著。詳見越水詹言。尚書又曰：『閘工之修，大抵五十年而一舉，自兹以往，不無望於後來者。康熙之初，里人姚少保啟聖又〔常〕〔嘗〕從盧改。修之，今已七十餘年矣。』夫舊工之堅完，後人非可妄有更張固也，然而培植保護之功，所不容已。乃康熙己丑以後之議，有謂閘本主於洩水，雖有搏嚙亦無害，遂勿置至今，則又愚之所不敢信者也。

水經礫谿帖子柬慎甫

蔡九峯矼礫谿口之謬，東樵娓娓糾之，是已。而東樵之説礫谿，其謬甚於九峯，足下亦知之乎？夫礫谿未嘗有南北二凋也，東樵既讀誤本水經而不知〔校〕楊本作『之』。正，又〔爲〕從楊校删。讀破句以成其妄，則九峯當日尚不至此。水經本曰『濟水東過成皋縣北，又東過〔滎〕〔滎〕從嚴校改，下同。陽縣北，又東北至礫谿南』，無所謂『北礫谿』也。善長則以濟水不自東北而出谿南，故非之，别爲注曰『濟水東逕二廣武城北，又東逕敖山北，又東合（榮）〔滎〕瀆，又東逕（榮）〔滎〕陽縣北，又東南，則礫谿〔校〕盧校本下有『東』字。北注之』。是特即〔校〕盧校本下有『水』字。經所言之水，改正其道，而未嘗別有所謂『南礫谿』也。誤本水經，忽顛倒其文曰：『又東至北礫谿南。』于是東樵以爲有北，則必有南。而誤本又以注中廣武城而下六條，俱列于經，東樵不知其非也，就其文而更定其句曰：『濟水又東，句。南礫谿注之。』則儼然二礫谿並見於經。而善長糾經之説，明在注中，而莫之思矣。然則九峯之謬，不過一谿。東樵之謬，且以一谿爲二谿，水經之受誣甚矣。

夫礫谿非他，即漢志所謂馮池也。古不聞有二馮池，亦安得有二礫谿乎？世之讀誤本水經者多矣，豈止東樵，乃于誤本之中別爲句，以增其失，則東樵湛思專精，以反貽此戚也。足下其爲我一審之。

與同館某君札

楊生永鈺相從精舍，執事吹噓之，甚盛意也。然永鈺幸得邀賢者之盼，益宜從事實學，以報知己，不當夸誕放廢，〔校〕楊本作『曠』。陷於遊談無根之習。近見永鈺自以爲是，讆言無忌，其勢日甚，願執事有以誨之。

執事爲其父作墓志，其文工矣，然其中據永鈺所自述，如世系、師傳之謬，有不敢不陳之執事者。永鈺自附於鏡川楊氏之裔，而並不知其詳。鏡川兄弟，一爲文懿公守陳，累官吏部侍郎，贈禮部尚書，明史有傳；一爲碧川先生守阯，亦累官吏部侍郎，致仕，加本部尚書，甲申後補謚文肅，明史附之文懿傳中；一爲康簡公守隨，累官工部尚書，行大理寺卿事，明史有傳。三公者，文懿乃醇德大儒；碧川亦有文名，居官以伉直著；康簡則力争逆瑾八臣之一也。永鈺乃曰『守陳官至工部尚書，謚莊簡』，則可駴矣。明史非僻書，以永鈺之博雅，乃未能見此。若鄞志及甬上耆舊傳，則不應不一考及也。

然且文懿之貴，在宣宗時，其先無達者，世系明見其集中。而永鈺稱其爲明觀〔察〕從嚴校補。使厚之九世孫，則强取文懿以爲己祖，又强取人以爲文懿之祖，而盡改其官與謚，乃曰『其父曾重雕文懿之集』，誣而愚矣。天下豈遂無見文懿之集者乎？執事一一信而筆之，則世或不知其出於永鈺之謬，而以爲賢者之疏，亦足玷也。

永鈺之先，本出於吾鄉城西之鷃脰湖。有布衣欽者，嘗以争湖田税重得减，至今湖人附祀之聞莊簡祠，亦義士也〔二〕。永鈺以其爲布衣不足宗，故依託鏡川，而又不肯巽心以覈之，願執事之更定而正

〔二〕《楊注》鄞縣志：『德惠祠，縣西十六里，祀知府林富，及邑士楊欽，正德八年建，陳副使槐記之。崇德祠，縣西十五里，明副使陳槐力主湖民減（税），有德鄉。嘉靖二十三年，鄉人請于郡守魏良貴立祠，張尚書時徹祀之。惠民祠，縣西二十里，祀明莊簡（公）聞淵，正德間，楊欽奏湖田折銀事，淵有力焉。每歲三月十九日諱日，湖民釀祭，周都御史相記之。』以上三祠，皆以減湖田賦得祀。欽自與林知府同祠，非附于莊簡也。又按欽字元恭。

之也。吾鄉楊氏之達者三：鏡川最大，其外尚有南里草堂之楊，安成先生之後也〔一〕，而方伯以下無聞。又有忠諫坊之楊，后江先生之後也〔二〕，今絶世。是二楊者，尚不與鏡川通譜，何況其他。

永鉦又言其父及侍萬八先生季野，其同遊者曰蔣太史蓼崖、胡京兆鹿亭〔楊注〕德邁。袁孝廉眉少，〔楊注〕德峻。則益可駴矣。蓼厓，僕之舅氏也，未嘗從季野游。京兆則年雖少於季野，而以早貴，稱昆弟交，且京兆乃詩人，不講學。眉少則未嘗一識季野。永鉦不知何見，援此三人以入萬氏之門，將以爲萬氏重耶？抑以爲其父重耶？願執事一問之。

有問於永鉦者曰：『聞君不取杜甫之詩，然則四唐中誰最當君意者？』永鉦正襟而告之曰李穆。客爲之茫然，退而考之，則劉文房壻也，其人傳詩衹一首。年來後生氣習，日以浮蕩，如永鉦者，漸不可長，并恐爲執事之累，故不敢默而〔校〕楊本作『爾』。已也。

〔嚴評〕楊蓋真狂且也，然謝山此書描寫亦太刻毒矣。

〔一〕〔楊注〕安成，名實，正統六年舉人，官安成訓導。成化間，修四明郡志十卷。子文卿，字質夫，成化四年浙江鄉試第一，十四年會試第二，歷官山東提學副使。子叔通，正德三年進士，歷官山西左布政使。

〔二〕〔楊注〕鄞縣志：『城東北隅，忠諫坊，爲楊言立。』甬上耆舊傳：『忠諫里在東渡門之左，禮科給事中楊言所居。』按言字惟仁，正德十六年進士，明史有傳，有後江集三卷。

鮚埼亭集卷第三十五

〔楊注〕此卷辨五、録一、考二、糾謬二、記事二、辨誣一、記語一、説四、緣起一、釋一，計雜著二十首。

雜辨

〔校〕楊本作『雜著』。底本原目録亦作『雜著』。

辨大夫種非鄞産

自昔圖經地志，莫不扳援古人，以爲桑梓生色。予謂不覈其實，則徒使其書之不足取信於世。吾浙河以東人物，莫備於會稽典録，其於鄞人，自大里黄公始。南宋王尚書深寧、黄提刑東發始據高誘吕覽注，以大夫種爲鄞産，因謂范蠡與種同功一體，蠡可去而種不可去者，以父母之邦也。兩先生之言善矣，而以予覈之，則有疑焉。

越絶書外傳曰：『范蠡始居楚，内視若盲，反聽若聾。大夫種入其縣，知有賢者，得蠡大悦，俱〔校〕

楊本作『但』。見霸兆出於東南，相要而往，偕止於吳。吳任子胥，于是去吳之越。』又曰：『范蠡要種入越，越大夫石買曰：「客歷諸侯，渡河津，無由自致，殆非真賢。」』然則種非鄞人矣。吳越春秋內傳曰：『勾踐還自吳，范蠡謂種曰：「子可去矣。」種不然之。其後內憂不朝，謂妻曰：「吾王雪恥於吳，我悉徙宅，自投死亡之地，悔不隨范蠡之謀。」』又曰：『勾踐賜以屬鏤之劍，嘆曰：「南陽之宰，而爲越王之禽。」』然則由種將死之言考之，益非鄞人矣。夫越絕書雖非出於子贑〔校〕楊本作『貢』。之手，然固西京之筆。吳越春秋雖係皇甫摭拾之書，要亦自東京以來傳之。〔一〕

〔一〕〔嚴注〕文選豪士賦序注引吳越春秋曰：『文種者，本楚南郢人也。姓文，字少禽。』據此，呂覽注或作『鄒』，或作『鄞』，皆傳譌耳。余聞之仁和孫御史志祖云。案文種，字禽，『會』是『禽』之誤，見呂覽多染篇注。種，讀爲雎，雀也，故字禽。本之竹汀文種非鄞人辨，當出馮柳東前輩手，非樗庵。南郇草堂文鈔卷二十楚寶考異，以全、錢兩先生之言爲未盡。考吳越春秋注亦引高注：『文種，字禽，楚鄒人。』與馮評皆本升庵全集卷五十。

〔楊注〕錢辛楣宮詹鄞縣志辨證曰：『越大夫種，春秋內外傳注家皆不言何許人。指爲鄞人者，始于王厚齋。厚齋所據者高誘注呂氏春秋也。今考呂氏書第二卷當染篇注云：「楚之鄒人」，第四卷尊師篇云：「楚之鄞人」。「鄒」、「鄞」字形相涉，刊本傳訛，固難決其然否。但兩注皆曰「楚人」，而鄞爲越地，鄒爲魯地，與楚并不相涉，則鄞、鄒均不可信。及讀太平寰宇記敘荊州人物云：「文種，楚南郢人」，恍然悟呂覽注本是「郢」字，樂史生于宋初。所見呂氏書，尚未譌也。又考高氏注以范蠡爲楚三户人，蓋本于吳越春秋。今世所傳吳越春秋非（轉下頁）

兩先生據高氏之一言，而盡棄諸左證，恐不其然。予又考吴越春秋注中亦引高注，則曰：『大夫文種，字會，楚鄒人。』然後恍然曰，鄒與鄞，字皆從邑，或相近而譌也。以深寧、東發之博且覈也，而一言之失，遂貽枌社千古之誤，可不審乎？〔姑書之，以俟博物君子，爲考定之。〕從楊本補。

辨錢尚書争孟子事

秀水朱檢討彝尊嘗以錢尚書争孟子事爲虚，特懸疑太祖不至武斷如此而已。〔校〕楊本作『而予』，屬

（接上頁）足本，然張守節注史記，嘗引之云：「大夫種，姓文，字子禽，荆平王時爲宛令，之三户之里，范蠡從犬竇蹲而吠之。從吏恐文種慚，令人引衣而鄣之。」是大夫種，嘗爲宛令，因范蠡要，乃棄楚而適越，其爲楚人，非越人，固信而有徵矣。會稽典録載虞翻、朱育所説會稽先賢，未有一言及文種。乾道四明圖經，寶慶四明志初不列入人物，至厚齋始表章之。清容居士，厚齋高弟，而延祐修志，不取其説，蓋已疑而未信矣。明楊實修郡志，收入人物，沿譌到今。頃閲全氏鮚埼亭集，有辨一篇，雖未能據寰宇記以證其譌，亦可謂先得我心者。』又案：孫頤谷侍御讀書脞録云：『文選陸士衡豪士賦序「文子懷忠敬而齒劍」，注引吴越春秋曰：「文種者，本楚南郢人也。姓文，字少禽」始恍然于種之爲楚郢人，本出吴越春秋，特今本非完書耳。』又云：『太平寰宇記明州人物又載：「文種字子禽，鄞人。」』辛楣笑謝山未能據寰宇記以證譌，豈知寰宇記又以種爲鄞人，辛楣亦未能偏讀耶？若頤谷考文選李注引吴越春秋，則更古矣。吾代謝山答之曰：辛楣雖未能據選注引吴越春秋以證其譌，然亦可謂善讀半部寰宇記者。

下句。同里萬隱君斯選考之，則更密矣。

萬氏之言曰：『南太常寺志及翰林故牘，載洪武五年國子監將丁祭，上曰：「孟子不必配享。」其年臘月，上曰：「孟子有功先聖，今後仍復之。」是孟子固嘗罷享，然不因公言而復，一疑也。典故輯遺載：「上讀孟子怪其對君不遜，怒曰：『使此老在今日，寧得免耶？』時將丁祭，遂命罷配享。明日，司天奏文星暗，上曰：『殆孟子故耶？』命復之。」是孟子幾至罷享，亦不因公言而復，二疑也。實録命修孟子節文，在洪武二十七年，嘉靖寧波府志載之二十三年，即果如府志之年，而公以四年卒於壽州，亦不及修節文之事，三疑也。成化府志不載，至嘉靖府志始見之，四疑也。』萬氏所疑如此，則尚書事，宜若不足信者。然是説也，成化楊氏之志不載，而天順黄氏之志則載之，謂南山僉事。黄氏集中且有詩以紀其烈，故其孫作閒中今古録亦載之。黄氏生洪武，〔校〕楊本下有『時』字。是猶去尚書不遠，且成化府志雖不特載公傳，而未嘗不載黄氏〔校〕楊本作『南山』。之詩，則亦自可互見。李氏四明文獻志亦載之，是皆出於嘉靖張氏〔校〕楊本下有『府』字。志之前，未可盡以爲誣也。〔校〕楊本作『未盡可以爲虛誣也』。

以吾考之，罷配享與修節文，原屬兩事。罷配享在二年，卧棺絶粒以争之者，公也。修節文在二十七年，力詆劉三吾爲佞臣以争之者，連江孫芝也。天順黄氏之〔校〕楊云『之』字衍。志，系公事於二年，是已。而并修節文亦連舉之，是混後事於前事；嘉靖志則以罷配享屬之二十三年，是混前事於後事：不知兩案之爲兩人也。太常志諸書以二十年爲五年，猶嘉靖志以二十七年爲二十三年也。諸書不載公諫，猶孫芝之事，亦僅見於國史惟疑，而他書不載也。蓋史事固有當參考而始完者，若竟以爲無有，則黄氏非欺人者。至若太祖之武斷，則不必諱，亦非後人所能諱也。近見錢氏家傳謂公卒於二十七年，意欲與實録相應，則又誤矣。

公棠辨

剡源有九曲，而公棠爲殿。説者以爲孫興公來山中，嘗〔校〕楊本作『會』。植棠，因以得名。姚江黄先生疑之曰：『二百八十峯以興公得名者，爲梨洲。爾雅「赤棠爲梨」，則有梨不應復有棠，是以一事而附會之於兩地也。』

予考之寶慶四明志本作公塘，蓋九曲之水會於晦谿，而置堰於公塘。未成堰之前，先有塘以瀦水，故呼之曰公塘。乾道四明志述形勝，亦祇及興公之梨洲，而無樹棠之説。開慶四明志吴制使於公塘置寨防盗，則在當時爲要地，不應并其名而有誤也。以『塘』爲『棠』，始於至正四明志，蓋好事者爲之。〔校〕楊本下有『也』字。姚江但疑其雷同，而未審其訛轉之自耳。

予初作剡源九曲辭，亦循傳聞之説，貽誤藝苑，山靈有知，當爲齒冷。因是正之，以補失言之羞。

漢會稽三都尉分部録

漢會稽三都尉分部，不甚了了。自吴會稽典録以下，異同紛出。鄱陽洪文惠公雖辨之，然尚未覈也。作漢會稽三都尉分部録。

前漢會稽之境，西部治錢唐，東部治鄞。而東部不見於班志，幸宋志見之。兩越既平，增置回浦、治二縣，而以南部治回浦。東漢既分郡，畫江爲界，則置西部於太末，而東部治章安，南部治侯官，本自劃然。李宗諤圖經謂文帝時都尉治山陰，元狩中始移錢唐。然則漢初祇一都尉治山陰，其後分爲東、西部，乃移山陰之治於錢唐，而以山陰隸鄞爲東部，足以補班志之遺。若通典謂前漢西部已在婺女即太末。則大誤也。獨回浦、治二縣，最爲舊史所混亂。班志於治縣云：『本閩越地。』以見回浦縣爲甌越地也。晉太康記：『章安縣本鄞縣南之回浦鄉，漢章帝立。』今由象山以至台州之臨海一帶，正值鄞之南土，是前漢之回浦，而東漢改名爲章安者。洪文惠謂回浦在西漢已置縣，不應是時尚稱曰鄉，不知分合升降各有時，時蓋省縣入鄞而爲鄉，章帝又置爲縣耳。〔校〕上自『洪文惠』至此，龍尾本作小字注。

蓋前漢時立二縣，原以統兩越遺民，回浦在鄞南，以統甌越；治又在回浦之南，以統閩越，而南部治回浦以臨之。自司馬彪誤以章安爲治，而張勃遂以東漢之臨海、即章安。侯官二尉，皆治所分。沈約、劉昭疑不能決，通典竟以勃言爲據。夫使章安即治，而自章安以至侯官，皆治所分，則前漢之回浦所涖何土？不僅如六朝空荒諸縣，有土無民也。故文惠以爲續志有闕文，當云『章安故回浦，侯官故治』，則于地理之沿革得之矣。按今會稽第十四縣，曰東部侯國，乃誤文，蓋原文是『東侯官』三字，見沈志，東侯官之名始見此。吴地記云：『漢以東甌爲回浦，光武名章安。』此可以證章安之爲回浦也。晉志云：『東冶，後漢改爲侯官。』此可以證侯官之爲冶也。圖經既知章安本是回浦，而謂前漢之東部已治冶，則亦因沈約志中以章安爲東部，故有此訛。

文惠又疑前漢回浦恐非南部。不知東部在鄞，則南部當在回浦，至東漢畫江爲界，而後東部徙章安耳。太平寰宇記于臨海則謂本回浦，而後漢改爲章安，是已。於永嘉，又謂本冶，而後漢改爲章安，何其自相背戾乎？是皆由續志、沈志而誤也。然愚考會稽典録引朱育云：『元鼎五年除東越，因以其地爲冶，并屬會稽，而立東部，後徙章安。陽朔元年又徙冶鄞，又徙句章。』則其誤在司馬彪之前矣。夫東部之治鄞，當在回浦未闢之先。既誤以回浦爲治，又誤以回浦之南部爲東部，而東部之鄞，反自冶徙，真無稽也。

至今奉化、象山之間，有鄉名回浦，蓋漢之舊也。何物毛生，妄争以爲蕭山之西境，則益誕妄之尤，欲取前志、續志、晉太康志、宋志、吴録、吴地記、太平寰宇記、隸釋等書，盡抹殺之，減去二千年來會稽之一縣，以成其鄉里之私，蓋不必置喙者。

昆明池考

昆明池在昆明，滇池在滇，本屬二水。吾以輿地考之，昆明爲今雲南之大理府，滇爲今雲南府。滇自楚莊蹻之後，世爲國王，即以池名其國，而昆明之屬無君長，又爲滇徼外之蠻。

漢之通西南夷也，本求身毒國以達大夏，于是發使滇國，滇王爲之求道，以隔昆明，閉漢使不得通。武帝聞而怒，欲討之，聞其地有昆明池，乃於長安西南作昆明池以習水戰。迨兩越既定，滇王舉國内附，而昆明卒不通。郭昌將兵擊之，無功而還。自漢至隋，永昌諸夷相率隸郡縣，獨昆明未附。通鑑唐武德四年「昆瀰遣使内附」，昆瀰即昆明也。時有西瀰河蠻、東瀰河蠻，通名昆瀰，是昆明之當在今大理無疑。乃史漢西南夷傳、三輔黄圖〔勞注〕盧抄本作「皇圖」，「皇」通「黄」。皆曰「昆明有滇池，武帝象之於長安」，則今雲南府之滇池，亘古以來未有移也。昆明尚在其西南，相去九百里，而忽接而言之，遂使今雲南府之首縣，即以昆明名，誤矣。且以事情言之，滇王未嘗得罪于漢，漢無故圖其地理〔校〕楊云別本空一字，此疑衍。而欲伐之，無是〔校〕楊本作「此」。理也。以軍行之道言之，漢若欲伐昆明，乃去其國千里，豈能遠致昆明之師而戰於滇，更必不可信之説也。

予〔校〕楊本下有「之」字。疑此久矣，但未得其證以實之。偶讀杜岐公通典曰：「西洱河，一名昆瀰川，漢武帝象其形鑿之，以習水戰，非滇池也。古有昆瀰國，亦以此名。』然後恍然。蓋今滇雲全省之水，其最險厄，爲〔校〕楊本作『透』。迤東、西之要者，莫如西洱河即右葉榆水之北出者，自浪穹縣罷谷山匯諸流，合點蒼山十八川而爲巨浸。水經注謂『諸葛丞相戰於榆水之南』是也。史萬歲擊南寧，渡西洱河，破三十餘部；韋仁壽將兵五百，〔校〕楊本作『萬』。循西洱河，開地千里；梁建方破松外蠻，奇兵奄至西洱河，東西蠻驚懼請降；鮮于仲通、〔校〕楊本作『道』。李宓皆以十萬之師，覆於洱河；是洱河者，大理一道之湯池也。昆明恃此水負固，以阻漢使，故漢欲摹其水道於京師，使士習之，而卒無如之何也。若滇池則不然，史言其源深廣而流淺狹，四面平敞，雖方三百里之廣，然昔人有事于南中，未有以爲戰地者，而況乎武帝之所欲討者，非滇也。

予又考唐嶲州都督劉伯英上疏言：『松外諸蠻暫服亟叛，請擊之西洱河，天竺道可通也。』天竺即古之身毒。伯英之言，猶是漢人自昆明通道之故智，則洱河之爲昆明，無可疑者。滇南自蒙氏歸唐而後，其與吐蕃争者，亦唯昆明。異牟尋既取昆明，遂食鹽池，徙洱河七種蠻。吐蕃以兵八萬屯昆明争之，韋皋圍之不能克，則昆明〔校〕楊本下有『池』字。之險可知也。若高宗時唐九徵擊吐蕃于姚嶲，虜以鐵絚梁漾、濞二水，通西珥蠻，築城戍之。九徵毁絚夷城，建鐵柱於滇池以紀功。其所云滇池，亦指洱河，蓋襲史、漢之譌。九徵戰勝于大理，不應建柱于千里而遥之滇池。獨怪自遷、固以來，其訛相襲，雖有岐公之言，莫據之以正舊史。元段世之答梁王曰：『若欲修好，當待昆明池作西洱河。』豈知夫西洱河之本爲昆明池也。作昆明池考。

蘇子瞻曰：『南詔有西珥河，即牂柯江，河形如月抱珥，故名。』愚以爲昆明轉而爲昆瀰，昆瀰分而爲東、西瀰，『瀰』又轉而爲『洱』，此語音之迭更，非象形也。以爲牂柯則更非矣。宋人自大渡畫界而後，不知天南事跡之詳故耳。

廣德湖田租考

吾鄉廣德湖之廢爲田，所輸于官者租也，非賦也，故較諸鄉之田爲獨重。世但知湖田之開由於樓异，而不知湖田之不輸賦而輸租由於仇悆。【校】楊本作『愈』，下同。故世但知湖田中有樓异祠所當廢，而不知仇悆鄉校之祀，尤宜黜也。宋會要云：『紹興九年，權發遣明州周綱上言，湖自政和八年爲田，召人請佃，得租米一萬九千石。至紹興七年，守臣仇悆乞令見種之人不輸田主，徑納官租，增爲四萬五千餘石。』嗚呼！古今來聚斂之臣，逢君縱惡，蓋有出於人情之外者。

夫田主之得有此湖田也，其募人墾塞之功不知幾何，即其既墾既塞，一歲而菑，再歲而新田，三歲而畬，亦不知其糞治幾何，而後得有此租也。而上之人忽攘其租而有之，吾不知其何顔以臨民也。夫田主之租詎終可得而攘乎？彼佃田者，大率皆貧民也，其平日不能無所藉於田主，一旦而竟負其租，亦非貧民之利矣。而三代以後之阡陌，不能終〔嚴校〕作『盡』。爲王田者，勢也。數年之後必售之人，則又爲田主所有矣。田主將盡以其租輸官，而不取升斗之利乎？抑亦將重其額以取之貧民也，是以爲無窮之患。〔校〕楊本作『害』。當紹興二年，李莊簡公光守宣州，嘗言政和以來東南湖田之累，僅得罷餘姚、上虞二縣而已。踰二年移知湖州，再疏請盡復鑑湖、廣德湖、湘湖之舊。朝議遣轉運使相視，報尚書省，而其時明之守臣即僉也，不思奉行正義，〔校〕楊本作『議』。以紓部民之害，反以加租誑其君。自有此加租，而其後轉運使遂言契勘湖既爲田，更無可復之理，則湖之累始於异，而成於僉也。故始不過以充高麗使臣貢道之費，而其後遂以養軍。宋亡，遂以海運赴津門，湖田之民受害巨矣。乃宋史居然爲立傳，頗稱其美，四明志亦然，不知其爲聚斂之臣如此，其餘寧有〔校〕上二字楊本作『尚』。足觀乎？

湖田減賦在明嘉靖中，以布衣楊欽之疏。其時尚書聞公淵、副使陳公槐主之，始得請於朝，而以視他鄉猶獨重焉。湖田之祀三人也以報功，而廢湖者、加租者亦享其祀而莫之問，是則不可解之惑也。

〔校〕下文楊本提行低格。楊云刊本接上作正文，非。

或曰：今奉化之善塘有廟焉，以祀僉也。僉之退居奉化，築塘利民，何與此事相戾與？曰：僉當爲守之時，但欲增國課以固位耳，無暇爲民也。及其退居，則不作此想矣。樓异亦復戚浦，至今城南之人祀之。予故謂豐惠祠、蓬萊觀之祀當黜，至戚浦則不以過掩功也。僉之宜祀于善塘亦然，事各有所當也。獨怪五百年以來，盡人皆言廢湖之害，至歸罪于王正己之强辨，而莫有考及此事者，故特記之。

知廣西府楊公傳糾謬

鄞之甲姓有四，楊、張、屠、陸，而楊最盛。禮部尚書文懿公守陳以魁儒，暨其弟吏部尚書文肅公守阯、工部尚書康簡公守隨，並爲景泰以後名臣。文懿公二子，刑部侍郎茂元、四川按察使茂仁，皆名臣也。顧於文懿公孫廣西公大節鮮〔校〕楊本下有『有』字。知之者。

公諱美璜，字以和，刑部子也，以文懿公恩蔭，補國子生。文懿公家法最醇，其教〔校〕楊本作『課』。子孫〔校〕楊本有『一』字。以正學，未嘗因貴盛墜其家風。初任左軍都督府都事，尋改南京，遷中軍都督府經歷。正德己卯，寧藩倡亂，武宗南下，車駕至留京，其時江彬勢張甚，扈從諸臣皆聽指麾，南中諸寮，迎奉尤惕息。一日夜漏將丙，彬〔嚴校〕乙去此字。忽傳宣從中府取〔校〕楊本作『放』。京城門鑰，不知其何所爲也。公以祖宗定制不許夜啟，卻之。彬怒，再遣人以危詞恐嚇，不得不已，公拒之益厲。及晨，彬詐傳旨逮之下獄。南樞臣喬宇盛氣責公，意欲公引罪而請之彬，公抗詞不屈。其時行在大臣雖心重公，且明知下獄之出於矯旨，顧畏彬莫敢奏者。已而有旨釋諸囚，南理臣猶畏彬，羈公以待命，衆以爲必死。幸武宗雖幸彬，而英明未替，彬雖擅命，不敢私有殺害。及北還，竟釋之。彬誅，世宗聞公事嘉嘆，遷工部虞衡郎，出爲廣南、廣西二府知府，皆有惠政。

吾讀焦澹園獻徵録，極言孟尚書之守正，上遊牛首山，夜抵聚寶門，尚書堅閉不納，上遂宿報恩寺中。以此事觀之，則皆妄言也。明史則言江彬即索門鑰於宇，而宇力拒之，殆即移公之事以屬之宇。〔嚴注〕西山日記記此事，亦屬之喬公。日記，長興人丁元薦著。嗚呼！是時江彬逆謀雖未成，然視京城若私家門户，其威福任意，危矣。以參贊重臣，坐視其矯傳以繫命吏而不敢違，〔校〕楊本作『逆』。而公能當之，是賁、育之勇也。抑亦文懿公以來之教澤，所謂不媿世臣者乎。然而諸重臣媿死矣。諸重臣之所不能，而小臣能之，乃仍掠小臣之名以歸之重臣，可爲太息者矣。郅惲當東漢之時，拒關不納，漢史書之，若以比公，則惲易而公難。蓋明主可以執官守，而逆臣之怒難嬰也。

明人重甲科，故其以任子有名于史者甚少，雖賢不得登大寮，向使起李衛公于是時，所不平也。大節如公，得爲重臣，豈非坐談而落淮南之膽者。世宗既知之矣，而仍聽其浮沉夷〔校〕楊本作『邊』。徹以老，不亦棄才如草芥乎？

明史不載公事，嘉靖府志謂公不附彬謀逆被繫，彬誅始釋，則又屬妄言。予所本者，爲半湖陳公日録，陳公時以獻俘隨張永在南中，又同入都，及見此事，爰采之以補史，并正諸家之謬。

節愍趙先生傳糾謬

節愍趙先生之死，世傳之者皆謬。予從華公嘿農、高公隱學二集中考得之。世無歐陽公，孰爲王彥章核實者乎？作糾謬。

丙戌六月，江上失守，〔校〕楊本、嚴校本均作『再破』。先生題詩案上曰：『書生不律難驅敵，何處秦庭可借兵，只有東津橋下水，西流直接汨羅清。』誓死不食，其家多方解慰不能得。顧先生以曾借友人金，未償爲愧，委曲措置得之。次日晨起，袖所作歷試經義，納衣巾於文廟，詣友人家返〔校〕楊本作『還』。金。友人熟知其貧，訝其返之速，叩之，先生笑不答，即往城東，躍入江水。漁舟驚集救之，江流湍急，浮〔校〕楊本作『涌』。尸竟去，力追僅得及焉。其家故知其以祈死出，遣人四輩跡之，及之江上，漁人輩詢其故，感嘆，乃共以酒灌之，盪其喉，扼其胸，使出水，探其袖中，紙累累，而友人亦至，爲之驚泣。良久得醒，〔嚴校〕作『甦』。舁之還家，膚孔間血涔涔然，張目不語，仍不食。其家計無所出。

先生故授經太白山中，與其徒徐生相得。至是聞先生事，來視之，因强輿先生入山，欲令食，不可，則爲謬語以慰之：或曰李侍郎長祥克紹興矣，或曰翁洲大將黄斌卿奉監國來恢復矣，或曰石浦大將張名振奇捷矣，或曰四明山寨下慈谿矣。先生聞之即進食，如是者半年，謬語漸窮，而先生病〔校〕楊本作

『心』。亦稍愈，〔校〕楊本作『喻』。間出山中，問樵子輩以近事，則循髮示之曰：『天下大定，更何問焉。』先生大慟踣地，更不復食，至冬盡困甚，氣息奄忽而逝。蓋先生殉節顛末如此。今所傳乃謂先生投水即死，死而莫知其由，途人過之，有及見其哭文廟中者，乃得其故，不知其絶命詞蓋已出矣。又由死而生，復延半年，則謂其投水即死者，尤誤也。

予觀志士之死，亦各有其地與其時，文山、疊山，其前事也。有明之季，蕺山先生不死於絶粒〔嚴校〕二字作『水』。而死於水；〔嚴校〕『水』字作『絶粒』，并云謝山不應不知劉先生死狀，此必誤刻無疑。漳浦先生絶粒者再不死，而死於刑；寒山先生投水、投繯者四，不死，〔嚴注〕寒山子年譜一卷，明靖江令陳函木叔譔。木叔甲申後，從僧湛明結茅天台雲峯。既而有詔徵之。先生作自祭文、絶命辭、諸上人詩及雲山埋骨記，自沉雲峯山池。其遺稿聯爲長卷，長二文有奇。予家有犂雲樓書目一册，中載此書。興兵一年而卒死於水；鄭御史爲虹不死于自刎，〔校〕楊本作『剄』。而死于刑：均之死也，而不遽死，不如此不足以顯其節之奇也。惟是先生以朝不坐、燕不與之身，可以無死，而乃要之于必死，則更奇矣。先生私謚節愍，亦華、高二公所定云。

記范孝子事

吾鄉范孝子洪震，百年以來人無間言，而不知孝子之大節，固有不盡以孝者，則雖其家傳亦略焉。

偶讀董處士劍鍔集得其事，爲節略之。

管江杜秀才之死節也，陸處士宇爆取其遺孤育之。其孤多病，處士一日與買藥，過孝子，則問曰：『是何人也，而爲之藥？』處士以告，孝子瞿然起曰：『乃杜郎耶！尊公吾同學，兼以同歲，又同志也。吾于尊公之死，哭之者幾日，時時從湖東〔校〕楊本作『東湖』。來者，問其孤，莫有復者。今乃以買藥遇，天也，豈可使陸丈獨爲君子？』處士因言其三喪未舉，孝子曰：『不特死者當于我〔校〕楊本作『吾』。葬，杜郎未娶，我當娶之。有匱乏，以告我。』卒爲杜氏窆其三喪，而并置田墓以贍之，且助之娶焉。

嗚呼！吾聞孝子晚年病噎，凡其爲齋戒，爲壇，爲卜，以至丙夜百叩，靡神不舉者，皆其平日所振之人，故至今無不以長者誦孝子。但好義固人所難，而如杜氏之孤，則畏禍者所遠避而不前者也，是不得僅以長者目之矣。

董處士曰：『孝子喜飲酒，醉則狂呼累〔校〕楊本作『屢』。舞，側弁跣足，凡諸嬉戲，窮晝極夜，無所不爲，世或以此怪之，不知其有所託而逃耶。〔校〕楊本作『也』。』

嗚呼！孝子生平精于醫，而乃以醉戕其軀，不爲尊生，而爲祁死，斯豈漫然而忘守身之戒者乎？吾于是而深悲之。

記李烈婦事

神木觀察使新安李君如璐有子壞，年少負異才，顧善病，娶同縣辛氏女，甫半載，患癘而死。時觀察方官檢討居京邸，辛氏當壞病亟時，已有矢詞。至是君舅令其小姑防護惟謹，婦覺之，乃紿其小姑出視君舅飧，因遣婢隨之行，急懸帛於梁自磬。比小姑還，則氣已絶，相距止一日。督學使者聞于朝，得特旌如令。

夫先王之制禮也，必酌乎中道而行之。是故孝子之服勤其親也，罔極之恩，至于當大事，夫亦何所吝。然而方親之終也，水漿不入于口祇三日，過此者，以爲不用吾情。既葬食粥，既期食菜果，其或有疾，則醴脯所弗禁也。先王豈敢有所寬假〔校〕楊本有『于』字。其間，夫亦以憂人道之絶，而爲滅性之戒也。婦人之于夫也亦然。同牢廟見以來，所以定終身之誼者，〔校〕楊本作『也』。將使其奉舅姑，承宗祀，撫子姓，方無負于伉儷之分，固非謂生不獨生，死不獨死，遂成婦道之終也。然而三古而後，至性澌漓，〔校〕楊本作『澌滅』。死生之際，丈夫或不能不爽貳其操，而謂巾幗芳年，視死如飴，是則有心世道者，所不敢挾中道以議其後者矣。

是故殉夫之節，其與刲股事親之孝，均爲采風者之所必録。畿輔首善之地，而觀察身居侍從之班，固簪筆而有事于彤史者也。女貞之樹，挺生户庭，是中壘之所未有，而聖朝教化之隆，其亦于此可見也已。

觀察屬予爲文者數矣，歲華荏苒，忽忽未就。今年以保定之行，相見于逆旅，乃爲題其傳首〔校〕楊本無此字。而歸之。

周璧堂事辨誣

徐都御史心水之被拘于海上也，〔嚴注〕按全浙詩話卷四十：『徐茂勳，字君策，號心水，天台人。順治初，以歲貢歷任會同、澄海、增城令。』是曾仕國朝，其都御史必魯王所授，後乃歸命，與所云己丑心水死不合。又此事，全浙詩話引寧波府志作御史戴殿臣，非徐心水，俟考。璧堂〔嚴注〕名容。以知己之感，挺身救之，請代拘，而遣心水以餉贖。心水既歸，所許餉不償諾，璧堂以是受拷，足爲之躄，有爲之釋言者，始得脱。心水深懟負於璧堂，及相見，璧堂無怨言。踰年心水死，璧堂以〔校〕楊本作『有』。詩挽之極哀，君子以是嘆爲不可及。吴農祥妄言爲〔校〕楊本無此字。璧堂以受拷故凶終于心水，是未讀璧堂之詩者也。農祥自居于璧堂生死之交，謂當璧堂臨没時，親呵護其集以歸其家，而謬戾至此。且璧堂以戊子救心水事畢即歸，而農祥謂在辛卯翁洲〔校〕楊本下有『被』字。破後者，尤非也。

農祥所作擬史諸傳，如朱孩未、章格菴、張蒼水事，大半舛錯，全無考證，然猶可曰：此皆前輩巨公，故不免耳視而目聽。若甓堂則既冒託於生死之交，而亦從而誣之，郢書燕説，不幸而傳，則文獻之禍也已。

記馬惟興語

馬惟興者，馬寶兄也，嘗爲雲南總兵，移鎮福建，其人不諳文墨，然時有發言合禮者。順治之季特賜諸將三代贈封，惟興久之不上。撫臣問之，愀然對曰：『下官少爲寇虜，相從作賊，今幸際風雲之末，實不識父何名，母何氏，若私撰以上之，不惟欺君，亦誣其先人也。願明公以此語上聞，但恩榮及身而已。』一時皆是其言。

嗚呼！李德林俊人也，尚妄加其父官爵，以招罪〔校〕楊本作『大』。戾，豈但侯景哉。不謂惟興之草竊所見，卓然直可爲後世法。惟興死於癸丑之前，不豫其弟之變，由其所言觀之，固當賢於弟也。惟興以孫可望將，降于永明，嘗賜爵敘國公，後歸附，遂屬平西。

凱風説示李桐

在昔南雷黄公〔校〕楊本作『黄公南雷』。嘗疑凱風親之過小，不當如詩序、詩傳所言。蓋使七子之母不安其室，則家門風化所關，過亦不小，非可以怨爲過。其後閻徵君百詩據孔疏解之，謂七子作詩自責，其母遂終〔校〕楊本下有『于』字。不嫁。予因是嘆七子有諭親于道之功，而其母亦不失爲賢母，蓋能遷善而自新者也。詩人不特美七子，即于其母亦有取焉矣。

同里李秀才桐，其尊公端孝先生，五歲而孤，後母何太孺人于歸甫一歲，〔校〕楊本作『年』。李氏家無一隴一瓦之資，何氏親黨頗有欲奪其志者。先生聞之，潛偵其人于道，以錐擊之，歸而跪於太孺人前，流涕自陳。太孺人亟抱之，相與奉其父栗主於庭，慟哭誓相依終身，遂毁容垢面，以女紅課子，親黨罕得一見。

先生稍長，念家貧，因於讀書之暇兼習醫，束脩所不足，取藥籠之入以佐之，承歡備至。太孺人晚年，嘗于忌日流涕謂諸孫曰：『吾之得以完節見汝祖于地下者，汝父力也。』既及格，有司備得其狀，請于朝，太孺人以節，先生以孝，並得旌。

近者秀才多求四方文士爲先世作傳，欲諱此〔校〕楊本作『其』。事，殆懼掩太孺人之美，而傷先生之心。予曰不然，人誰無過，能改之，則聖人不以爲非。不然，凱風之詩，聖人亦必周旋七子而去之矣，其不去也，則七子之母，固亦名教之所許也。矧太孺人之所處，固非七子之母所可比，事固以從其實爲可信也。予見夫婦人之爽〔校〕楊本作『喪其』二字。行者矣。區區『寒泉』、『棘心』之言，蓋不足以動之也。作凱風説以示之。

予又〔校〕楊本無此字。嘗讀江村鹿氏魏童子傳：其母他適，童子傭于人間，聞而急往追之，爲奪者所持不能脱，踣地呼天，聲竭泣血。俄而怪風驟起，震盪衝激，昏霾閉日，咫尺不辨，其母亦不能前，童子得復及之，哀號不止，其母感悟而歸。端孝先生之志與童子同，而其事不必如童子之危，則以太孺人本賢，風雷之助可無庸也。更附之前説之尾。

戡黎説答東潛

所示西伯戡黎之説，敬聞之。東潛才氣極高，又有圖籍足以佐之，故應一時無抗手者，然而微嫌其好立異也。

夫先儒豈不讀左傳，竟不知東方之别有黎國乎？然而文王則固西伯也，西伯則專征賜履，祇在西方之國，而謂兵力所加，不難集矢於淮、徐之間，則侵東伯之任矣。是故文王伐密、伐崇，不過河北，至於戡黎，則已渡河而東矣，然而猶屬西方之國也。唯其已渡河而東，故祖伊懼而奔告，而況渡孟津，越朝歌，逕從事於東方，其可乎？東潛巧於立言，以爲黎已叛紂，故文王爲紂討之，則又大〔楊校〕別本無『大』字。不然。據左傳，謂東夷之叛紂也，以黎之蒐，則是東夷叛，非黎叛也。紂尚能整其六師以蒐於黎，其無待于西伯之戡明矣。若謂紂之力已不足以及黎，而待文王之戡之。乃戡之而東夷仍叛，則西伯之力亦不足以加于東夷，而服事之至德衰矣。況文王爲紂戡黎，是正紂之所仗也，何以祖伊從而恐之，而殷從而咎之。此雖欲斡旋而善爲之詞，而勢必不能者也。

若夫東方之黎，本無確地，所當闕之。東潛欲以齊之犁邱當之，則益非愚之所敢信者。大抵解經而好異，必爲經之累，敢言之。

天妃廟説

今世浙中、閩中、粤中，以及吴淞近海之區，皆有天妃廟。其姓氏，則閩中之女子林氏也，死爲海神，遂有『天妃』、『夫人』之稱，其靈爽非尋常之神可比，歷代加封焉。

子全子曰：異哉！聖人之所不語也。生爲明聖，死爲明神，故世之死而得祀者，必以其忠節貞孝〔校〕楊本作『貞節忠孝』。而後尊。以巾幗言之：湘夫人之得祀也，以其從舜而死；女嬃之得祀也，以其爲弟屈原；曹娥之得祀也，以其孝。若此例者，不可屈指。若夫流俗之妄，如蟂磯夫人祠，亦以譌傳其殉漢而祀之。至于介山妬女之流，則所謂俚誕之不足深詰者也。若天妃者，列于命祀，遍于南方海上州縣，其祀非里巷祠宇所可比，然何其〔校〕楊本作『以』。漫然無稽也。

夫婦人之爲德也，其言不出于閫，其議不出于酒食之微，其步趨不出於屏廳之近；〔校〕楊本作『間』。其不幸而嫠，所支持亦不出於門户之間，〔校〕楊本作『近』。所保護亦不出於兒女之輩；若當其在室，則尤深自閟匿而一無所豫。林氏之女即云生有異禀，其于海上樓船之夷險，商賈之往還，亦復何涉，而忽出位謀之，日接夫天吴紫鳳之流，以强作長鯨波汎之管勾，以要鮫人蜑户之崇奉，甚無謂也。古來巾幗之奇，蓋遭逢不幸，出于變故之來，勃菀煩冤以死，故其身後魂魄所之，不可卒化，世人亦遂因而祀之，以勵風教，以維末俗，是三禮之精意，不可廢也。

天妃果何居乎？自有天地以來即有此海，有此海即有神以司之。林氏之女未生以前，誰爲司之？而直待昌期之至，不生男而生女，以爲林氏門楣之光，海若斂衽奉爲總持，是一怪也。天之配爲地，今不以富媪爲伉儷，而有取于閩産，是二怪也。林氏生前固處子耳，彼世有深居重闥之淑媛，媒妁之流，突過而呼之曰『妃』，曰『夫人』，曰『娘』，則有頳其面，避之惟恐不速，而林氏受之而〔校〕楊本無此字，龍尾本有之。不以爲泰，是三怪也。爲此説者，蓋出于南方好鬼之人，妄傳其事，鮫人蜑户本無知識，展轉相愚，造爲靈跡以實之。于是梯航所過，弓影蛇形，皆有一天妃在其意中，在其目中，以至膢蠁之盛，惟恐或後，上而秩宗，下而海隅官吏，又無深明典禮者以折之，其可嘆也。前乎吾而爲此説者，明會稽唐氏也，然略示其旨而未暢，吾故爲之申而明之，以俟〔校〕楊本下有『後』字。世有狄文惠公其人者。〔一〕

曰：然則海上之應祀者誰也？曰：海之瀕于南者，祝融是也，是真海神也。祝融爲火〔校〕楊本下有『神』字。而海爲水，天一生水，地二生火，水火相配，故海之瀕于南者，其神有『妃』之稱，而東西北三方之海無之，後人不知，妄求巾幗以實之。五憐其愚也，是則唐氏所未及發者也。唐氏之後，明人有江氏，其辨略同。

詞科緣起

唐人所云『博學宏詞』，蓋特以試選人耳，非大科也。其大科之以詞學舉者，蓋歲易其制而不一其名，如所云『藻思清萃』、『文藝優長』、『博學通議』之流皆是。而選人所試，反不與焉。但其名雖多，而大率不離詞章，至憲宗始定爲四科，其一則曰『博通墳典，達于教化』，蓋稍足以語〔校〕楊本有『于』字。古

〔一〕〔嚴注〕按梁章鉅退菴隨筆卷十云：『……惟全祖望、趙翼疑之。趙氏以爲水陰類，其象惟女。天妃之名，即水神本號，非實有林氏女其人。全氏則立三怪之論，肆其詆諆。皆似是而非之説。余别有文辨之。』

人有體有用之學，故北宋大儒所議十科取焉。紹聖以後，章惇改制，始復專取詞章，而以唐之試選人者名之，不知者遂謂宋制即唐制，非也。詞學指南序文亦云，皆失于考證。

嗚呼！唐人重詞章，而晚年尚知于詞章之中，貫墳典而通教化。荆公重實學，而語紹述者，反驅□【校】楊本不空。之于詞章，可謂相背而馳矣。故南宋以後，由詞科以取功名最易，而醇儒或不屑應此科，誠有慨也。金人亦舉詞科，而見于中州集者，寥寥而已。

乃取唐人詞學一科，其見於册府元龜及唐書者録之，使與浚儀王氏詞學指南相接，而因以見陸、裴、柳、劉諸公所舉者，非宋人之科也。浚儀由詞學起，尚考之不甚詳，予故著之。

上元二年　辭殫文律科崔融

垂拱四年　辭標文苑科房晉　王亘　皇甫瓊

永昌元年　蓄文藻之思科彭景直

抱儒素之業科李文愿

通天元年　文藝優長科韓琬

景雲二年　文以經國科袁暉　韓朝宗

先天二年　文經邦國科韓休

藻思清萃科趙冬曦

手筆俊拔超越流輩科杜昱　賈登　張子漸　趙居正　張秀明　常無名　邢巨

開元二年　文儒異等科崔侃　褚廷誨

文史兼優科李昇期　達奚珣　康子元

開元六年　博學通議科鄭少微　蕭成

開元七年　文辭雅麗科邢巨趙良器　苗晉卿　褚思光

天寶元年　文辭秀逸科崔明允　顔真卿

天寶六年　風雅古調科薛據

天寶十三年　辭藻宏麗科楊綰

建中元年　文辭清麗科奚陟鄭轅　梁肅沈封　劉公亮　吴通元

經學優深科孫畋　黎逢〔校〕楊本作「達」。白季隨

貞元元年　博通墳典達于教化科熊執易　劉簡甫

貞元十年　同朱潁

元和三年　同馮道陸亘

長慶元年　同李思仁

喪主喪孤辨

喪無二孤，是不易之禮也。孔子之答曾子，以爲季康子之過，是非孔子之言也。衛靈公弔桓子喪，而魯哀公爲之主，是即喪服小記所云『諸侯弔于異國之臣，則其君爲主』者，是喪主也，非喪孤也。禮固有尊長爲喪主，而喪孤弗豫者，此之謂也。豈有哀公而爲季氏喪孤者，是妄人之言也。康子之過，以其但應哭踊，不應拜稽，謂之誤行喪主之禮可也，謂之非喪孤不可也。而謂今之二孤自此始，則誣矣。吾〔校〕楊本無此字。故以爲非孔子之言。

姑姊妹夫喪主辨

雜記：『姑姊妹夫死，而無兄弟，使其族人主喪，妻黨雖親弗主。』其説是也。婦人外戚，〔校〕楊云別本作『成』，下同。必得同姓之屬爲主也。其云：『無族，則前後家、東西家；又無，則里尹主之。』謬也。吕坤謂外戚之親尚有服，鄰里於死者何有焉，是拂情也。故萬斯同謂下文或人之説，妻黨主之，而附於夫黨者，當〔校〕楊本無此字。爲正禮。

按朱子已謂從其宜而祀之別室，未爲不可，則固無可疑矣。顧炎武謂聖人已豫防後世有如王莽、楊堅之徒者，自天子至庶人一也，則附會之甚。若以竄〔校〕楊本作『篡』。奪言之，兄弟未嘗無此輩也，族人亦未嘗無此輩也，即非親非黨之臣下亦未嘗無此輩也，防之且不勝防，將若之何？

釋菫

吾鄉草木之産，甲乎天下，太平方石，四面各産異木，無相混者。雙韭、三菁，神仙所食，孫興公之梨，謝遺塵之青檽，猶其後焉者也。而地乃以菫得稱，上古以之名國，後世以之名縣，莫能易者。〔馮注〕菫子國出於豐南禺臆説，不圖謝山亦信之。乾道志所云『縣東四十里有山，其草曰赤菫』，是也。顧菫之種有別，惟延祐志考證得之，而近志莫取以爲據。羅鄂州曰：『苦菫，可食之菜也。』郭景純云：『今菫葵，葉如榔子，如米汋，食之滑。』唐本草云：『此菜野生，非人所種，葉似〔校〕楊本作『如』。蕺花紫色，味甘。』説者以爲菫苦而言甘，即古人語甘草爲大苦之例。然考綿〔校〕楊本作『緜』。之詩曰：『菫荼如飴。』菫、荼皆苦菜，以地之饒美而甘，則非反言也。菫之同岑者，曰荁，曰葵。内則：『棗栗飴蜜以甘之；菫荁枌榆以滑之，脂膏以膏之。』言養老者，懼其腸澀，故以此均調飲食，冬用菫，夏用荁。士虞禮云：『夏用葵，冬用荁。』其文又少不同。然要之，葵、菫、荁三者同功，特夏秋所用者生菜，冬春所用者乾菜。康成之言可考也。再稽草譜，葵爲百菜之長，則堇之貴可知。自孔疏誤以爲烏頭之堇，且引驪姬之置堇證之，是芨也。

二禮之堇甘，左傳之堇毒，其種不同，爾雅兩列之甚明。朱子不考而仍之，故嚴坦叔以爲非。乃成化志亦因曰『赤堇即烏喙』，則豈有敷土錫名，不取養老之珍，而反取殺人之鴆者，蓋不考延祐志故耳。嗚呼！破赤堇而取錫，歐冶之遺跡無可尋矣，豈意并其種而失之，則誤之尤者。作釋堇。

赤堇山在奉化，吾鄉人有疑其在同谷相近者，非也。近更有以歐冶之故，指城西之錫山當之，更屬附會。

説鰣〔楊注〕癸酉，年四十九。

鰣魚之名，不登爾雅。按釋魚曰『鮥，當魱』，郭氏曰：『海魚，似鯿而大，鱗肥美，〔校〕楊本下有『而』字。多鯁，江東呼其長三尺者爲當魱。』是其爲鰣審矣。以是知晉時尚未有鰣魚之名也，廣韻始有鰣名矣。但考粤東人説，相傳鰣乃鰽白所化，在海爲鰽白，在江爲鰣。鰽白於春，鰣于夏，其味皆美。此在(□)〔屈〕從楊本補。氏不過得之近人之口，而其實未有所據。予觀集韻曰：『鰽即鮥也，似鯿而大，鱗肥多鯁。』乃恍然于(□□)〔大均〕從楊本補。之説。以是知宋初雖有鰣名，而尚未甚著，故唐人不見之於詩。然則鰣魚在古曰鮥，讀爲舅聲；在後曰鰽，囚聲；而當魱，其別字〔校〕楊本作『名』。也。鄞人呼曰箭魚，意在嫌其多骨，見於開慶慶元府志。

獨粤人呼爲三鯠，不知其説。按三鯠一作三鰲，諺曰『三鰲不上銅鼓灘』，謂粤鰣不過潯州也。鯠、鰲，古音本通，然其實爾雅釋魚原有鰲、鯠，而郭氏曰『未詳』，向非粤諺，不知其即鰣也。足以補五雅箋疏之遺矣。若埤蒼以鯠爲魾，廣韻以鯠爲鰻，皆屬謬語。按爾雅，則魾者，鱯也，鱯與鮖同音，埤蒼殆由此而譌。

今吴、越間不貴鱠，獨貴鰣，唯粤之陽江多鱠，而其土人亦貴之。予亦因入粤，而證明鰽之即鱠，鱠之即鰣，惜不得遍粤人而告之，因記之以示諸生，他日或爲嶺南圖經文獻之資也夫。

鮚埼亭集卷第三十六

〔楊注〕此卷告身跋十一、詩卷跋一、墓石跋四、祭章跋二，計十八首，皆全氏之掌故也，故合爲一卷。附劉後村大全集告身十七通。

題跋一

先世告身十通〔校〕楊本則注云：『附先世告身十七通』。

先太保唐公告身跋

朕加厚友恭，有懷慈憲。恩施左戚，既鍾慶于一門；貴極上公，又追榮〔校〕楊本作『崇』。其三世。具官全安民，遊心墳典，屏迹丘園。爲善恐人知，信矣耳〔校〕楊本作『雷』。鳴之諭；陰德有陽報，甚于響應之如。爰及孫曾，實生賢媛。朕察鴒原之念母，喜鶴禁之册妃。方隆慈孝之至情，豈限褒崇之常典。噫！周列太保，立面槐之班；唐有冀方，錫分茅之壤。是爲殊渥，庸闡幽光。可特贈太保，追封唐國公。〔嚴注〕癸辛雜識續集上云：『福王之子娶全竹齋太保之女，婚書一聯云：「依光薊北，苟安公位之居；回首江南，惟重母家之念。」亦有味也。時福王爲平原郡公。』

儲極好逑，既遡慶源于慈憲；曾門加惠，并褒内則之淑賢。乃出絲綸，以光窀穸。邊氏勤生苦澹，勵志静專，有伯鸞婦之風，肯爲隱髻；有於陵妻之操，靡厭辟纑。竟能遂夫子之高，不及覩女孫之貴。鶴禁甫諧于佳耦，魚軒宜賁于外姻。噫！揭阡表于南陽，恩徽尤異；疏沐封于東武，伉儷俱榮。可特贈唐國夫人。

祖望按：先太保以下告身一十七道，見劉後村大全集中。每讀宋人文集，兩制文字最多，或疑其無益，不知有補于世家之文獻非淺也。太保爲先侍御公七世孫，侍御由太平興國間進士，累官侍御史，出知青州。晚年自錢唐遷甬上，弟興又自甬上遷居山陰，而無嗣，故侍御以子俎爲之後。今越中東浦一支，蓋甬上之小宗也。理宗之母慈憲夫人，出自吾家。及度宗居東宫，册妃，是爲慈憲之姪，因推恩慈憲之三世，而太保以下俱開五等之封。以宗乘考之，國爵皆合。予所見後村集十數本，皆非二百卷之全者，惟同里范侍郎天一閣所藏爲足本，詞頭碑版俱在焉，喜而鈔之，令東浦影堂勒之石。太保墓，即在東浦賜府之西。

先太師越王告身跋

朕友于朱邸，施及青宫。慈愛最隆，睠外家而尤厚；哀榮兩盡，豈王父之可遺。贈武翼〔校〕楊本作『選』。郎全份，温恭德人，寬厚長者。款段下澤，清貧不改于儒臞；文駟雕軒，貴盛實基于祖德。屬儲妃之封拜，宜世廟之褒崇。噫！太傅周官，面槐陰之峻；豫州荆地，協松夢之祥。冥漠有知，對揚無憾。可特贈太傅，追封豫國公。

慈顔已遠於崇藩，慶鍾猶子；公爵既加于祖廟，媲合從夫。贈恭人單氏，秉性幽閒，奉身沖約。素勵龐嫂萊妻之操，安于清貧；曾有許負唐舉之倫，異其風骨。果孫枝之貴盛，嗟宰木之老蒼。屬皇家舉稀闊之儀，於戚畹厚褒崇之典。賜枌〔校〕楊本作『粉』。田于大國，品極魚軒；燎黄誥於寒原，光生馬鬣。既驗異人之奇中，永爲外氏之美談。可特贈豫國夫人。

祖望按：越王爲慈憲夫人之大父，仁安皇后之曾大父。是時推恩慈憲之三世，故晉贈太傅豫公。其後度宗推恩仁安之三世，又晉贈太師越王。其單夫人詞中所云唐、許奇中之説，〔嚴注〕非謂單夫人有唐、許之技也。謝山誤會耳。良足以補吾家譜系中掌故，惜其詳不可得聞矣。太師墓在盛塘。

先太師徐公告身跋

儲妃選慈憲之宗，親親之意也；禰廟峻公師之爵，貴貴之義焉。乃賜恩言，以旌潛德。贈慶遠軍節度使全大節，信道最篤，好善甚優。平昔旦評，著美名于里閈；一朝天定，鍾餘慶于門楣。兹作媲于元良，亦柬賢于華族。既諧吉禮，追獎義方。噫！建節封侯，鶴表之題已久；分茅胙土，鷹揚之拜維新。燾爾後人，欽予休命。可特贈太師，追封徐國公。

顧復甚勤，報德之心罔極；幽明雖異，榮親之意則同。爰侈國封，以光泉穸。南陽郡夫人王氏儉慈是寶，禮法自閑。孝敬著于閨房，長厚聞于州里。攻苦食淡，蓋隱君子之令妻；隮阯〔校〕楊本作『祉』。發祥，實王夫人之賢母。並全〔校〕楊本作『傳』。四德，胡不百年。然一門貴（住）〔仕〕于天朝，而奕葉聯姻于帝室。屬者儲君選儷，猶子來嬪。端由世積而然，咸曰母儀之力。噫！彭城湯沐，增拓于户租；防墓封崇，有光于宿草。可贈徐國夫人。

祖望按：太師爲慈憲之父，而穆陵兄弟育于其家，宋史所稱『保長』者也。潛藩之功，非尋常戚畹可比。夷考是時，其一門雖貴盛，前不蹈平原之覆車，後不類秋壑之怙寵，夷然在史、鄭謗議之外，可謂賢矣。太師墓在蘭渚，而夫人仍葬盛塘先墓之次。穆陵即賜天章寺以奉香火，故蘭亭常屬吾家。予過天章，未嘗不低回流連也。

先觀察告身跋

王者無私之言，豈非公論？聖人盡倫之至，必用吾情。贈忠訓郎全思聰，前輩典刑，逸民標致。求之耆舊，惟龐德公近之；稱爲善人，如馬少游足矣。有賢猶子，實王夫人。屬重締于國姻，并追榮其尊行。昔加勇爵，殊未慰于九原；今陟廉車，蓋視儀于兩禁。可贈潭州觀察使。

朕睠棣華之外氏，重締國姻；考彤管之内言，載嘉世母。肆加殊渥，追奬徽音。贈安人王氏，禮法自持，功言咸備。毋以貧故，少隳舉案之恭；教之義方，微示斷機之意。芝生庭户。玉映閨房。兹選立于儲妃，乃褒崇其尊行。始占吉夢，允符女子之祥；終錫嘉名，無媿碩人之詠。可贈碩人。

祖望按：觀察爲越王長子，其次弟則申王大中，仁安之大父也。又次則徐公大節，慈憲父也。又次曰大聲，尚縣主，奉嶽祠。是時，以慈憲故追贈徐公，以仁安故追贈申王，而又推恩及于家督，甚矣恩之沃也。尚有少弟曰思受，字大用，以詩人稱，其詠海棠曰：『少陵不賦海棠詩，留待風流相國詞。聞種錦窩三百本，春風纔起蜀人思。』惜乎不詳其生平也。

先太師申王告身跋

朕于私親，靡不用情而加厚；爾其伯父，固宜越格以追榮。〔校〕楊本作『崇』。贈宣教郎全大中，書蟠胸中，志抗事外。郡國無舉孝興廉之詔，徒修于家；山林有游仙招隱之詩，乃遯于野。逮儲妃之貴盛，歎族老之凋零。噫！金紫惟亞一階，足彰尊寵，燎黄以後二品，聊發幽潛。可贈金紫光禄大夫。

册拜儲妃，甚矣慶源之遠；封加世母，旌其尊行之賢。贈安人陳氏，謙柄力持，禮防自守。辟纑織屨，相安衡泌之貧；服冕乘軒，不見門閭之大。兹來嬪于元子，亦遴選于華宗。溥錫恩徽，寧分存没。秩高銀信，宜從夫子之階；詔侈金花，追賁小君之號。可贈高平郡夫人。

祖望按：太師乃仁安之大父。是時，推恩以慈憲爲主，故徐公列于五等，而太師尚止金紫。及仁安正位，贈申王。太師無嗣，以再從子昭孫爲後，是生仁安。太師墓亦在盛塘先兆之次。近日，吾家東浦譜系散失，姚江學究邵廷采妄敘次之，以申王爲和王，以和王爲昌王，以申王之父份爲義，皆與甬上宗乘不合。幸賴後村集所録，與甬上同，得以斥邵氏之妄，而正東浦之譌。

先少師〔校〕楊本作『傅』。周公告身跋

朕友于同氣，若爲慰念母之心；遠矣慈顔，猶仰體愛兄之意。乃疏殊渥，以賁重泉。贈和州防禦使全純夫，廉甚取名，勇于求志。短檠細字，積勤不偶于生前；疊組重圭，餘慶徐觀于身後。介弟篤舅甥之誼，儲妃續姑姪之姻。兹爲爾家希闊之榮，可限有司褒崇之典。噫！出綸告墓，徒悲風木于瀧岡；授鉞登壇，尚應星躔于寶婺。諒爾精爽，歆此寵光。可贈保寧軍節度使。

朕念介弟之孝思，恩其自出；擇儲妃于望族，誼亦因親。爰出綸言，以旌壺範。爾贈令人趙氏，荆緐〔盧校〕疑作『緐』。性淡，巾帨禮嚴。族稱丘嫂之賢，睦于妯娌；天厚善人之報，宜爾子孫。諧吉禮于春宫，分寵光于夜壤。噫！管彤垂世，何慚列女之盡書；燎黄告阡，誰語若人之不淑。可贈淑人。

祖望按：周公爲徐公長子，慈憲夫人之兄也，尚縣主，累晉少師。〔校〕楊本作『傅』。周公夫人亦封周國夫人；續娶崔氏，感義郡夫人，太府槐卿其子也。周公墓亦在盛塘。

先太師和王告身跋

慈憲篤友恭之誼，恩寧厚于弟昆；元良諧窈窕之逑，情莫親于父子。出綸告第，施澤漏泉。爾武翼郎全昭孫，博雅好修，精明練事。久儀上閣，兩牧專城。所至有甘棠之成陰，其歸雖薏苡而不載。家無甔石，初靡求于人知；女作門楣，亦可觀于天定。甫成吉禮，追獎義方。噫！金紫之穹，遂超遷于二品；燎黄以白，猶照映于九原。可贈金紫光禄大夫。

朕孔懷王邸，敢遺外氏之姻；擇配儲宫，樂得高門之女。恪共婦職，追獎母儀。爾孺人趙氏，挺秀宗姬，來嬪儒族。以女公事慈憲，自牧謙卑；從夫子出蕃宣，備嘗險阻。篤生賢媛，實儷元良。誰獨無錫爾類之心，世安有遺其親之理。噫！鶴禁鳳輦，方以三朝而問安；象服魚軒，胡不百年而介福。宜歆殊渥，永播徽音。可贈新興郡夫人。

祖望按：太師尚縣主，嘗官湖湘之間，勤事而死。故穆陵一見仁安曰：『汝父可念。』而仁安曰：『故父可念，湖湘之民，尤可念也。』穆陵大奇其對，遂册爲東宫妃。先是丁大全議納知臨安府顧巖女，太后不甚許之。至是聞仁安之語，亦大〔校〕楊本注，一作『甚』。喜。國命雖去，然仁安則固有『保民而王』之母儀，不可没也。正位之後，追贈太師和王，葬于上竈。

先少師節度使告身跋

民歌牧守，方憩于棠陰；國重親賢，靡需于瓜熟。宜擇朱幡之寄，徑躋紫橐之聯。具官全清夫，宣慈而惠和，辨智而閎達。惜陰書案，甚于孤寒士之勤；得儁詞場，豈若恩澤侯之易。在中朝吉士之目，有西京循吏之風。既至九卿而入承明，復把一麾而去江海。方且賦中和之政，不當奪慈惠之師。屬以儲闈，正人倫之始；選諸戚畹，得邦媛之賢。如卿尊行，蓋主婚禮。輟宣城之半竹，面奎閣之四松。玆外族之殊榮，亦我家之曠典。名爲燕閑，實可論思。噫！東人欲留，出既宣于美化；西清候對，入尚告于嘉猷。可寶章閣待制，提舉佑神觀，仍奉朝請。

祖望按：穆陵之時，吾家避遠權勢，唯少師以科甲起，累官至平江軍節度使，判湖州，然終未嘗攀援入津要也。丙子而後，太尉身在二府，遂挾〔校〕楊本作『率』。百口扈三宫以北，而少師已老，得託瘖疾，杜門以終。生平貴而不驕，山陰唐氏嘗以山售于少師，其先墓在焉。少師售其山，而不絶其展墓之道，其後唐氏上書于少師，願贖其山。少師慨然歸之，并不受其直。當事欲建蘭亭書院，時故址以徐公所賜葬，屬于少師丙舍，即還之〔校〕楊本作『于』。官。剡源並有文記其事。以上告身共十五道，皆在景定元年。

先太府承宣告身跋

古之用人，左賢右戚，未嘗限畛域，分流品，惟其才而已。爾〔校〕楊本作『矣』。屬上句。具官全槐卿，仁厚而有智略，儒雅而通世務。居中補外，資望寖高。周旋數郡，不巧取豪奪而用足，無疾聲大呼而事成。〔校〕楊本作『集』。遺愛在人，去而見思，所謂慈惠之師，廉平之吏，朝方急士，其可使之需次東郡乎？外府事簡，九卿班峻。非特掌有司出納之吝，蓋將爲法從論思之儲。可太府卿。

祖望按：太府爲徐公次孫，周公子，官終承宣使，夫人謝氏太皇太后之羣從也。

先太尉參政告身跋

朕爲儲宮選適妃，既告廷，且成禮矣。加惠于妃之同產，親親之義也。爾全永堅早孤而嗜學，與女兄昔同其憂，今同其樂，不亦宜乎？初補而直中祕，不試而擢幕賓，是惟推恩，益勉進修，以基遠大。可補承務郎，直祕閣。

祖望按：太尉爲和王子，累官保信軍節度使，知臨安府，參知政事，見宋史宰執拜罷表。其受任也，在國事既去之後，盡室扈三宫入北平，遂野死。其後，吴下有全氏自稱太尉之後，見于陳怡菴集。按元史，則太尉蓋未嘗南還，恐出于冒託，予别有文辨之。

族祖息耘先生詩卷跋〔楊注〕壬申，年四十八。

予家先世以詩人著者泉翁，當宋之亡，〔楊校〕别本作「季」。謝皋羽、戴剡源與相唱和，今世所傳月泉吟社載其詩。其後息耘叟當明之初，楊孟載諸公與相唱和，所稱「全王孫」者也，而息耘之詩不可得。乾隆壬申，杭人丁敬示予淡娱生詩卷，其中息耘之詩在焉，爲之驚喜。

按息耘諱斯立，一字同古生，其于泉翁，不知世系若何，大抵當是孫行，家錢唐，遭亂隱居不仕。淡娱生者，蓋亦杭之隱君子，不知其姓氏。

息耘之詩曰：〔校〕楊本作「云」。「志凝知澹境，幽趣將自怡，珍重菜根旨，銖輕世味滋，酌泉有餘樂，煮石從取奇，衣飧聊自適，安公復奚疑。」卷中自瞿宗吉而下凡十五人，惜當時竹垞、秀野録元詩，未及見也。予宗人之在杭者微矣，然予家之詩，祖泉翁而宗息耘，則皆杭之寓公也。卷中尚有四明延慶寺僧正彌詩，予并取之，以補高僧詩録之遺。

族祖真志先生墓石本跋

真志先生，諱謙孫，爲先侍御公之十世孫，『義田六老』之一也。『義田六老』者，先生之父菽和府君，諱汝梅，四子：長爲本然府君，諱鼎孫；次爲真志府君，諱謙孫；次爲本心府君，諱晉孫；而正養先生頤孫其季；本然府君之子諱耆，亦其一也。三世置義田，以贍吾宗。本然府君兄弟，皆學于陳侍郎和仲之門，爲陸文安公、楊文元公私淑高弟，其再傳爲黄公南山，〔嚴注〕潤玉。明初大儒也。明儒學案中失去其源流，但爲南山立傳，今補其世系于此。

再跋真志先生志石

真志先生志石文，有可以補金石之例所不備者：其書其生也，曰生于大宋景定七年；其書其卒也，曰卒于元泰定□年。一曰大宋，一則但曰元而已。此雖變古人甲子之例，而抑揚之間，殆有過之，後世莫之敢也。

三跋真志先生墓石

真志先生墓在城東小白山，其旁有真志菴，奉香火，今亡矣。先司空公集中，有過真志墓詩，不知其石何以出于人間。舊藏先儀部家，予少搨一本。三十年後訪其石，則已爲竈下礪石，其字剥落殆盡。幸搨本之猶存也，乃取故石，重摹上之。

先司空公女墓石跋

先司空公女，許字屠辰州田叔矣，未嫁而卒，祔于王父檢討公墓旁地，當崇法寺岡之南。荆公葬女于此，集中所謂『鄞女墓』者也。其後，爲魏王妃墓，見于謝皋父詩。至是而司空女又葬于此，亦異事。

先檢討公告身跋

明莊烈皇帝御諱是『檢』字，故改檢討爲簡討。先檢討公之告身在世宗時，故仍是『檢』字。及崇禎以後盡改之。先贈公曰：『涿州（□□□）〔怨故君〕，從楊本『補』。入相新朝，特請仍改簡討爲檢討，以洩其（□）〔忿〕從楊本『補』。其（□）〔逆〕從楊本『補』。如此。吾家祝版，當世世仍用簡字，以追體先人避諱之意。』其語載家乘中。

先司空公論祭章跋

先司空公以不肯草青詞，願改南院，遂失揆薦，而袁文榮公因之得進。此事所關甚大，（□□）〔明史〕從楊本『補』。不能爲之表章，真闕事也。論祭文中略及之，曰：『羽儀雅峻于先朝，介石彌堅于晚節。』蓋指此，當以王文肅公墓銘爲證。

先宗伯公論祭章跋

先宗伯公〔嚴注〕全天敘。頗受沈文恭公〔嚴注〕一貫。鄉里之嫌，遂與周文穆公〔嚴注〕應賓。同爲言路所指。然其實宗伯最與江夏郭公厚，其在東宮有保護之勞，故文恭未嘗援之，累推不用，身後贈典，乃光宗之命，至熹宗時始行下耳。

鮚埼亭集卷第三十七

〔楊注〕此卷皆石刻跋也。周一、漢十七、魏二、晉一、北魏三、梁一、東魏一、北齊一、隋一、唐十九、石晉一、後蜀一、吴越一、楊吴一，計五十一首。

題跋二

宋搨石鼓文跋

〔楊注〕戊午，年三十四。

范侍郎天一閣有石鼓文，乃北宋本，吴興沈仲説家物，而彭城錢逵以薛氏釋音附之者也。錢氏篆文甚工。其後歸於松雪王孫，明中葉歸于吾鄉豐吏部，已而歸范氏，古香蒼然，蓋六百餘年矣，是未入燕京之搨本也。范氏藏之，亦二百餘年矣。予嘗過天一閣，幸獲展觀，摩挲不忍釋手，范氏子孫尚世寶之。

漢蕩陰令張遷碑跋

此碑以後出故完好。其文敘張氏先世，歷舉張仲、張良、張釋之、張騫，此乃六朝碑版攀援祖宗之濫觴，然何以不及張安世、張敞也。『黺沛』二字，足以證二南之異文。碑立於中平三年，尚有碑陰一通，予未之見。

漢司隸魯峻碑跋

歐陽兗公跋是碑，以峻遭母憂，自乞拜議郎爲疑。洪盤洲解之曰：『漢代風俗相承，雖丁私艱，亦多以日易月，鮮有執喪三年者。元初始聽行之，建光〔嚴校〕作『建武』。復禁不許。肅宗時越騎校尉桓郁，以母憂乞身，詔聽以侍中行服。後其子焉爲太子太傅，母憂，詔聽以大夫行服，避劇就閑，與魯君之乞拜議郎同也。』盤洲之言核矣。予謂古人惟金革重事始奪情，豈有反置之清散之列者，漢人不學無術，此其一也。近者詞臣丁憂，多令在南書房供奉，但不食俸耳。江陰楊文定公言之天子，遂皆令終喪，斯之謂以孝治天下。

漢昆陽令尹宙碑跋

尹宙碑整肅方嚴，漢碑中之佳者也。而考之歐、趙、洪、婁之記，皆未之有，殆晚出者。宙以州辟爲從事，而碑以正色立朝稱之，蓋即指州治爲朝。漢、唐人皆如此，宋以後不敢爲此語矣。

漢北海相任城景君碑跋

右碑，今在濟寧州學，其自任城移置之故，見于竹垞跋中。碑文以『麋』爲『眉』，以『倉』爲『蒼』，以『渘』爲『柔』，以『醳』爲『釋』，以『韍』爲『拂』，皆古字畫之通。其以『衙』爲『禦』，則古字音之通也。有誄，又有亂，亦唐以後碑所希。碑陰一通，見于趙德夫所著録，而洪文惠公未之見。乃予家三本皆有之，蓋舊搨之完善者。

漢史晨祠孔廟奏銘碑跋

東京隸墨，其流傳于今者，乙瑛、韓敕、史晨最爲完善，書法亦屬一家。乙瑛碑祇敘奏而附以贊，是碑祇敘奏而附之〔校〕楊本作『以』。銘，蓋法史記三王世家，爲髯翁表忠觀碑所祖。但是碑銘詞以談、然、崇爲韻，吾甚訝之，古韻有不可强通者，如此等其一也。

漢史晨饗孔廟後碑跋

韓勑二碑陰，孔氏苗裔二十餘人，以是碑合之，惟故尚書翊、河東太守彪已見韓碑。處士褒則其父郎中宙見韓碑。此外尚有五官掾暢、功曹史淮、守廟百石讚、副掾綱，而乙瑛碑亦有守文學掾龢、史憲、户曹史覽，皆屬闕里世系所當采者，爰牽連志之。

漢孔廟置百石卒史孔龢碑跋

是碑，盡于歐公之跋，以爲漢家文書之式，於此可見。是役也，出于前相乙瑛之請，後相平踵成之，而其作百石吏舍者，則前令鮑疊也。讚中極歸功于乙、鮑，蓋即後相平所作，可謂不没人善者矣。

漢韓勑孔廟二碑跋

韓氏孔廟碑二：其一置禮器碑也，其一修廟碑也，皆有碑陰。洪文惠公但見前碑陰耳，予均得見之，幸矣。霜月皇極之陋，空桑之誣，已見于前人所誚，不具述。獨其隸法，流逸可喜。

漢酸棗令劉熊碑跋

是碑見於酈氏注水經，僅損一字。迨王建則有風雨消磨之嘆矣。近人所藏字不滿百，予家有舊搨本，尚可得什之五也。王建據圖經以爲中郎之筆，而洪氏疑之。予謂即非中郎，要是名手。

漢郎中鄭固碑跋

碑文譾劣之甚，崔、蔡之波靡也。『逡遁』二字，歐、趙、洪三家，以及近人疏注詳矣。『以疾錮辭』，愚意『錮』字即『痼』字之通，似校究公説爲勝。〔嚴注〕漢書錮疾皆从金，不从疒。其云『大男孟子，有揚烏風，七歲而夭，配食斯壇』，蓋祔葬者，亦金石文字中一例也。

漢淳于長夏承碑跋

漢人于碑碣中世系，多不填諱，先儒已有非之者。是碑于東萊府君不名，獨太尉據得列名，而右中郎將又不名，不知其何説也，其謬不待詰而著矣。是碑在趙德夫時完好，又四百年，明人重刻之，盡失其本色。予家有豐學士萬卷樓舊搨，可寶也。

漢西嶽華山碑跋

竹垞以是碑爲漢隸第一，其所見『西陂本』文字完好，並篆額俱無恙，因有驚心動魄之喜。然則予家所藏，爲豐學士萬卷樓中故物，歷二百餘年，不缺不爛，可寶更何如乎？篆額左右有唐大和中李衛公諸人題，其旁、其下有宋元豐中王子文題，幾無隙地。

漢泰山都尉孔（廟）〔宙〕從楊本改。碑跋

竹垞詰范史孔伷之誤，是已。然謂宙卒于靈帝熹平四年，則亦未確。蓋宙卒于桓帝延熹六年，趙德夫以爲延熹四年，亦譌。而竹垞殆因延熹之譌，又展轉溷爲熹平也。碑今在曲阜，下半通已漫漶無有矣。

漢執金吾丞武榮碑跋

任城武氏係名家，故金石之文，有武氏石闕銘，有從事掾武梁碑，吴郡丞武開明碑，敦煌長史武班碑，武氏石室畫象。石闕銘之人，其名無考，乃梁之兄。班則梁弟字開明之子，開明亦失其名。榮則班弟，以桓帝喪，守元武，勤事而死。是碑爲舊搨，故不比近日之漫漶僅存匡廓，然已不逮洪文惠公所見之舊。

漢宗氏故吏處士碑陰名跋

〔校〕楊本有『魏案此碑誤釋尉氏爲宗氏』一行，不知何人所注。

漢司空宗俱碑陰，趙氏存其目而無説，洪氏亦存其目而不録其文，疑皆未之見。予家有之，其上則『宗氏故吏處士名』七大字，其下故吏十六，處士四，蓋亦衹上一層。漢碑陰俱無額，獨孔宙碑有『門生故吏名』五大字，而是碑更署以姓。今碑不傳，而碑陰孤行，則幸以署姓之故。

漢故圉令趙君碑跋

東京金石之文，予最愛是碑之簡浄，獨其銘詞則夸大不當耳。洪文惠公以范史考之，知其舉主楊公爲賜，袁公爲滂，而圉令之名，反無從得，然則不朽之資，正不在金石也。隸法雄渾嚴整，惜校文惠所見時，又蝕其什之二。

漢魯靈光殿釣魚池甎跋

是甎之出在金明昌中，高刺史曼卿跋之甚詳。〔一〕其甎字三行，前二行皆四字，末行多一字者，舊刻也。不知何時重摹，直作一行，則失之矣。今重摹本在曲阜孔廟中前殿東壁。其曰『五鳳二年，魯卅四年』，足見漢世藩侯之禮，奉朝廷正朔仍各自紀元之證。

〔一〕《嚴注》此實石刻，非甎。竹垞誤爲甎本，謝山亦承之。

魏公卿上尊號碑跋

四十六佐命之中，而華歆爲之首，昔龍而今蛇矣。雖然，歆當牽出伏后時，早爲曹氏私人矣，惜是奏之不早耳。陳氏蜀志大書成都勸進諸臣之疏，而是奏不登于魏志。竹垞謂其有春秋之微意焉。然當勒石時，彼四十六佐命者，亦豈復知人間有羞恥事，祇應遼東皂帽翁攢眉一爲故人太息耳。

魏修孔廟碑跋

以是碑爲陳思王之文，梁鵠之書亦未有據，其中謂孔子屈己存道，貶身救世，真妄言也。又云『仲尼既没，文亦在兹』，何其言之不怍乎？洪文惠公所訂元年、二年之參錯，尚其小焉者也。

晉汲縣齊太公里表跋

漢崔瑗爲汲令，自以太公之裔，爲之立祀置碑，見于酈氏注水經。晉太康十年，范陽盧无忌爲汲令，又表其里，盧亦太公之後故也。尚父之明德遠矣。碑稱汲縣發塚得竹策，書太公遇合事，埋策之歲在秦焚書八十六年之前，蓋是時汲冢竹書方出，无忌信而書之，于策誣矣。廟中今僅有拓跋魏時碑一通。

魏孝文比干碑跋

汲縣比干廟碑，魏孝文、唐太宗二碑齊名。孝文之碑，洪丞相最愛其哀傷頓挫之詞，以爲宜其治道之興。然其中曰：『吁嗟介士，胡不我臣？』則自視過高矣。碑刻完好無恙，而隸法頗近唐人，予疑其爲重摹本也。

魏重修中嶽廟碑跋

是碑爲太安〔校〕楊本作『平』。元年十月所立。〔一〕先是寇謙之居中嶽，及魏，司徒崔浩等敬信之。謙

〔一〕《楊注》按中岳嵩高靈廟碑，余未見，潛研堂金石文字目録有，云：『文有代字，而不見年月，中多述寇謙之事，當立於太武帝時也。』考魏世祖太延六年六月，改元太平真君元年。謝山云『十月所立』，錢氏所藏或不全本，或翻刻也。史刻本譌作『太安』。按太安，魏文成帝於興光二年六月改元太安元年，距太平改元十五年矣。

之首勸魏主復嶽詞，從之。碑以東征西討并吞諸國之功，皆由神助。夫五嶽自屬明祀，如但以祈福爲言，陋矣，況又歸之一道士乎。其隸書尚不墮拓跋晚年風〔校〕楊本作「習」。氣。

魏魯郡太守張猛龍碑跋

是碑立于正光三年。太守爲西涼苗裔，讀其碑，蓋一循吏也。竹垞謂其得列于孔林，蓋以其有興起學校之功。予謂拓跋牧守最無狀，常伯夫馮熙至以石經爲柱礎，而太守所爲如此，可謂百鳥中之孤鳳。然是碑書法不佳，向非託于孔林，亦未必至今傳也。

梁始興安成二王碑跋

二碑盡于竹垞之作。予觀六朝金石文字，河北流傳者多，而江南絶少，故二碑雖殘斷滅裂，亦姑存之，聊以充蕭老公家掌故也。

東魏興和孔廟碑跋

是碑，興和三年以頌李刺史仲璇修孔廟功，而竹垞即以爲仲璇所作，誤矣。其書法龐雜，最爲紕謬，亭林譏之者備矣。以其爲孔林之遺，而人代俱在唐以前，故録之。

北齊胡長仁重修郭巨碑跋〔一〕

胡長仁者，高齊胡太后之兄，廢后之父，世祖末爲尚書令。後主即位，和士開忌之，譖其驕恣，出爲齊州刺史。長仁怨恨，謀遣刺客殺士開，事覺，祖珽引漢誅薄昭故事，就州賜死。是碑稱『新持節』，蓋即武平元年初至齊州事也。其字出于中兵參軍梁恭之，其文出于騎兵參軍申嗣邕。長仁之人不足道，顧北朝碑版，字體極龐雜，而是刻獨整肅淳古，有漢人風，當爲索頭晚葉石墨第一。

〔一〕《嚴注》潛研堂金石跋尾標曰『隴東王感孝頌』。錢先生云：『金石文字記載此碑，題曰「孝子郭巨墓碑」，蓋未見篆額，以意名之。』

隋大業孔廟碑跋

隋碑傳世者最寡。是碑立于大業七年，縣令陳叔毅，陳高祖之孫也，實尸修廟之役。是年，帝征遼，竇建德、張金稱、高士達迭起，而王薄近在長山，東方騷然。顧叔毅猶能以禮教爲治，静以鎮之，亦賢矣。碑爲濟州秀才汝南主簿仲孝俊之文，有孔長名、孔子嘆者，又足補孔氏世譜之遺者也。

唐貞觀孔廟碑跋

是碑，隸法頗近薛純陀比干廟碑。前列武德詔，繼乾封詔，附以太子闔請立碑之表，其下又别列乾封祭文。金人高曼卿題其後，言明昌中大風拔木偃碑，龜趺盡碎，而文不傷，若有陰相之者，因更爲之座而植之，亦異聞也。唐初人書『隋』多作『隨』，觀此碑，知不獨開元太山磨厓文也。

唐貞觀比干碑跋

太宗之詔與祭文俱工，然謂『三諫不從，當奉身而退』，傷其過激，則又非也。三仁之或死，或奴，或去，皆隨其所處，而各有至義存乎其間，輕爲之議，可乎？『鄭公不願爲忠臣』之語，非至論也。碑爲薛純陀繕寫，極佳。連名奏事者七人，而長孫无忌、高士廉不系姓，是時二人殆行首揆事耶？

唐貞觀晉祠碑跋

唐之得天下，始晉陽，故晉祠有御碑。及其亡也，亦惟晉陽爲能復仇。當莊宗入汴時，函梁君臣之首，告于晉獻武王之廟，亦當并告祠下，以吐文皇之氣，以慰唐叔之靈，豈不壯哉。竹垞謂上石之畫稍淺，其後庸工鑿而深之，遂失墨妙。予以舊搨與今本質之，良然。

唐高宗明徵君碑跋

攝山碑刻，其以明徵君得傳者，首是碑。予謂高宗庸主也，不足爲徵君重，但江左二十餘州，唐碑甚寡，斯爲僅見，故存之。

唐敬宗皇帝碑跋

是高宗御製之文，亦御書也。元子死而贈帝，六朝謬妄之禮。嗚呼！太子之死，則天之酖也。高宗憒憒不知，雖復加殊恩，以墓爲陵，穹碑以志，寧足雪『燕啄』之痛乎？

唐升仙太子碑跋

則（乞）〔天〕爲升仙太子碑，蓋以張昌宗爲王子晉後身，誇子晉所以悦昌宗也。如此穢筆，何以尚傳。嗚呼！子晉之事固難信，使果有之，而辱以少艾，污以供奉雞皮之男妾，何其辱與？

唐垂拱少林寺碑跋

嵩山少林寺有大唐〔校〕楊本無『大』字。垂拱二年太后勑，以寺中有冬筍生，降勑志喜。又有大周天册萬歲二年皇帝勑，以寺中仙籐、白露之祥爲美，寺僧合而勒之石。嗚呼！溉冬筍，何不哀黄瓜？求仙籐以爲瑞，豈知流禍及于桑條，□〔校〕楊本不空。韋未艾也。

唐太原王夫人碑跋

則天稱制，尊其母曰無上孝明高皇后，令三思撰碑，而睿宗書之。嗚呼！紫色蛙聲之册禮，賊子之穢言，顧流傳至今者，殆以睿宗之書與？唯碑文雖不足觀，而讀唐史則天本紀者，不可不取以資考證，故録之。

唐開元太山摩厓搨本跋

開元祀太山銘，摩厓刻之。前明俗吏，更以『忠孝廉節』四大字鑱其上，舊文爲所毁者半，天下之庸妄人有如此者！予求得范侍郎天一閣所藏本，完好無闕，豈非百朋之珍乎。封禪，秦、漢之侈心，碑雖有儆毖之言，已漸媿初年之勵精矣。至于末路，賀野無遺賢，則其極衰也。

唐涼國長公主碑跋

是碑爲〔元〕〔玄〕宗御墨，而蘇許公之文也。開元天子之隸法，以太山第一，是碑次之，石臺孝經又次之。

宋廣平神道碑跋

魯公爲廣平作神道碑并書，其人其碑，皆第一流也。而前者未之得見。明嘉靖中從泥土〔中〕從楊本補。出，震川見而喜之，以爲有足補新舊二史之遺者，其旁有神道碑側記，亦魯公作，以補碑文之所未備，此即古人碑陰之體，潘、王金石例未及著此名目也。

元次山墓碑〔校〕楊本作『銘』。跋

魯公之書皆足重，而廣平與次山，則尤足重者，皆其所撰碑并書也。次山之卒，楊炎已爲之碑，此乃故吏所立，暇時當取唐史傳參校之。

葉歙州神道碑跋

是碑乃葉法善之父贈歙州刺史慧明墓文，世俗妄傳以爲追魂之筆者也。古人之文無稱其子者，間有之，不過數語。元人始濫觴，如歐陽圭齋爲許圭塘父碑，洋洋滿紙，説者以爲昧于文章之體。今觀是碑，則唐人已開其先，文亦卑薾之至，獨其書可重耳。

唐元次山陽華三體石銘跋

道州江華縣有岩，次山以陽華名之，而爲之銘，自以分書寫其序，而使江華令瞿令問以三體寫其銘，蓋仿曹魏正始石經也。次山文章，上接陳拾遺，下開韓退之，而是刻亦爲金石家所希有，足珍也。

唐陽門橋亭碑跋

開元十有三年，天子將封禪東嶽，故齊、魯皆治行宫，御路次于任城陽門之橋，築亭以榮翠華之過。而守尉游方纂其文，行尉王子言之隸書，其碑則成于開元廿有六年，明皇盛極〔校〕楊本作『極盛』。將衰之時也。

唐天寶嵩陽觀碑跋

以哥奴之穢，而使徐浩書之，故其碑至今存。然『弄璋』、『杕杜』之不曉，豈能爲此文者，不知出于何人之手，何不剷去其名，一洗貞石之恥。

唐晉獻武王北嶽廟題名碑跋

竹垞跋是碑，謂題名乃晉王親行，而通鑑但言遣救，以爲温公之誤。不知通鑑明言晉王先遣康君立救定州，已而幽州兵攻無極，乃自行。竹垞讀之未終，遽以爲誤，疏矣。其所云幽州請和，以爲史闕。按是役也，李可舉倒戈返攻其主將，故懼晉王之追，而請和耳。近日舊刻已不存，重摹之本不甚足觀，予家舊搨可貴也。

唐李代州墓碑跋

竹垞跋是碑，但據五代史唐家人傳以求晉獻武王之弟所謂代州刺史者，而不可得，遂欲以克讓當之。不知唐宰相世系表明有代州刺史克柔，李嗣昭乃其假子也。竹垞善于考古矣，而尚有未及詳者，以是知援據之難也。克柔之名，在五代史嗣昭傳中亦有之，而晉獻武王之弟克讓、克恭、克柔之外，尚有克勤，亦見于唐書，原不祇家人傳中所述也。

唐福州王審知碑跋

碑立於天祐之三年，碭山賊將移唐鼎，（皆）〔楊校〕『皆』字衍。序與銘皆持誦梁王最謹，侍郎于兢之文也，可謂穢筆。其序三代世系，足與世家相參證。

石晉柰河將軍碑跋

濟南七十二泉皆發于太山之麓，獨未聞所云『柰河』者。石晉天福二年有泰山柰河將軍碑，鄉貢進士劉元之之文也。其文不工，書亦拙。柰河之神而曰『將軍』，又有『夫人』，真不典之祀也。以五代石墨之希，故存之。

蜀廣政石經殘本跋

宋人所稱引，皆以蜀石經爲證，並不及唐陝本石經，其故有二：一則唐石經無注，蜀石經有注，故從其詳者；一則南渡後唐石經阻于陝，不至江左，當是故學宫頒行之本，皆蜀石經。不知五百年以來，蜀石經何以澌滅殆盡。予留心搜訪二十餘年，仁和趙徵士谷林始得其毛詩二卷，自周南至邶風耳。如以『朝饑』爲『輖饑』，蓋異文〔校〕楊本作『聞』。也。唐石經雖非故物，〔嚴注〕唐石經不無殘闕耳，何云『非故物』？然近來顧先生亭林考證之至詳，〔嚴注〕亭林考證石經，得少失多。世頗知〔校〕楊本作『有』。留心者，而蜀本則絶無矣。程克齋譏蜀石經，謂其春秋以『甲午』爲『申午』，以『癸卯』爲『葵卯』，然其書既多，自不無舛錯，要之有足資考證者，惜乎所見止此。

吴越重修閩忠懿王廟碑跋

吴越已并福州，而尚肯重葺閩王世廟，可謂厚矣。慕容儁鞭石虎尸，視之有媿也。夫斯錢氏所以保世也。其文爲福州刺史彭城錢昱所作，蓋亦衣錦宗支也。碑立于開寳三年，而稱唐莊宗以復王業，吾于是而知沙陀滅梁之功，蓋震耀諸籓耳目也。

楊吴尋陽長公主墓志跋

吴王楊行密女尋陽長公主墓志，近歲江都人發地得之。其與王、閩二碑皆竹垞翁注五代史時所未見也。公主下嫁鄂州節度使劉存子，存蓋楊吴之忠臣，惜其早死。嗚呼！李氏易代而後，永興宮之慘，可勝道哉。

鮚埼亭集卷第三十八

〔楊注〕此卷亦皆石刻跋也。宋三十、金五，元九，明九，計五十三首。

題跋三

宋重修嵩嶽中天王廟碑跋

〔楊注〕戊午，年三十四。

開寶六年重修中岳廟碑，盧多遜之筆，而孫崇望書之者也。中州金石之文，自葉井叔漸搜出，而予所見者，得之范侍郎天一閣，二百年前搨本，古香古歡，更爲希有。

宋重修大相國寺碑跋

是碑在真宗咸平四年，宋學士白之文，吳祕丞鄂之書。時值宋承平極盛之時，披其卷，康阜之象盎然行墨之間，而書亦雄渾，不媿大家。

南嶽夢英師説文偏旁字原跋

孟蜀成都有林罕所刻説文偏旁集字二卷，晁公武曰：『頗與許慎不同，而互有得失。』邵必曾因仁宗之問及之，其解字殊有可疑者。夢英此碑，蓋所以正之也。嘗〔校〕楊本下有『有』字。以之告郭忠恕，郭答書謂説文字源惟有五百四十部，子□〔校〕龍尾本不空。字合收在子部，今目録妄有更改。又集解中誤收去部在注中，今檢點偏旁，少『晶戠』至『龜兹』五部，故知林罕虚誕，其書可焚。郭氏篆學大家，而議論與夢英合。石爲柴禹錫所立，今存〔校〕楊本作『在』。西安府學。

南嶽夢英師篆書千文碑跋

夢英篆書千文，勒石關中，乾德五年節度使吴廷祚所立也。其陰有陶學士真書之序，以爲史籀殁而蔡邕作，陽冰死而夢英生，推崇如此。『函杖』二字出禮記。王子雍本。

夢英十八體篆文碑跋

十八體者，古文、大篆、籀文、回鸞、柳葉、垂雲、雕蟲、小篆、填篆、飛白、芝英、翦刀、薤葉、龍爪、蝌文、瓔珞、懸鍼、垂露是也。宋初篆學之精，中朝有郭忠恕，吴有徐鉉兄弟，蜀有勾中正，而楚有夢英，以沙門雄長其間。西竺多材，直探六書之祕，盛矣。碑有十三家循環題詩，則馬去非、宋白、賈黄中、陳摶、趙逢、李頌、盧岳、許道寧、何承矩、吕端、僧永牙、玄寶、惠休是也。郭氏所答説文偏旁之書，亦附于碑石。〔校〕楊本作『右』。

〔嚴評〕夢英俗書，何煩稱許如此。

宋祥符天書摩崖石墨跋

祥符天書述以頌太祖、太宗之功德，其真書絶佳，予得之豐學士萬卷樓。是石也，元文貞公遺山親登岱宗，顧未及見，予得見之，幸矣。取以配唐開元太山石本，誰曰不宜。

韓魏公北嶽廟碑跋

魏公北岳廟碑文有典有則，百世而下，讀之肅然起敬，知爲社稷臣之手筆，而天地間元氣所貫輸也。書亦直逼顔太師。公之守定，部民條舉其政，而記于碑。予既裝界北岳廟碑，即合之以定州政跡碑爲一册。

韓魏公定州政績碑跋

是碑，爲知定州衡規之序，節推劉熹之書，予謂當附入公安陽集後者。

歐公瀧岡阡表石本跋

是表，相傳有神龍攫去復還，其説誕哉。予居先君之喪，客以是刻貽，〔移〕從楊本補。置倚廬。嗚呼！予不以兖公之推崇赫濯爲羨，而以不逮其人爲媿，恐欲待而無補也。是表疑亦以上石筆畫淺，後有鑿而深之者，失其本色，惜夫。

鮮于侁靈巖寺詩石本跋

鮮于公論新法最爲平允，而黨人尚極恨之。端禮門前之石，偕其子綽並豫焉。近見其留題靈巖七言石刻一紙，詩筆之工不必言，書亦清健可愛，其上石在元豐三年。

宋應天府虞城縣故跡碑跋

是碑乃紹聖中縣令章炳文所立，歷敘地望、陵墓、詩文之屬，凡二十七例。令長而留意于此，蓋能以儒術飾吏治者。楷法亦精工，仿右軍。

宋重摩〔案〕嚴校作『摹』。唐儲潭廟祈雨碑跋

是碑在贛州，唐虔州刺史裴諝立，蓋大曆庚戌〔二〕而宋嘉祐癸卯〔楊注〕八年。重勒之，監洪州稅樊宗奭之書也。竹垞至祠下，親拓其頌，顧不詳其爲宋刻，何與？樊氏之書學顏公。『敬』字以宋廟諱，故闕畫。

宋登封縣免抛科碑跋

登封以崇福宮祠之故，免抛科，宣和五年所降敕也，知縣事蔡迪爲立石。是碑立未久，而伊洛化爲戎馬之場，宮觀之膏屯矣。噫！

〔二〕〔楊注〕五年。別本作『嘉祐癸酉』，按嘉祐自丙申至癸卯，無癸酉，別本非是。或嘉祐二年丁酉，則不可知。竢得是碑拓本。再爲考定。

宋大觀御製五禮碑跋

道君御製五禮碑記，其書法雄偉。漢以後修禮書者，唐之開元及宋而已。碑石過巨，摹搨爲難，予所得者爲豐學士萬卷樓本。

宋龍虎山門道正王道堅牒跋

道君之好道甚矣，此三敕皆蔡京所奉行也。當是時天降魔君，無以禳之，而反昵于魔，淪胥及溺，自賊之不暇，何以度人？豈知上清世界，蓋在五國城邊，待君久矣。

樓楚公三十六峯賦石碑跋〔一〕

樓墨莊知鄉郡，塞廣德湖以爲田，予每過其祠，未嘗不心薄之。然墨莊有祖，爲慶曆之人師；

〔一〕《嚴注》楚公名异，其祖西湖先生郁，其孫則宣獻公鑰也。

有孫，爲嘉定之大老；故豐惠之祠，晝錦之堂，梓里不加廢斥也。墨莊知登封，最與參寥厚，故三十六峯賦，乃參寥所書，予裝界之，以充四明文獻，而抄墨莊嵩山之詩，以附其後。吾聞墨莊嘗攜嵩山之石以歸，高、孝而後，南北隔絶，攻媿乃築閣曰登封，而貯石于其上。其自爲記也，三致意于京洛之遺。五百年以來，喬木消沉，閣與石俱滅没，而碑刻尚無恙，斯杜元凱所以惓惓于身後歟。

建中靖國少林寺瑞芝圖跋

建中靖國元年，西京留府下少林寺披薙敕，于是寺僧進瑞芝圖，大小一十二種，各異其名，知河南府王疇立石。嗚呼！古者瑶光得則瑞芝出，真宗封禪而後，芝至三萬餘本，君子哂之。况道君之世乎？碑中内侍臣閻守勤乃元祐黨籍中人也。十二種者：曰拖石黄，曰雙頭黄，曰鵝黄，曰鴨腳黄，曰小紫團，曰黑團，曰小雙江【校】楊本作『紅』。曰花葉，曰紫金黄，曰印子黄，曰僧笠紫，曰大紫團，足以補圖譜之遺。

二蔡達磨石墨跋

嵩山少林寺有蔡元度所書『達磨面壁之菴』六大字，又有蔡元長所書『面壁之塔』四大字，皆奇偉。元度書名稍爲元長所掩，其流傳于世者唯〔校〕楊本有『曹』字。娥江孝女碑，是刻方見其筆力，然而達磨雖異端，乃爲二魔所污，則不幸矣。

大觀御製八行八刑碑文跋

是碑，當時想天下俱應有之，今唯存鄭州本耳。予得見于范侍郎天一閣。『八行』之選，宋史取士一法也，當取之，以證選舉志。

游景叔墓志跋

游先生墓志雖言與横渠游，而不言受業，疑非弟子。然其文則張公舜民，其書則邵公𮀕，其篆則章公案，皆元祐黨人之同岑，而所鐫工【校】楊本作『之』。人爲安民，尤可珍。予方修宋儒學案，得之，爲之喜而加飧。【校】楊本作『餐』。

游景叔昭陵圖跋

唐太宗昭陵圖，宋紹聖中直閣游公景叔所勒石也，置于太宗之廟，直閣題詞于上。閩人黄莘田有詩曰：『際會風雲自古難，始終恩禮美貞觀。漢家多少韓彭將，不得銘旌一字看。』其語絶工，予爲録之碑尾。

宋元祐黨籍碑跋

元祐黨籍碑，世所見者皆西粤重勒本。是刻爲故相梁公燾曾孫律所重勒，而吉州饒祖堯跋之，其中注已故者六十餘人，則西粤本所無也。内臣之後，另書王珪之名，而繼之曰『爲臣不忠，曾任宰臣章惇』，亦與西粤本不同。王丞相雖具臣，故不應與章同列，當以梁碑爲是也。

劉凝之墓記跋

劉凝之墓記，朱子所纂，而門人黄銖〔楊校〕别本作「王銖」。以分書上于石。〔一〕先是淳熙己亥，朱子守南康，嘗修劉公之墓，而未及爲文也。朱子去後，門牆亭榜，無一存者。紹熙十年，〔董注〕按紹熙無十年，當是淳熙。受業董秉純識。章貢曾致虚來守，復爲新之，而求朱子爲之記。嗚呼！今日爲吏者，有以先賢之墟墓爲事者乎。朱子謂其尊德樂道之心，知所先後，天下之爲吏者，尚其念之。

司馬温公光州祠堂碑跋

温公光州祠堂，宋紹定中州守何元壽所建，節推葉祐之爲之記。祐之乃慈湖先生門人也。元壽向

〔一〕〔楊注〕朱子門人有董銖，作黄者，形似而譌。别本作王者，又因譌黄之音近而譌。鈔册之不易較正。如此，所謂字經三寫，烏焉成馬者也。銖字叔重，號盤澗，德興人。又黄銖，字子厚，自號穀城翁，建安人，有穀城集，朱子爲序。據此則董、黄二人究未知孰是，當搜石本考定。

但知其爲吴産，而不知其淵原，及讀祐之碑文，有云：『蘇公焄蒿悽愴之論，固也。詩曰：「鼂翳在涇，公尸來燕來寧。」祐之因是詩，悟中庸之旨曰：「微之顯，誠之不可揜也。」慈湖夫子歎以爲千古不傳之妙。夫子殁，絶口不敢道者，五年于兹。何侯亦夫子之門人也，因公之祠，敢復誦之。』乃知元壽亦出慈湖之門。臨川李侍郎丈〔校〕楊本無此字。穆堂方博考楊、袁師友，因以是碑寄之。

賀祕監逸老堂碑跋

祕監逸老堂碑，吴丞相履齋所爲文，張大中樗寮之真書，趙侍郎汝楳之篆額也。履齋賢牧守，樗寮書家，是本所當寶惜。碑言祕監若不早歸，必豫靈武之事，紊父子之倫，祕監亦難逃天下之責。因歎履齋〔校〕楊本下有『所守』二字。之方嚴，其後對穆陵謂『臣無彌遠之才』二語，即此碑已驗之。

逸老堂碑跋二

樗寮爲參政孝伯子，熟于典故，説乾淳事如寘掌，李心傳以爲畏友。有潔癖，其書法冠于晚宋。而清容以爲書法之壞自樗寮始，謂其晚年人益奇，書亦益放。今觀是碑，何放之有。予所見樗寮墨跡甚多，並不見其如清容所云者。

開慶己未敕書跋

開慶己未，敕書下廣西桂州，以元人師退，獎諭守者，勉其後效，帥臣因勒石。然是時北風競甚，敕中尚自夸大，得無魚游沸鼎之中乎？帥臣謝表，亦附石尾。

樓氏晝錦堂〔碑〕跋

吾鄉以「晝錦」著，自王太守周始，其後或曰「錦照」，或曰「錦樂」，或曰「錦里」，余、趙、王諸家皆是也。唯是碑在豐惠祠中，雖殘斷尚存。墨莊之德不足致此遐祚，其亦正議爲之先，攻媿爲之後乎？

攝山游嘿齋題名跋

攝山題名極多，然漫漶者十九。吾友陸使君南圻求得游文清公嘿齋題名一通，請爲跋尾。按嘿齋兄弟，並爲張氏湖湘高弟，而授其學于漫塘劉公。宋史不著漫塘之學所出，非也。因南圻之請，特著其源流焉。

蘄州白龍洞題名跋

嘉定癸酉，蘄州安撫方信孺、判官陳孔碩祝瑞慶節，過白龍洞，以篆書題于石，極偉。方在宋史有傳，而陳則朱子門人也，足以重茲山矣。

党承旨普照寺碑跋

南渡而後，郭忠恕、徐鉉之篆學，無有繼者。而党承旨獨以其墨妙雄于河北。承旨與稼軒友善，稼軒之詞，承旨之篆，真河北雙絶也。予得其濟州普照寺篆碑四通，明昌六年四月，寺僧知照所立石。

党承旨杏壇二大字跋

清容跋承旨所篆『杏壇』二大字，以爲風雩之意藹然，千載一日。今相去又四百年，豈非孔林之墨實耶？承旨署名自稱門生，亦新奇。歐陽公曰：『受業者爲弟子，受業于弟子者爲門生。』承旨源流，得無遠乎？

雪庭西舍記跋

屏山李之純爲金代文章大家，著述多于滏水，而今不傳，唯永樂大典中有其集。屏山援儒入釋，推釋附儒，既已決波排瀾，不足爲怪。其所著鳴道集説一書，濂、洛以來，無不遭其掊擊。近見其雪庭西舍記石本，猶此説也。其引致堂讀史管見，以爲致堂崇正辨之作，滿紙罵破戒之説，而實未嘗不心折于老佛。嘻！屏山佞佛已耳，亦何用取古人而周内之。石立于興定六年。

金沙門福迎墓志跋

金延津縣建福寺〔校〕建，楊本作『延』。南浴室院主福迎墓志，勒于大定十年，不曰塔志，而曰墓志，失金石之例矣。其文爲臨涣酒監劉公植所作，而安定程轂之書甚工，故存之。

程少中墓碑跋

少中碑爲遺山所作，足取重矣。文言少中世居洛陽，元魏遷雲中，遂爲東勝人。而碑首曰：『兩程夫子之後。』何其愚而謬乎？遺山若見，必唾之矣。

元重修太一廣福萬壽宮碑跋

至元三年，重修衛之太一廣福萬壽宮，翰林王學士鶚之文也。文于『太一教』之源流，詮次最悉，其略謂張道陵之學，本出於道家者流，而其法之所寓，兼及于醫家者流，『太一』蓋其支派也。今天子護育斯民之道備矣，然猶推尊方外之教者，良欲解人之厄，蠲人之疫，〔校〕楊本作『役』。福人之善，所以始終敬信而不怠。其言有分寸，得儒臣之體，非漫成者。書法亦員勁可愛。

元刻司馬温公投壺圖跋

唐志中有上官儀諸人投壺圖，見雜藝術家。迨温公圖出，則以爲可以治心，可以爲國，可以觀人，于是尚奇雋者絀，而古人之禮意見矣。元至正中，山東廉訪龐兀亦思剌瓦性言爲刊于嶽祠，明嘉靖中又重刊之。予得至正舊本于里中青山葉氏，爲跋其尾。

揭文安公天一池記跋

張真人龍虎山天一池，揭文安公爲之記，并爲之書。别有『天一池』三大字，吾鄉范侍郎東明築閣貯書，亦取以水制火之旨，署曰『天一閣』，而鑿池于其前，雙勾文安三大字，將重摹以上石，未果而卒。今其舊刻歸於予。

元大德孔廟碑跋

大德中，加封先聖，祀以太牢，碑文用蒙古書，而旁注真字。予所收蒙古碑凡三紙，其一純用國書，不可曉，欲令人譯之，而未及也；其一雖冠以真書，而亦頗難通；唯此碑爲最，又出於孔林，足以入儲藏之録。

元哈討不花祭祀莊田碑跋

哈討不花爲元浙東副都元帥，汝州郟縣人也。其父平章鞏武惠公，世祖勛臣。是碑奉其母命，爲置其父之祀田，四明汪灝爲之撰文，惓惓以子孫世守爲屬。予觀漢隸，如金廣延爲母紀産碑，尚登于録，況是碑乎？嗚呼！宗法既壞，周禮圭田之制不舉，而卿士之家，各置祀産以爲烝嘗之計。乃門户有消長，欲保其長存亦難矣。則哈討不花之留意於此，而求金石之文以警其後，雖亦未必果足以永保，然不可謂非苦心也。汪灝字季夷，吾鄉奉化黄甘里人，有蠟臺集。

慶元路學宫塗田碑跋

慶元學之塗田在大嵩者，元時爲阿育王寺僧所據，以磽易腴，指熟爲歉。副廉訪李端清而書之，立碑爲志，學正虞師道之文也。嗚呼！天下最健者沙門，而諸生爲弱，豈徒慶元爲然。

石鼓文音訓碑跋

石鼓文音訓碑元恆山潘迪所立也。其時歐陽圭齋爲祭酒，潘爲司業，黄晉卿爲博士，太學中一時之盛，而石鼓亦得豫其考索。予嘗見北宋搨本，有彭城錢逵釋文，衹據薛尚功一家，錢氏自以未能盡其同異爲恨，使見是碑，不稱快耶？予嘗審定石鼓，以爲必不出於秦以前，惜不起諸公共爲疏通，證明其説。

元皇姊魯國大長公主文廟金博山鑪碑跋

碑言皇祖龍飛，皇國舅按亦那演以佐命勛爲世婚，王于魯，謚曰忠武。王之孫帖木兒亦建大勛，號按答兒圖那演。由是洪吉烈氏益大，王尚囊加真公主，尋封皇姑魯國大長公主。子弴不剌尚相哥剌吉公主。子今魯王禮嘉世立，主以白金百兩造金博山鑪一，又五十兩造金盒〔校〕楊本作『奩』。一，馳驛致曲阜文廟神位前，祠以太牢。其文國子司業劉泰所作也。碑立于泰定元年，以公主致敬於孔子，自來所希有者。

王秋澗神道碑跋

文定神道碑，爲其子公孺所自述，附見〔校〕楊本下有『于』字。秋澗大全文集，而石刻已不存矣。明（宏）〔弘〕治辛亥，華容王府君儼守衛輝，拜于墓次，慨然興前哲之慕，重爲勒石，而復其祠，清其地，穹碑煥然。嗚呼！羊叔子自佳耳，亦何豫人事，今世之長民者，安得古道如斯乎？三復華容題後，不禁憮然。

萬氏永思堂石刻跋

是乃『四忠』家法所見，不徒手澤也。吾鄉世家莫享遐祚于萬氏，四百年來未替。石藏于季野先生

家，季野身後，其子不能守，今歸于董氏〔可亭中〕。從楊本補。〔一〕

明宗室青陽子消寒九九圖跋

明之宗子，以風雅著者極多，秦藩則賓竹小鳴集最著，簡王誠泳所作也。同時有青陽子者，亦秦府宗支，計其時當與簡王不相遠，有石本消寒九九圖，每圖各系以一詩，而歸于安静以養微陽之意。顧但署曰青陽子而不列名，竹垞葺明詩，亦未見此圖也。

〔一〕〔嚴注〕此爲萬鹿園表於明嘉靖間勒石者，惜永思堂記石裂爲三，上缺一角。〔馮注〕永思堂石刻爲王穀祥書鮑原弘永思堂記，張楷、洪常、屠滽、方孟遠題詩四章，仁一府君萬武奉母書兩通，并□□和一府君、仁一府君入祠名宦祭文二通，皆仁和李木書，凡爲石五本。有道光八年九月十二世孫後賢跋云：『今夏弟魯從甬江吴氏購歸原石，以所藏拓本校之，則漫漶矣。』民國二十二年二月偕張伯岸、馬隅卿向萬家弄萬三多家，訪得原石。隅卿拓以見餉，爰記於此。癸酉歲不盡五日，馮貞羣。

楝塘李翁石刻家傳跋

楝塘吾鄉之耆德，詳見杲堂所葺楝塘小志中，予從董丈子畏得其家傳石本，乃陸文裕公作，而衡山之筆也。詢之李氏亦無此本，因以歸之其裔孫昌泉。

陳后岡題名跋

鼓山有四明流人題名，不知〔校〕楊本下有『其』字。爲誰某也。范侍郎東明審定之，以爲后岡。明人重館閣，苟遇外遷，即侘傺不〔校〕楊校别本作『無』。聊。后岡一麾之後，所以自稱如此，然使學道人處之，正不作是態也。

慈元全節廟碑跋

宋楊太后殉厓山之難，至明（宏）〔弘〕治中，而布政劉公大夏始爲之廟，陳先生獻章始爲之碑。陳先生書法最工，其所用爲江門茅筆，嘗稱之爲『茅龍』。其書慈元廟碑尤加意，相傳上石時，先生親臨視刻工，故毫髪無遺憾。予謁祠下，搨其碑而跋以詩曰：『高、曹、〔楊注〕應作『曹、高』。向、孟皆賢后，〔楊注〕曹謚慈聖光憲，仁宗后也。高謚宣仁聖烈，英宗后也。向謚欽聖憲肅，仁宗后也。孟謚昭慈聖獻，哲宗后也。尚有芳魂殉落暉，一洗簽名臣妾辱，虞淵雙抱二王歸。』竊自以爲工，足附陳先生之碑以傳也。

明開封府學石經碑贊跋

嘉祐開封石經，入明歸于學宫，殘斷不完。河南按察使廬陵陳鳳梧嘗立石紀其本末，今亦無矣。予從天一閣得見之，其略曰：『篆變而隸，隸變而楷，去古失真，魯魚亥豕。漢、唐崇文，乃立石經，字體漸正，大義未明。五星聚宋，大儒篤生，啟關抽鑰，昭映日星。重勒石經，版之太學，天球河圖，龍翔鳳躍。陵谷變遷，學淪于水，殘編斷章，所餘無幾。皇明右文，視如石鼓，遷之（羣）〔郡〕從楊本改。庠，爰置兩廡。』按是碑以宋刻石歸美于諸儒，其考據未覈。方勒石時，楊南仲、胡恢、邵必之徒爲之，諸儒尚未出也。惟汴京太學淪水一事，非是碑無以知之。爰録其語，而爲之跋，附入石經之尾。

林泉雅會圖石本跋一

是會創於先宫詹公，其同事者：周尚書、〔楊注〕應賓。以下括號中人名皆楊注。吴光禄（嘉禮）、林僉事、陳宫允（之龍）、丁中丞、周觀察（應治）、黄比部（景峩）、屠辰州（本畯）、趙比部十人，辰州爲社長，然未有圖也。宫詹下世，宫允、辰州及黄比部俱相繼逝，于是又參以徐、陸（世科）二廷尉，萬都督（邦孚），陸別駕，周侍御（昌晉），復爲十人〔一〕，始爲圖，有墨本，又有石本。其後光禄下世，又參以施都督，然石本中尚無

〔一〕〔沈注〕周尚書應賓，字嘉甫，萬曆十一年進士，官南京禮部尚書，卒謚文穆。吴光禄嘉禮，字會之，萬曆八年進士，官御史，以論國本罷歸，贈光禄卿。林僉事祖述，字道卿，萬曆十四年進士，官貴州參議，非僉事，疑謝山有誤。陳宫允之龍，萬曆二十三年進士，官中允。丁中丞繼嗣，字國雲，萬曆十一年進士，官副都御史，巡撫福建。周觀察應治，字君衡，萬曆八年進士，官湖廣副使。黄比部景峩，萬曆三十二年進士，官刑部員外郎。屠辰州，名本畯，字田叔，南京兵部右侍郎大山子，以廕歷官南禮部郎中，終辰州知府。趙比部，待考。徐廷尉時進，字見可，萬曆二十三年進士，官廣東副使，乞歸。天啟初起南京光禄少卿。甬上賜府考亦云大理卿，疑誤。陸廷尉世科，字從先，萬曆三十五年進士，官南大理卿。萬都督邦孚，字汝永，表之孫，以廕官福建總兵，官都督，當改總戎。按邦孚未嘗官都督也。賜府考不誤。陸別駕，待考。周侍御昌晉，字□□，萬曆四十一年進士。

施公，以其未入社也。杲堂紀之未詳。

林泉雅會圖跋二

吴公太白以論國本罷御史，光宗即位，起副尚寶，已而長鴻臚，又副大理，乃以南光禄卿致仕。予曾于周文穆公家見其所序公歷仕〔校〕楊本作『任』，注一作『仕』。官簿如此。天啟三年林泉詩社勒石，公年八十爲席長，而杲堂以爲泰昌改元，公已卒，贈光禄，可謂紕繆之甚者。今鄞志皆本之，向非石本之存，何以訂此譌乎？

林泉雅會圖跋三

是會以先宫詹公經始，其後爲圖上石，宫詹久已下世，而以漢隸題四大〔字〕從楊本補。于卷首者，宫詹從弟泰徵先生天麟也，先宗正公之次子。是時，吾家諸祖多工書：先生以漢隸名；先和州公之叔子思若先生諱天駿以行書名；宫詹次子非堂先生諱大震以草書名；先應山公次子務觀先生諱大科，亦以行書名；而非堂于各體皆工。今多散佚。